文史缤纷

丁启阵 著

五洲传播出版社

文史缤纷

三十年

自　序

　　本书所收 95 篇文字，全部作于"博客盛世"，其中有些曾是爆款。

　　所谓爆款，有这样几层意思：一是这些文字在本人开设于新浪、搜狐、网易、凤凰、中国网等门户网站的博客上发表时，大部分都在第一时间被各网站编辑推荐至首页。每个网站单篇文章的阅读量过万已属常态，有不少是过 10 万的，个别甚至过 100 万。二是在博客上发表后，不少篇章受到传统媒体编辑的青睐，被转载至报纸、杂志。此外，还有被作为阅读材料收入中学语文课外练习册的，被语文教师一字不改署上自己姓名发表在语文教育类杂志上的。形形色色，令人啼笑皆非。

　　所谓"博客盛世"，指的是 2000 年至 2018 年。那是自媒体的早期阶段，不妨称之为长文字时期，是微博、小视频、直播之前风行于网络世界的阶段。那个时期，个人日志、时事评议、散文随笔、小说连载等大行其道。有一种略带夸张的说法，"写的人比读的人还要多"。我因以写文史随笔为主，被归于文史博客类。因此，有幸多次被评为"文史名博""全国文史十大博客""最值得阅读教授博客"等。

当初我是以草根身份踏入博客写作这一历史洪流中的。2006年3月某日，在一位年轻同事的鼓动下，坐在单位资料室的一台电脑前随手在新浪网开设了博客账户。最初写的是生活随感，阅读人数有限。接着的文史随笔，开始陆续被网站编辑推荐至读书栏目或网站首页。被推荐的文章日渐频密，不到半年，人气大涨，俨然名博气象。很快，中国网、搜狐、腾讯、网易、凤凰博报等当时有影响的网站纷纷伸来橄榄枝，邀请我入驻，肃为上宾，算是坐实了我的名博身份。因为名博这个虚名，十余年里先后应邀参加各地的采风、文旅宣传活动，得到许多免费行万里路的机会，游览了许多山水胜景，结识了许多来自各地各行的朋友。

　　十余年博客生涯，命题随意，行文自由，言为心声，自己瘠薄的学识文采得到了较大程度的表现与发挥。其中的快乐，难以言表。那十余年又正当我生命的壮盛时期，思想与锐意同在，感慨与勇气齐飞。无论是年华还是写作，都将是最值得自己记住与回忆的十余年！

　　算起来，我的新浪博客今年18岁了。按照度量人生的尺度，正是花季少年。但是，作为一种网络写作形式，却已然是日薄西山看晚霞时分了。说起来，书中文字可谓"朝花夕拾"。好在从近三千篇博文中筛选出来的这近百篇文史随笔，时效性的局限不是很明显。

读书界有"专著不如论文，论文不如随笔"的玩笑话，对此我是部分认同的。学术论文固然有严谨、细致、准确、深入的优点，随笔小品则有其活泼、俏皮、生动、有趣的好处。编排成书的修改、校读过程中，自我感觉还不错，古人所讲的义理、辞章、考据三个方面都有所体现。仿照音乐分类之有轻音乐，这些文史随笔或许可以名之曰：轻学术。

不敢自诩开卷有益。对我国有文字记载的三千年历史中许多众说不一、色彩缤纷的文艺与历史两方面现象感兴趣的朋友们而言，这本小书大概还会有一些阅读的趣味。出版之后，跻身欧阳修所谓"三上"（马上、枕上、厕上）阅读书单，是作者对本书的最大期望！

不用说，书中文章大多是急就章。萝卜快了不洗泥，难免存在着种种疏漏与舛错，作者只能祈请读者朋友们不吝高见，慷慨指正！

作者于北京市海淀区六道口静淑苑

2024 年 3 月 13 日

目录

九鼎是真实存在过的东西吗？ 秦始皇兵马俑是骗钱工程？

中国第一首白话诗写于何时？

中国古代优秀的女性诗人为何如此稀少？ 毛笔是蒙恬发明的吗？

谁是历史上最能睡觉的人？

妲己是怎样被妖魔化的？ 诸葛亮是好人吗？ 汉朝的财富咋那么多？

两千五百年前的美女长什么模样？

哭长城的女子为何叫"孟姜女"？

两千五百年前的美男子长什么模样？

汉朝为何格外重视女子的双手？ 大老粗刘邦为何能写出流传千古的诗歌？

黄金都到哪儿去了？ 汉代人为何如此贪生怕死？

汉朝人心目中理想的男人是啥样？

汉朝人心目中理想的女人是啥样？

曹操是什么时候变成坏蛋的？ 司马相如移情别恋了吗？

为什么说曹家是古今第一诗人家族？

"金缕衣"跟"金缕玉衣"是一回事吗？ 陶渊明的妻子不贤惠吗？

为什么说"三顾茅庐"是诸葛亮自编自导自演的戏？

王羲之为何放着大官不做？ 谁是中国历史上最能哭的皇帝？

唐僧取经路上真的有个女儿国吗？ 你见过摄政太后的失恋诗吗？

是谁杀死了杨贵妃？

唐代诗人怎样看杨贵妃之死？ 三千宠爱在一身的杨贵妃为何没有成为皇后？

唐朝真的以肥胖为美吗？

唐诗为什么能空前绝后地繁荣？

"不为五斗米折腰"中的"五斗米"指的是什么？

纳兰公子为何这般忧伤？　　苏东坡为何把西湖比西施？

李白《静夜思》的"思"字是什么意思？　　《水浒传》中的宋江是英雄吗？

李清照什么情况下"寻寻觅觅"？

"锄禾日当午"中的"锄禾"指什么劳作？

打虎英雄武松能过美人关吗？　　宋诗为什么赶不上唐诗？

谁是大唐第一才女？　　武大郎为什么是卖炊饼的？

潘金莲的语言修养是从哪里来的？　　宋体字是秦桧创造的吗？

东坡肉是苏东坡发明的吗？

马致远的"小桥流水人家"在哪里？　　《水浒传》中的英雄美名是怎样传扬的

诺贝尔文学奖跟我国有过哪四次亲密接触？

元曲，哪一支最诙谐？　　曹雪芹著《红楼梦》为何遭怀疑？

李白杜甫谁是唐朝诗坛老大？　试问卷帘是何人？

杀害岳飞的罪魁祸首究竟是谁？　　诗词中令人神往的江南指哪里？

秦淮河有哪些魅惑？　　明清文人为何力主李清照不曾再婚？

如何解读《水浒传》的招安情节？　　应该怎样看待梁山好汉的暴力血腥？

李白《静夜思》的"思"字是什么意思？

关汉卿是哪个村的？　　为何当今出不了李白杜甫那样的伟大诗人？

元代文人为什么丑化刘邦形象？　　为什么是宋江做梁山老大？

为什么说文学名著都是教人越狱的？　　川菜跟苏东坡有啥关系？

中国古代优秀的女性诗人为何如此稀少？

我曾经在一篇文章里说，诗歌鼎盛、诗人辈出的唐代没有一位优秀的女性诗人。中国历史上两位最优秀的女诗人，蔡琰（文姬）和李清照，一个生活在汉魏时期，一个生活在两宋之际，唐代才女没有一位可以跟她们相提并论的。有朋友看了这篇文章后，要我谈谈唐代之所以没有出现优秀女性诗人的原因。

其实，女性诗人的缺席，并非唐代诗坛的个别现象，而是整个中国古代诗坛的普遍现象。汉魏时期的蔡琰，两宋之际的李清照，都是个别、偶然现象。因此，要谈唐代之所以没有出现优秀女性诗人的原因，实际上也就是谈中国古代优秀女性诗人稀少的原因。

中国署名创作诗歌的历史，假如从屈原算起，到清朝末年止，有两千二百多年。这两千二百多年的时间里，优秀的男性诗人多如夜空繁星，而优秀的女性诗人却寥寥无几。古人讲，夫妇乃人之大伦；今人说，妇女能顶半边天。在诗歌创作上，这个大伦是极不平衡的，半边天的说法与事实不符。从十九世纪以后世界范围的女性文学创作情况看，我们不得不承认，女性的文学才华是十分可观的。由此，我们也可以推论，中国古代两千多年诗坛上女性的缺席，并非一种自然现象。换言之，不是由于女性缺少诗歌才华，而是因为女性的诗歌才华被压抑乃至被扼杀了。

压抑、扼杀女性诗歌才华的最重要原因，是社会、家庭男女分工的制度和观念。大约从父系氏族时期开始，女性的社会地位就一直低于男性。甲骨文里，"女"是个象形字，是女性侧面跪坐、双手相交的样子。《说文解字》说，像女性"掩敛自守之状"。可见，女性自殷商时期开始就受到了社会、家庭种种规则严格的约束。具体地说，她们基本上被限制在家庭范围内。按照制度和传统，国家社会的政治舞台、军事舞台、经济舞台、文化学术舞台等公众性质的场合，一概没有女性的位置。女性的位置，永远在家庭畛域之内。结婚之前，她们的主要工作是做些辅助性的家务劳动；结婚之后，则主要是相夫教子，主管一家大小的起居饮食事务，即所谓主中馈。

就诗论事，我们看到古代女性所从事的工作主要有采桑养蚕、纺纱织布等。浏览《诗经》，可以看到，女性的劳动，有在水里采摘荇菜（《周南·关雎》），有在田野上采摘车前草（《周南·芣苢》），有上山采葛藤（《王风·采葛》）。翻翻汉代古诗，我们看到，有人在采桑养蚕（《陌上桑》），有人在山上采蘼芜（《上山采蘼芜》），有人在酒家当垆（站柜台）（《羽林郎》）。如果说从事上述劳动的多是一般百姓人家的女性，那么即使在相当富有的官宦之家，妇女纺纱织布也是日常功课。汉代古诗《相逢行》（也作《相逢狭路间行》《长安有狭斜行》）叙述的是"黄金为门""白玉为堂"，其中一个儿子在朝廷担任侍郎高官的人家，这个家庭里，媳妇们的日常功课是"大妇织绮罗，中妇织流黄"。不过，有条件的家庭，女子也会学一些文艺技能。这一家的小媳妇，就"挟瑟上高堂"，为公婆弹奏曲子娱乐。《古诗为焦仲卿妻作》（又名《孔雀东南飞》）中说，刘兰芝出嫁之前的经历为"十三能织素，十四学裁衣，十五弹箜篌，十六诵诗书"。在女性从事一些简单的农事和纺织家务劳动的时候，男性则活跃在社会的大舞台上，边关从军以求立功封赏，读书作文走学而优则仕道路，经营商贸逐什一之利积聚财货，忙得不亦乐乎。历史上的大部分年代，读书作文被认为是人生正途，人们在这条道路上争先恐后。因为汉武帝之后，尤其是隋唐之后形成了诗赋取士的制度，作诗成了男性的一项重要课业，诗坛成了社会最重要的名利场，男人们趋之若鹜，在这里驰骋才华，争奇斗艳，优秀诗人于是生焉，于是辈出。

这样的社会分工，必然导致两个相应的后果：一是因为男性可以有各种社会理想，有丰富的社会经验和阅历，有利于从事表现个人怀抱和情感的诗歌创作活动。而女性由于不被允许参与公众事务，生活范围十分狭窄，经验和阅历也相应单调，不利于从事诗歌创作。二是男性作诗有巨大的名利动力，重赏之下，必有勇夫；女性作诗，不但得不到任何好处，往往还有坏处，例如被认为不守妇道。久而久之，积微成巨，两者的差别就会大到不可逾越。

也可以说，在中国古代，诗歌创作一开始就是一种男性的事业和游戏。曹丕在《典论·论文》中有这样一句话："盖文章乃经国之大业，不朽之盛事。"他明白地表达了这样的意思：学术和文学创作就是男人们为了消解寿命有限的悲哀、追求声名长存的有效途径。女性可以学习诗歌，焦仲卿的妻子曾经"十六诵诗书"，汉代大学者郑玄家的丫鬟都会背诵《诗经》，而且还能巧妙地加以运用。《世说新语·文学》："郑玄家奴婢皆读书。尝使一婢，不称旨，将挞之，方自陈说，玄怒，使人曳著泥中。须臾，复有一婢来，问曰：'胡为乎泥中？'答曰：'薄言往诉，逢彼之怒。'"——两个丫鬟的对话用的都是《诗经》里的诗句！但是，"女子无才便是德"的观念根深蒂固，女性学习诗歌，充其量只是一种不实用的修养，可助消磨闺中无聊岁月而已。《红楼梦》第三十七回"秋爽斋偶结海棠社，蘅芜苑夜拟菊花题"中，大观园中成立了一个诗社，成员除了贾宝玉，其他全是女性。可是林黛玉的一番话，就明白说出了这样一个现实：她们结诗社不过是模仿男性的一个游戏。林黛玉是这样说的："既然定要起诗社，咱们都是诗翁了，先把这些姐妹叔嫂的字样改了才不俗。"于是，李纨就叫"稻香老农"，探春就叫"蕉下客"，不一而足。

诗歌既然被认为是男性的事业，自然会成为一种垄断。偶尔有女性在这方面表现出才华，就很容易遭到男性的嫉恨与排斥。李清照就曾经有过这种遭遇。张子韶对策有"桂子飘香"的话，李清照写诗讽刺道："露花倒影柳三变，桂子飘香张九成。"当时的举子们表面上都很服膺诗句的精妙，心里却都十分嫉恨。因为李清照有亲戚是内廷夫人，代她进了帖子，使得后来翰林只能得到皇帝的金帛赏赐，一班翰林学士怀恨在心，他们因此制造出种种关于李清照改嫁的谣言，加以中伤（清·吴连周《李清照传》）。

蔡琰、李清照等女性诗人的成名，都具有明显的偶然性。首先，她们都生于书香门第，从小受过良好的文化教育，家庭成员观念也比较开明，允许她们涉足文学创作；其次，她们都遭逢离乱，国破家亡，也就是说由于客观的原因，她们的人生阅历超出了家庭生活的约束范围。这种种在一般妇女那里不可能具备的条件，在她们那里都偶然地兼备了，这才成就了她们的诗歌创作。

谁是历史上最能睡觉的人？

对于身体尚处于发育期的青少年、为了谋生早出晚归睡眠不足而处于亚健康状态的可怜的成年人而言，睡觉无疑是世间最美妙的享受。嵇康在《与山巨源绝交书》中将不能睡懒觉列为"出仕七不堪"之首，诸葛亮在草堂高卧害得刘备弟兄长久等待，孟浩然的"春眠不觉晓，处处闻啼鸟"……都成为脍炙人口的佳话，令人津津乐道，时时讲述。

据说，如今有许多人的理想是"数钱数到手抽筋，睡觉睡到自然醒"。春节临近，无论是上班族还是读书娃，或多或少都会有几天假期，"睡觉睡到自然醒"的理想，总可以兑现一部分。这个时候，我们来讲述一下古代特别能睡觉之人——陈抟——的睡觉故事。

陈抟老祖，大约是中国民间传说中最能睡觉的人了。《喻世明言》第十四卷"陈希夷四辞朝命"，引过一首不知道何人所作的诗："昏昏黑黑睡中天，无暑无寒也没年。彭祖寿经八百岁，不比陈抟一觉眠。"民间历来有陈抟一觉八百年的传说。

而实际上，陈抟当然不可能一觉睡八百年。因为按照民间传说，他的寿命也不过是一百八十岁。就像《喻世明言》所指出的，虽然说陈抟终于羽化成了，但也绝无一觉睡八百年的道理。那只是一种夸张的说法，无非是为了说明他睡觉的时间多，醒着的时间少而已。

那么，历史上的陈抟到底是怎样的一个人呢？他睡觉到底是怎样一种情形呢？

陈抟（约871—989），字图南，亳州真源（今河南省周口市鹿邑县）人。青年时代饱读经书，尤其喜欢钻研《易经》。有经世济民之才，谈吐不俗，喜欢深思，很少吃东西。参加进士考试落第，时当五代更迭之际，世道混乱，他因此隐居山林，学习道术，辟谷炼气，祈求长生不老。一度居住在华山云台观，经常闭门独卧，几十天不出门。也有文献说，他能一百多天不出门。

因为修行有成，陈抟名声大噪。《喻世明言》说，后唐明宗赏赐给他两个宫女，企图诱其出仕。结果他酒醒后留诗一首，飘然而去。诗是这样写的：

雪为肌体玉为腮，多谢君王送到来。

处士不生巫峡梦，空劳神女下阳台。

这说明，陈抟修炼精深，对女色丝毫不感兴趣。赐宫女事，《青琐高议》《唐才子传》等书说是唐僖宗时的事，这显然是把时间弄错了。因为那个时候，陈抟还没有出生。相比之下，传奇小说《喻世明言》倒没有犯这个错误。

陈抟睡觉长时间不醒的故事，主要发生在五代后周世宗（954—959年在位）时。《五代史补》等文献记载，周世宗柴荣是一位想要有所作为的皇帝，极力网罗人才。他听说陈抟曾经参加过科举考试，落第之后隐居深山，认为陈抟一定是一位身怀奇才之人，于是下诏命他进宫。柴荣原本是想要委任他一官半职（有说是左拾遗，有说是谏议大夫）的，但是，此时的陈抟已经无意仕进，坚决要求回到山林中隐居。据说还写了这样一首表明志向的诗：

草泽吾皇召，图南抟姓陈。

三峰十年客，四海一闲人。

世态从来薄，诗情自得真。

超然居物外，何必信为臣？

周世宗知道陈抟是留不住的，就放他回去了。

关于周世宗的召见情形，《杨文公谈苑》《唐才子传》等文献的记载则大不相同。说的是，周世宗对陈抟能长睡不醒感到好奇，召他进宫之后，把他反锁在一间屋子里，看他一觉到底能睡多久。结果，一个多月之后把锁打开，只见陈抟还在熟睡，鼾声如雷。等到陈抟睡醒之后，周世宗跟他打听炼金术，遭到陈抟的抢白，陈抟还奉劝他，君王当以天下苍生为念，不应该关心炼金术之类的事情。话不投机，周世宗无意留他，陈抟也惦记山林生活，于是赋诗一首：

十年踪迹走红尘，回首青山入梦频。

紫陌纵荣争及睡，朱门虽贵不如贫。

愁闻剑戟扶危主，闷听笙歌聒醉人。

携取旧书归旧隐，野花啼鸟一般春。

• • 陈抟在山林中熟睡 • •

在陈抟眼中，尘世的荣耀，还不如好好睡上一觉。

当然，入宋之后，民间还流传着一些陈抟跟宋太祖、宋太宗、宋真宗这几位开国皇帝有关的故事。因为跟睡觉无关，就不赘述了。

由上边叙述可见，陈抟的能睡，一方面跟他有着高深的道术（辟谷）修养有关，另一方面也跟他看破了世间荣华富贵有关。相比之下，后一方面是更为重要的。一个看破红尘、参透名利的人，身心清爽，了无挂碍，除了睡觉，实在也没有什么值得他惦记，值得他做的事情了。

妲己是怎样被妖魔化的?

说到妲己，大约很多人都脱口而出：狐狸精！

对于历史传说知道得多一些的人，还会对妲己的罪行如数家珍：一年冬天，妲己看见有人赤脚在冰面上行走，便让纣王命人将他的双脚砍下，看看那两只脚为何不惧寒冻；有一回，她看到一个大肚子女人走过去，便让纣王命人剖开女人的肚皮，看看腹内究竟是什么，造成一尸两命；还有一回，她与纣王打赌，说自己能看出孕妇腹中胎儿的性别，纣王于是命人找来十多个即将临盆的孕妇让妲己一一辨别，然后剖开每个孕妇的肚子验证，十多个孕妇与胎儿死于非命；怂恿纣王杀死忠臣比干后，将其剖腹挖心，以验证圣人心有七窍的传说等等。总而言之，妲己是一个草菅人命、恶贯满盈的蛇蝎美人。

孔子的高足子贡曾经说过一句有替商纣王鸣不平意味的话："纣之不善，不如是之甚也。"（《论语·子张》）翻译成现代汉语就是：商纣王并没有人们传说的那么坏。其实，不光是纣王，妲己也没有人们传说的那么歹毒。

显然，妲己是被后代的历史讲述者（包括正史正说者和野史戏说者）妖魔化了。换言之，妲己的那些罪行，大多都是后人加工、演绎乃至杜撰出来的。

早期历史文献中，妲己并没有那么多的罪行。《尚书·牧誓》中武王伐纣时列举的纣王罪行中，与妲己有关的，只有"惟妇言是用"一句；《国语·晋语》说到妲己的，也只有"妲己有宠，于是乎与胶鬲比而亡殷"一句（胶鬲，商纣王时大夫。传说起于鱼盐商贩，后被周文王安插在纣王那里做内应）；《吕氏春秋·先识》关于妲己的文字多一些，也不过是"商王大乱，沉于酒德、妲己，为政赏罚无方"等。

其实，在商朝，帝王"惟妇言是用"、宠爱乃至敬重妇人，根本不是什么新闻。有学者指出，"惟妇言是用"并不仅仅是纣王的个人行为，而是殷商时期的一种社会现象，是殷商社会普遍存在的女性崇拜观念的反映。殷商的女性崇拜观念，体现在政治、军事、祭祀、农业等各个方面。从甲骨文的记载看，殷商时期有如下一些跟周代以降明显不同的现象：上层妇女有自己的领地，有事的时候到首都朝见国王，没事的时候就住在自己的领地，很像后来分封各地的诸侯；上层妇女有独立的经济地位，她们从事农业生产，因而有义务向商王进贡，进贡的物品有猪羊等家畜、甲骨、贝类等。有领地、有经济地位的女性，自然也有相应的政治地位。当时的国家大事有两件，一是祭祀，二是战争。甲骨文中，妇女主持祭祀和率军作战的记载都有不少。商王武丁的妻子妇好就是其中的杰出代表，她不但主持过各种祭祀活动，还曾多次率军出征羌方、土方、巴方等部落，立下赫赫战功。考证起来，殷商时期的女性崇拜观念，可能是母系社会制度的遗风。

只不过，纣王宠爱、信任妲己，并没有取得其祖武丁宠爱、信任妇好那样理想的效果，如此而已。都是宠爱、信任妇女，但是效果与结局截然不同，这跟妲己与妇好在政治修养、行政能力上存在的巨大差距有关，跟是否"惟妇言是用"关系不大。

妲己被妖魔化，可能跟商、周时期妇女观的不同有关。商朝有女尊男卑观念，周朝以降没有这种观念——事实上已经转变为男尊女卑的观念了。

当然，妲己的被妖魔化，还跟评价历史人物时"成者为王，败者为寇"的祖传规则和西人揭示的"马太效应"有关。

妲己被妖魔化的时间，从子贡的感慨看，显然很早。子贡是春秋时期人，据此可以断言，早在春秋时期，纣王已经是臭名昭著的大坏蛋，妲己已经是蛇蝎心肠的狐狸精了。

说到妲己的被妖魔化，一般人很容易想到《全相平话五种》中的《全相武王伐纣平话》和《封神榜》。敝乡有两句童谣，曰："《封神榜》，讲话由自讲（信口开河）；《西游记》，讲话如拉屁（放屁）。"实际上，司马迁的《史记》已经把妲己写得很不堪了。司马迁虽然没有直接说妲己有本文开头所列举的那些罪行，但是，他在《史记·殷本纪》中，紧接着"爱妲己，妲己之言是从"，就来了一个要命的关联词"于是"。不用说，这"于是"后边的罪行，都是纣王在落实"妲己之言"的行动。那么，"于是"后边有哪些罪行呢？请看：

> ……使师涓作新淫声，北里之舞，靡靡之乐。厚赋税以实鹿台之钱，而盈钜桥之粟。益收狗马奇物，充仞宫室。益

广沙丘苑台，多取野兽蜚鸟置其中。慢于鬼神。大冣乐戏于
沙丘，以酒为池，悬肉为林，使男女倮相逐其间，为长夜之饮。

就是说，司马迁含糊其辞地把这些奢侈荒淫的行为，都归到了妲
己的名下。以司马迁"史家之绝唱，无韵之《离骚》"的史学造诣兼
文学修养，妲己要想不成为千秋万代红颜祸水的典型，那是不可能的。

妲己的形象之所以在历史长河中越传越坏，越描越黑，跟国人如
下独特的历史观、文学观有着直接关系：一个王朝尤其是历时较为长
久的王朝的末代皇帝，必定是个大坏蛋；这个大坏蛋的背后，必定有
一个美人，这个美人必定是骄奢淫逸、满肚子坏水的邪恶女人。其间
似乎有如下的逻辑：如果没有这样一个邪恶女人，男人就不会变成坏
蛋，王朝帝祚就会绵延不绝，历史故事就会枯燥乏味，没有吸引力。
这大概是历史叙述中话语权掌握在男性手里的一种结果。

两千五百年前的美女长什么模样？

《诗经》三百零五首诗歌作品中，有两首是较为集中地描写美女的。通过这两首诗歌，我们既可以了解那个时代的美女长啥模样，如何穿着打扮，也可以了解当时的人们有着什么样的衡量美女的标准。

先请看第一首，《鄘风·君子偕老》：

> 君子偕老，副笄六珈。委委佗佗，如山如河，象服是宜。
> 子之不淑，云如之何！
> 玼兮玼兮，其之翟也。鬒发如云，不屑髢也。
> 玉之瑱也，象之揥也，扬且之皙也，胡然而天也？胡然
> 而帝也？
> 瑳兮瑳兮，其之展也。蒙彼绉絺，是绁袢也。
> 子之清扬，扬且之颜也。展如之人兮，邦之媛也？

参考译文：

君王娇妻恩爱多，玉簪步摇珍珠颗。仪态万方移莲步，静如山丘动

如流，紫凤锦袍身材火。但是行为不甚端，对你还能说什么！

文采玉润真鲜艳，羽样礼服耀人眼。黑发细密如乌云，不用假发纯天然。美玉耳坠垂两边，象牙簪子插发间，清秀白皙姣人面，莫非天仙来人间？

文采清新真艳丽，轻纱薄绢礼宾衣。外罩绉罗如蝉翼，透明内衣世上稀。你的眉目多清秀，你的容颜多美丽。虽是国色华丽衣，奈何品性少淑仪！

一般认为，这首诗是刻画鄘国一位国君的夫人卫宣姜的。毫无疑问，卫宣姜是一位绝色美人：她仪态万方，动静皆宜；她身材曼妙，举止婀娜；她肌肤白皙，发如乌云；她珠翠满头，绮罗遍身。单是从容貌和装扮衣着上说，这位两三千年前的国王夫人，丝毫都不会输给今天国际时装舞台上最顶尖最亮丽的模特。美则美矣，但是，诗人并不打心眼里喜欢她，相反，却相当地厌恶她！为什么？她品行不好，生活淫乱。可见，这位卫宣姜夫人，不过是金玉其外、败絮其中的绣花枕头式美女罢了。

当然，《诗经》里也有一位内心和外貌都美好的女子。《卫风·硕人》：

> 硕人其颀，衣锦褧衣。齐侯之子，卫侯之妻。
> 东宫之妹，邢侯之姨，谭公维私。
> 手如柔荑，肤如凝脂，领如蝤蛴，齿如瓠犀，螓首蛾眉，
> 巧笑倩兮，美目盼兮。

硕人敖敖，说于农郊。四牡有骄，朱幩镳镳。

翟茀以朝，大夫夙退，无使君劳。

河水洋洋，北流活活。施罛濊濊，鳣鲔发发，葭菼揭揭。

庶姜孽孽，庶士有朅。

参考译文：

高个美女身材真修细，鲜艳锦服外罩单衣。她本齐侯千金女，嫁给卫侯做娇妻，原是太子同胞妹，邢侯要叫她小姨，谭公还是她姊婿。

细白茅根嫩手指，肌肤滋润赛凝脂，脖颈细白如蝤蛴（天牛幼虫，体长而白），牙齿齐整像瓠子，额角方正蛾眉细。嫣然一笑酒窝成双，秋波一转黑白迷离。

美人身材长得高，停车歇息在近郊。四匹雄马真雄壮，马嚼旁边飘红绡。雉翎彩车来上朝，大夫觐后愿早退，不教卫君太辛劳。

河水浩淼白茫茫，哗哗有声向北淌。渔网撒得呼呼响，鱼儿泼泼跳进网，芦荻高高排成行。陪嫁丫鬟个子都修长，随从男仆英俊又健壮！

卫庄公移情别恋，宠爱一个小妾。美貌的庄姜夫人遭到冷落，终其一生都没有生一个自己的孩子。卫国诗人同情国母，于是创作了这一首作品。诗中详尽、细致地叙述了庄姜的高贵身份、美丽容颜以及当初出嫁时的风光排场，其中描写容颜的一节堪称经典：手指、肌肤、脖颈、牙齿、额头、酒窝、眼睛，都用了排比、比喻的手法，观察入微。从这一首诗歌中，我们大略可以知道，两三千年前中国人衡量美女的指标是非常具体的，除了身材的高挑修长以外，还对脖颈以上的头部各处提出了具体的要求。综合所有指标，不难发现，这样的美女是符合健康理念的——用今天的话说，大概是"氧气美女"吧。

值得注意的是，现代女子日常使用的养颜护肤、美容化妆品一样也没有的农牧或渔猎时代的女子，竟然也能够那样白皙细嫩，那样美丽娇艳。由此可以推测，远古时期人们的居住环境、生活方式、生活水平、饮食质量、审美要求，都比我们想象的要好很多。

两千五百年前的美男子长什么模样？

两千五百至三千年前的《诗经》时代，不但有美女，也有俊男。《邶风·简兮》和《齐风·猗嗟》就是两首歌咏俊男的作品。

先请看《邶风·简兮》，原诗如下：

简兮简兮，方将万舞。日之方中，在前上处。

硕人俣俣，公庭万舞。有力如虎，执辔如组。

左手执龠，右手秉翟。赫如渥赭，公言锡爵。

山有榛，隰有苓。云谁之思？西方美人。彼美人兮，西方之人兮！

参考译文：

打起鼓来咚咚响，万舞表演要开场。太阳高高在头顶，舞师领舞在前行。

身材高大又魁梧，广场上边演万舞。扮成骑士力如虎，手捏缰绳似丝组。

左手握着那个笛子吹，右手挥动那个雉翎尾。脸儿通红像擦了色，卫公赏酒来举起杯。

榛树生在高山巅，低洼地里草苓（甘草）产。是谁占据了我的心尖尖？就是那健壮的西方美男！美男啊我的乖乖美男，那个西方来的美男！

先解释一下什么是万舞。万舞是在周天子宗庙演出的一种舞蹈，分文舞和武舞两个部分。文舞用雉翎尾和龠管（乐器），武舞用盾牌和板斧。这首诗描写的是，一位女子观看万舞表演的时候，爱上了文舞的领舞男子。也许是舞者本身确实健美，也许是这位多情的女子情人眼里出西施——应该说"出潘安"。这位舞蹈者身材高大，孔武有力，舞姿潇洒，星光熠熠，早已令女子芳心暗许，恨不能"将身嫁与，一生休"，连"纵被无情弃，不能羞"的心思都有了。

如果说，《简兮》中的美男子只是舞台上的表演者，那么《猗嗟》中的美男子就是生活中的真人秀，他是一位相貌、技艺俱佳的射手。原诗如下：

> 猗嗟昌兮，颀而长兮。抑若扬兮，美目扬兮。巧趋跄兮，射则臧兮！
>
> 猗嗟名兮，美目清兮，仪既成兮。终日射侯，不出正兮，展我甥兮！
>
> 猗嗟娈兮，清扬婉兮。舞则选兮，射则贯兮。四矢反兮，以御乱兮！

参考译文：

天生一副健美相貌啊！身材真高挑啊！动静皆宜真美妙啊！漂亮的眼睛那么一瞟，帅气的步伐多美好。射箭技艺如凤毛！

长得多精神啊！漂亮的眼睛水一样清。诸事准备已完成啊。打靶一整天啊，箭箭射在正中央。不愧是我的好外甥啊！

帅气的相貌人人赞啊！如水明眸巧流转啊，动作真有节奏感啊。箭箭都射穿啊，全是靶心一个眼儿。有如此人才哪怕外国鬼子来侵犯啊！

这不是一首情诗，因此不会有情人眼里出西施的偏差。在长辈眼里，年轻男子的相貌已然可以如此魅力四溅，倘若由一位多情的女子看见，岂不立刻晕了过去？两三千年前的狩猎时代，打猎是重要的谋生技艺；春秋时期，战争频仍，冷兵器时代的战争，弓箭是最重要的作战武器。这两个原因，必然会使善于射箭的年轻男子成为众目聚焦的英雄。加上这男子身材、眉眼、举止样样出众，比起今天在国际锦标赛、奥运会上拿金牌而且眉目清秀的运动员，毫不逊色。

两首诗，一首写的是西边地方（邶国，今天河南安阳一带）的美男子，一首写的是东边地方（齐国，今天山东淄博一带）的美男子。这说明，两三千年前，无论东边还是西边，当时的中国都能出产美男子。

两三千年前，无论东边还是西边，既产美女又产美男子（今天要说帅哥），闭目想象，那该是一个多么美好的时代啊！

中国第一首白话诗写于何时？

胡适在 1917 年 2 月号《新青年》上发表《两只蝴蝶》（原题《朋友》）："两个黄蝴蝶，双双飞上天。不知为什么，一个忽飞还。剩下那一个，孤单怪可怜。也无心上天，天上太孤单。"这首诗被许多文学史家、诗论家、诗人尊奉为"中国第一首白话诗"。尊奉人数如许之众多，以至于"第一首白话诗"云云俨然成为一条妇孺皆知、颠扑不破的文学常识。

其实，这"第一首白话诗"的桂冠，不过是国人好夸诞话风的一个实例。只要稍微动用一下自己的脑子，不人云亦云，很容易看出其中的漏洞。

首先，如果说"白话"就是人们日常生活中所讲的话，那么，它自古就有。既非始于民国五四，亦非始于隋唐"敦煌"（敦煌变文）。自然，用白话写作诗歌，也不始于五四，不始于"敦煌"。"情动于中而形于言，言之不足故嗟叹之，嗟叹之不足故咏歌之……"（《诗大序》）。咏歌就是作诗，创作或背诵诗歌。自从人类有强烈的感情需要表达、需要宣泄的那一天起，就有了诗歌。中国人不可能等到隋唐，等到民国，等到 1916 年 8 月 23 日（胡适先生作《两只蝴蝶》的那一天），才有"嗟叹之不足"的感情需要表达，需要宣泄。中国诗歌的历史，少说也有三千多年了。

其次，如果说"白话"是指现代汉语（普通话）的书面形式，那么，白话也并非一夜之间突然从石缝里蹦出来的东西，它至少可以追溯到元明清，追溯到唐宋。从语言上讲，明清的小说民歌，元朝的散曲小令，唐宋的宝卷陶真，都得算是白话。这其中，有许多句子，无论是语法，还是词汇，跟今天的普通话都没有什么区别。比如说，唐初有个名叫王梵志的诗人（比李白杜甫还要早一些），专门用白话写诗，人称"白话诗人"。他的诗："他人骑大马，我独跨驴子。回顾担柴汉，心下较些子。""城外土馒头，馅草在城里。一人吃一个，莫嫌没滋味。"谁能说它们不是白话诗呢？再者，胡适先生自己的《白话文学史》，也把中国白话诗追溯到了汉朝的民歌，有两千多年的历史。如果将"白话"作最狭义的理解，即中华人民共和国政府下令推广的"以北京语音为标准音，以北方话为基础方言，以典范的现代白话文著作为语法规范"的现代汉民族共同语——普通话，那么，胡适的年代，它尚未定型。第一首白话诗，最早也得是毛泽东在天安门城楼上庄严宣布"中华人民共和国中央人民政府今天成立了"那一刻之后的事情。

文言、白话的界限，从来就不清楚。诗歌以及其他一切体裁的文学作品，根据语言划分为文言、白话，实际上不过是阶级斗争思想的一种投射。王梵志、王老九写白话诗，王维、王昌龄写文言诗，四个人都姓王，但因为他们身份地位即阶级成分不同，写诗用的语言也有语体风格上的差异。"文言诗"从东汉写到明清，写了一千多年，中间唐诗宋词的成就，举世瞩目，凭什么说文言文是一种僵死的语言呢？

它分明活得很滋润，很长命。给文学作品分类，与其从语体上下手，不如从品质（好坏优劣）上着眼。

按照文言白话分野始于汉朝的常见说法，汉朝以前的文学作品，大致也都是白话文学。因此，最早的诗歌，也都是白话诗。例如，逯钦立先生辑校的《先秦诗》，排列在最前面的那两首，《弹歌》和《击壤歌》，就都是白话诗。"断竹，续竹，飞土，逐肉。"砍来竹子，连接竹子（制作成捕捉野兽的器具，例如弹），飞起泥土，逮到野物。"日出而作，日入而息。凿井而饮，耕田而食。帝力于我何有哉！"太阳出来去劳作，太阳下山回家休息。挖了水井喝水，耕田种粮吃饭，天王老子跟我有什么相干！多么质朴直接、通俗易懂的话语！

从诗歌内容看，上述《弹歌》《击壤歌》是相当古老的，反映的都是石器时代人类的生活情形。但是，从文献记载的先后上论，我国最早的诗歌，应该是殷商甲骨文中的"今日雨。其自西来雨？其自东来雨？其自北来雨？其自南来雨？"（《卜辞通纂》375）这首诗不但时代早，影响也十分巨大，如汉代乐府古诗《江南》："江南可采莲，莲叶何田田。鱼戏莲叶间，鱼戏莲叶东，鱼戏莲叶西，鱼戏莲叶南，鱼戏莲叶北。"北朝民歌《木兰辞》："东市买鞍马，西市买鞍鞯，南市买辔头，北市买长鞭。"杜甫《杜鹃》："西川有杜鹃，东川无杜鹃。涪万无杜鹃，云安有杜鹃。"龚自珍《行路易》："东山猛虎不吃人，西山猛虎吃人，南山猛虎吃人，北山猛虎不食人，漫漫趋避何所已！"这些诗句都跟它一脉相承。

毛笔是蒙恬发明的吗?

竟然还有人不知道我国毛笔发明的时间要远远早于秦国将军蒙恬出生的时间。

没错,古书中确实有蒙恬发明毛笔的说法。如今能见到的最早记载大约是《太平御览》中所引晋张华《博物志》的话:"蒙恬造笔。"唐韩愈《毛颖传》中也提到蒙恬伐中山,俘获毛颖,秦始皇宠之,封毛颖为"管城子",后世因以"毛颖"为笔的代称。在浙江湖州市南浔区善琏村一带,蒙恬更是被当作制笔的鼻祖,香火供奉,年年祭拜,绵延不绝。

而实际上,蒙恬并非毛笔的创始人。清代学者赵翼在《陔馀丛考》卷十九"造笔不始于蒙恬"条,一口气列举了蒙恬之前《诗经》《尚书》《尔雅》《说文解字》等古书中出现"笔"字的证据,并且以《庄子》"宋元君将画图,众史皆舐笔和墨"的话,作为上古之笔不是竹制硬笔而是"以毫染墨"的毛笔的证明。另外,他还以早于蒙恬的《韩非子·饰令篇》的"三寸之管",晋崔豹《古今注》所言蒙恬所制并非兔毫竹管笔,证明蒙恬不是毛笔的创始人,证据可谓确凿。但是,赵翼还是比较尊重民间传说的，他推测道："或蒙恬所造精于前人，遂独擅其名耳。"

依我看，历史上，蒙恬在造笔方面不见得有什么独到之处。他之所以被当作制笔之祖供奉千载，事出偶然，或系讹传所致。我们这样说，依据有五：一是司马迁《史记·蒙恬列传》中未记载蒙恬有造笔之功，真有造笔大功，太史公不当忽略；二是今传张华《博物志》中不见有"蒙恬造笔"的话，其中或者有误；三是时间距离张华《博物志》不远的崔豹《古今注》（卷下《杂注第七》）中明白说了，蒙恬所造的不过是笔的一种，即所谓秦笔，具体制法是："以枯木为管，鹿毛为柱，羊毛为被，所谓苍毫……"蒙恬大约曾于率军征战之际，因陋就简，就地取材，制作了这种毛笔，以应急需；四是蒙恬用了枯树枝作笔杆，材料不怎么讲究；五是考古发现春秋末叶已经有精美的毛笔，蒙恬所造的这种笔，未必有当时已经出现的竹管兔毫的毛笔便于使用。

那么，毛笔究竟发明于什么时代呢？

有人认为，中国人使用毛笔的历史，可以上溯至距今六七千年前的新石器时代。他们推测，西安半坡遗址出土陶器上的人面纹、鱼纹、波折纹等，是用毛笔描绘出来的；河南安阳出土的商代甲骨上未经契刻的字迹，也有毛笔书写的痕迹。如此立说的根据，主要是那些图画和字迹的笔画，具有软笔的特点：线条圆转流畅，笔画有粗细肥瘦的变化，等等。更重要的是，甲骨文中多次出现了"聿"字，而且字形均为手握笔杆，这跟东汉许慎《说文解字》的说法是一致的。《说文解字》卷三下聿部："聿，所以书也。楚谓之聿，吴谓之不律，燕谓之弗。"又，"笔，秦谓之笔，从聿，从竹。"

不过，出土的实物毛笔，要略晚于这个时间。1954 年，考古工作者在湖南长沙市左家公山的一座战国墓中，发现了一支长约21厘米、直径约0.4厘米的毛笔实物。该毛笔笔头以优质的兔箭毛制成，毛长 2.5 厘米，笔杆为竹管。不同之处是，笔头不是插在竹杆套内，而是用劈开的竹竿端部将笔头夹在其中，外缠丝线，再涂上油漆。1957 年至 1958 年，河南省文物工作队在信阳长台关发掘的春秋晚期至战国间的楚国墓一号墓中，发现了一批贮存于一个小型工具箱内、书写竹简用的毛笔，为竹竿兔箭毛制成，笔杆细而精巧，长约 15 厘米，有竹制笔套。

　　随着考古发掘工作的不断进展，包括毛笔在内的许多古代文明，发明时间必将被逐步提前。至少，目前我们已经可以说，距今两千五百年以前的春秋末期，中国人已经有了真正的毛笔，其形制合理，材质优良，书写便利，不亚于现代工艺制作的毛笔；结合殷商甲骨字迹、半坡陶器图画，我们也完全可以说：中国人制作、使用毛笔已经有四五千年的历史了。

哭长城的女子为何叫"孟姜女"？

孟姜女哭长城的故事，在我国可谓家喻户晓。但是，正如许多民间故事一样，这个故事的主角也有很大的虚构成分。

按照著名学者顾炎武、顾颉刚等人的考证，孟姜女就是《左传·襄公二十三年》《礼记·檀弓上》以及刘向《说苑》（《立节》《善说》）和《列女传》等文献中记载的"杞梁妻"。杞梁又名杞殖、杞梁殖，春秋时期齐国庄公吕购（公元前553—前548年在位）时期的大夫，在一次进攻莒国的战役中战死。这些文献中，已然出现了其妻半路迎接灵柩、要求齐国君主为其丈夫举行正式的祭吊仪式、伏尸哭泣致使路人挥涕城墙崩塌、丈夫后事料理完后赴淄水而死等情节，后来又增加了哭泣致使山为之崩、给丈夫送寒衣等故事。到了唐代，诗人贯休又将故事发生的时间地点后移至秦始皇时期，"秦之无道兮四海枯，筑长城兮遮北胡。筑人筑土一万里，杞梁贞妇啼呜呜。上无父兮中无夫，下无子兮孤复孤。一号城崩塞色苦，再号杞梁骨出土。疲魂饥魄相逐归，陌上少年莫相非"。从此往后，孟姜女的故事便变成了控诉秦始皇修筑长城、残害勇士的故事。故事愈演愈曲折生动，但是，唐代之前所有的文献有一个共同点：女主角都是"杞梁妻"，没有属于她自己的姓名。

"孟姜女"这个名字，大约始见于明代。与此同时，杞梁也演变成了谐音的"范喜良"或"万喜良"。有一种说法，山海关孟姜女庙的楹联"秦皇安在哉，万里长城筑怨；姜女未亡也，千秋片石铭贞"，系南宋名臣文天祥所作。但是，有人根据楹联的格调，即对庙主的评价（用"千秋片石"铭刻妇女的贞洁），认为其作者不可能是文天祥，而应该是明代万历以后的人。

关于"孟姜女"名字的来历，我们了解到的，有两类说法。一类是说，山东某村庄隔墙居住的孟、姜两家（原本都是秦朝官员），共同培育一株葫芦。后来墙头上结了一个葫芦，成熟后两家准备锯开做葫芦瓢，一家一个。不料，葫芦被锯开时，里面蹦出一个小女孩。于是两家又共同培育这个小女孩，并且给她取名"孟姜女"。也有说不是葫芦，而是冬瓜的。另一类说法是，"孟姜"是齐国国君和贵族家女儿的通称，"孟"是兄弟姊妹排行中的老大（孟 [伯]、仲、叔、季，依次为老大、老二、老三、老四），意思是"姜氏家族的长女"。这一类说法的根据主要有：《诗经》毛传中，有"孟姜，齐之长女"的话；出土文物中，有春秋时期齐庄公吕购的大女儿姜蕾和丈夫田桓子无宇为了悼念田桓子无宇的父亲田须无共铸的"桓子孟姜壶"。

这两类说法，哪一类较为可信呢？当然是后者。葫芦或冬瓜剖出女子，纯属民间故事套路，荒诞不经，无法采信。但是，后者也有一个问题：如果孟姜女确凿无疑是齐国女子，那么，这一名字更像是唐代以前的人给取的。因为，这符合文献中杞梁乃春秋时期齐国大夫、死于某次战役的记载。姜姓是齐国的大族，以出美女著称。《诗经·陈风·衡门》有"岂其取（娶）妻，必齐之姜"的诗句。齐国大夫，娶齐国某姜姓贵族家女子为妻，合乎情理。倘若是明代人取的这个名字，就跟这个时代故事已经演变为澧州嘉山（今湖南省津市）女子（孟姜女）与秦始皇之间怨仇的讲法互相抵牾。

我们认为，与其言之凿凿强调"孟姜女"就是齐国某贵族女子，还不如说她是一位国籍不明的姜姓女子。在没有确凿文献能够证明"孟姜女"跟"杞梁妻"是同一个人的时候，这样说，至少可以给明清以后关于孟姜女故事的演绎提供一点发挥的余地。过于迂执，民间故事就没法往下讲了。这样说当然也不是信口开河，毫无依据的。至少有如下一个证据：春秋时期，"孟姜（女）"已经不限于称呼齐国女子了。《诗经·鄘风·桑中》"爰采唐矣？沬之乡矣。云谁之思？美孟姜（弋/庸）矣。期我乎桑中，要我乎上宫，送我乎淇之上矣。"《诗经·郑风·有女同车》"有女同车，颜如舜华（英）。将翱将翔，佩玉琼琚（将将）。彼美孟姜，洵美且都（德音不忘）。"说鄘风、郑风中的美女"孟姜"都是齐国女子，失之武断。尤其值得注意的是，《鄘风》中，跟姜姓一样，弋姓、庸姓也出美女。可见，春秋时期，"孟姜"乃是一般美女的代名词，不限于齐国所产。

人多有恻隐、怜香惜玉之心。让美女对抗暴君暴政，故事听起来会更加令人动容。

秦始皇兵马俑是骗钱工程？

到陕西参加"中华文明精神标识之旅"活动。参观秦始皇兵马俑博物馆，我已经是第四次了。前几次，不是惊奇于"世界第八大奇迹"的雄伟壮观，惊奇于秦朝军阵的整饬与威严，便是只顾欣赏面貌不同、性情各异的兵俑经过精心打理的发型与胡须。总之，每次都没有认真思考一下：秦朝为什么要搞这样一个耗费大量人力物力资源的地下工程呢？

发隐宫徒刑者（被圈禁起来专门修建宫殿的罪人）七十余万人修建阿房宫和骊山陵墓，尚可理解。因为，先人留下的宫殿太狭窄了，大规模增加的嫔妃宫女无法安置，敲剥天下得来的财货无处储藏；因为，陵寝规模是帝王生死哀荣的规格，万世基业靠它庇佑，丝毫将就不得。在陵寝之外弄这么一个空前绝后的陶俑军阵，实在看不出有什么作用。耀武扬威？埋在地下，谁也看不见；保护秦皇陵寝？已经有机弩水银，足以令盗墓贼闻之胆寒；向后代昭示丰功伟绩？秦始皇早已发明了"立石颂秦德"的办法并到处使用。

实际上的作用只有一个：因为大量耗费人力物力，劳民伤财，加速了秦皇朝的灭亡，使秦始皇"二世三世至于万世，传之无穷"的秦国帝业梦想成为千古笑柄。

这肯定不是秦始皇的本意。

从史书记载看，扫灭六国、一统天下的秦始皇，表面看起来雄才大略，非常威武，但他有一个致命的弱点：贪生怕死。因为这个弱点，他屡次上当，付出了沉重的代价。徐市、韩众、侯公、侯生、石生、卢生等方士，先后以能为秦始皇求取、炼成长生不老之药，骗去大量金银财宝，直至侯生、卢生逃走，秦始皇才意识到自己被骗，恨恨地说出如下一番话："悉召文学方术士甚众，欲以兴太平，方士欲炼以求奇药。今闻韩众去不报，徐市等费以巨万计，终不得药，徒奸利相告日闻。"（《史记·秦始皇本纪》）然后，他干了一件臭名昭著的事情：坑杀四百六十余人，史称"坑儒"。盛怒之下，他还把忠心进谏的长子扶苏打发到北边上郡去监督蒙恬统领的军队，为日后李斯、赵高弄权矫诏，害死扶苏，扶持昏庸的胡亥登上皇帝宝座，直至秦朝走向灭亡，埋下了祸根。

前赴后继欺骗秦始皇的方士，都是为了获取巨大的物质利益，无一例外。

因此，我们推测，这个号称"世界第八大奇迹"的空前绝后的地下军阵——秦始皇兵马俑工程，实际上也是某（几）位方士的行骗杰作。这个工程，究竟从秦始皇那里骗取了多少金银财宝，已经无法计算。

关于兵马俑，史书没有任何记载。一般认为，它是秦始皇陵的一个组成部分。具体地说，兵马俑是殉葬品，是上古人殉的一种替代品，一个过渡形式。但这只是一种猜测。即使是在上古，千军万马的殉葬规模也没有发现过。已经整理复原的一千多个兵俑，都各具面貌神情，个性鲜明，无一雷同，一个个士兵与将领，都像是有生活原型的。由此可以推测，它很可能是秦始皇生前一次大阅兵的定格——记录手段是烧制陶器，类似今天的蜡像馆。

《史记·秦始皇本纪》有如下记载：卢生骗秦始皇说，要想得到长生不死的药，秦始皇平时居住的宫室不应该为他人所知悉。秦始皇于是命令，咸阳附近二百里内二百七十座宫殿"复道甬道相连"。有"复道""甬道"，大概也有地道。兵马俑没准是方士们为秦始皇设计的长生不死生涯、异度空间（地下空间）的军阵仪仗。

所幸，具体实施这个骗钱工程的技术人员和工匠，劳作敬业，技艺精湛，为后人留下了宝贵的文物遗产，为今天西安、陕西乃至中国的旅游业，提供了一个独具魅力的大景点。可惜的是，秦始皇费尽九牛二虎之力、沐浴腥风血雨打下的江山，被几个骗子骗得很快便改姓刘氏了！

大老粗刘邦为何能
写出流传千古的诗歌？

古往今来，多少饱读诗书之人，日夜吟咏，拈断无数胡须，但是，最终却难得有半首一句流传后世。在我们这个有着悠久文明历史的诗歌国度，要想写出能够流传千古的诗歌作品，不是一件容易的事情。因为，优秀的诗人和作品实在是太多了。

而刘邦、项羽这两位你死我活关系的大老粗人物，竟然殊途同归，都留下了千古传唱的诗歌作品。这不能不令人感慨系之。君不见，清朝乾隆皇帝爱新觉罗·弘历名下有四万多首诗，却无一句播在人口！

认真讲究起来，唐人章碣的诗句"刘项原来不读书"（《焚书坑》），本意并非取笑刘邦项羽没文化，而是说秦始皇企图通过焚书坑儒巩固帝业的想法是错误的。加上前一句"坑灰未冷山东乱"，意思是：就在秦始皇焚书坑儒不久，山东地区爆发了反秦运动。最终，秦朝被不怎么读书的刘邦项羽给推翻了。由此可见，焚书坑儒对巩固帝业是没有用的。

不过，如果拿这句诗来说明刘邦项羽是大老粗，大致也是不错的。且不说他们的文化知识水平无法跟范增、张良这些高级谋士相提并论，就是跟普通人相比，他们也不免显得粗鲁有余，斯文不足。

先看项羽。《史记·项羽本纪》有这样的记载：

> 项籍少时，学书不成。去，学剑，又不成。项梁怒之。籍曰："书足以记名姓而已。剑一人敌，不足学，学万人敌。"于是，项梁乃教籍兵法，籍大喜，略知其意，又不肯竟学。

项羽虽然"才气过人"，但是，对书本上的文化知识都不愿意深入学习。可以说，项羽是一个军事实用主义者。

再看刘邦。《史记·高祖本纪》虽然没有直接记录他少年时代厌恶读书的言行，但是从他人的议论和本人的行为看，刘邦也绝不是爱读书之人。萧何早年对刘邦有"固多大言，少成事"的评语；第一次接见日后成为其重要谋士的儒生郦食其，刘邦竟踞坐床上让两个女子给他洗脚；刘邦年轻的时候，可能因为生性顽劣，没怎么上过学，憎恨儒生以及他们所穿戴的儒冠、儒服，如果有儒生戴着儒冠去拜访他，他会摘下他们的儒冠往里边撒尿！（《史记·郦生陆贾列传》）

就是这样的两个人，却都留下了千古传诵的诗篇。

项羽留下的是《垓下歌》：

> 力拔山兮气盖世，时不利兮骓不逝。
> 骓不逝兮可奈何，虞兮虞兮奈若何！

楚汉战争接近尾声，项羽军队被围困垓下（今安徽省灵璧县）。一天夜里，项羽在军帐中听见四面汉军皆高唱楚歌，知道败局已定，自己没有活路了，于是饮酒唱歌，作了一回垂死英雄秀。《垓下歌》就是这英雄秀上最精彩的节目。在这次可能是中国历史上最感人的英雄秀上，项羽的宠姬虞美人也作了一首不错的和诗。虞姬的诗是这样的：

　　　　汉兵已略地，四方楚歌声。
　　　　大王意气尽，贱妾何乐生。

　　英雄美人，临终诀别。一个情深意重，死到临头还一心眷顾着骏马、美人；一个审时度势，毅然决然，愿与英雄同生共死。古今中外，诗歌感人，莫过于此。

　　刘邦留下的是《大风歌》：

　　　　大风起兮云飞扬，威加海内兮归故乡，安得猛士兮守
　　四方！

　　公元前 195 年冬天，刘邦率军击败叛将黥布，命令其他将军继续追击，自己率部返回京城。路过家乡沛县时，在沛宫大排筵宴，邀请父老乡亲出席。为使筵宴更加热闹，刘邦事先写了这首只有三句的楚风诗，并且选拔了一百二十名家乡青年男子，教他们唱歌。酒酣耳热时，刘邦亲自击筑，唱起这首原创歌曲。可见，《大风歌》是一首大合唱歌曲，刘邦领唱，一百二十个青年男子放声合唱。

●● 项羽和虞姬 ●●

如果说项羽的《垓下歌》是失败帝王的挽歌，那么，刘邦的《大风歌》就是成功帝王的祝捷歌。挽歌易工，捷歌难写。但是，刘邦的《大风歌》显然是成功的。成功的秘诀就是表现了自己真实的思想情感：威风凛凛，衣锦还乡，说不尽的荣耀得意，但是，内心深处却有着常人无从体验的忧虑——从反对者的角度说，刘邦的《大风歌》表现的不过是小人得志和患得患失。

　　当然，除了《大风歌》，刘邦还有一首为自己无法立戚夫人所生儿子赵王如意为太子而作的《鸿鹄歌》，充满无可奈何之情，也是不错的诗。

　　刘邦、项羽以及虞姬的诗歌，有没有可能都是他人代笔或后人伪托呢？有可能的。尤其是项羽、虞姬的绝命诗，临死之际居然还有作诗的心情，作成的诗是谁替他们记录下来传播出去？都很可疑。但是，在没有证据可以证明是他人代笔或伪托的情况下，我们姑且假设就是他们自己所写。苏轼爱听鬼故事，经常缠着朋友给他讲鬼故事。朋友们说自己没有见过鬼，苏轼就请求朋友"姑妄言之"。这里我们也是姑妄言之。

　　两个粗人，何以能够写出流传千古的诗歌？

　　我们认为，除了他们的境遇非常人可能经历，情感非常人所能体验，以及楚人（刘邦项羽都是楚人）有在重要时刻和场合饮酒、唱原创楚风歌曲的习俗传统之外，还有一个更重要的原因：这两个粗人都很憨直，不怕袒露自己的真实情感。

　　真实情感是诗歌的生命线。两个粗人，恰巧都抓住了这条诗歌的生命线。

汉朝的财富咋那么多?

翻看古书，留意一下关于汉朝的记载，很容易得到这么一个印象：沛县"无赖"刘邦建立的汉朝，实在是一个财富横溢的国度。其富裕程度，为其后许多王朝所望尘莫及。

这里随手举一些例子：

清代历史学家赵翼《廿二史札记》卷三"汉多黄金"一条，根据《史记》《汉书》记载，指出了汉朝黄金特别多的现象。例如：刘邦一次给陈平四万斤，让他去楚国进行策反活动，根本不过问他具体怎么使用；吕雉驾崩，遗诏赏赐诸侯王每人一千斤；文帝即位，因为大臣们剿灭吕氏有功，赏赐周勃五千斤，陈平、灌婴各二千斤，刘章、刘揭各一千斤；吴王刘濞为了造反，招募人才，斩杀汉朝大将一名赏五千斤，列将赏三千斤，裨将二千斤，二千石赏一千斤；梁孝王死时，遗留四十万斤；卫青抗击匈奴，斩首一万九千级，军队受赏二十余万斤；汉宣帝登基，赏赐霍光七千斤，赏赐广陵王五千斤；王莽聘娶史姓女子为皇后，花了三万斤；王莽末年，单是尚书省就有一万斤为一匮的黄金六十多匮。

有人以为，《史记》《汉书》等古书中所说的黄金不是今天所说的黄金，而是铜。这是不对的，因为，汉代是分黄金、白金和铜的。《汉书·食货志》有言："金有三等，黄金为上，白金为中，赤金为下。"黄金是今天所说的黄金，白金是今天所说的白银，赤金是今天所说的铜。东汉许慎《说文解字》卷十四上金部有"金，五色金也""银，白金也""铜，赤金也"等词条解释。可见，汉代人对于金、银、铜的概念是区分得清清楚楚的。

据传晋葛洪撰《西京杂记》记载了不少汉朝的财富现象。例如：有个叫韩嫣的人（诸侯的孙子。汉武帝做胶东王时跟他一起练过书法，登基之后对他颇为宠信），喜欢用弹弓打鸟。他打鸟的技术不知道咋样，但是，他用的弹丸却是与众不同的——他用的是金弹丸，每天打出去找不回来的金弹丸都有十几颗。因此，当时长安流行一句顺口溜："苦饥寒，逐弹丸。"京城儿童，一听到韩嫣出门打鸟，纷纷跟着他跑，去捡拾他打出去的金弹丸。茂陵富豪袁广汉，家藏金银无数，仆人八九百。他曾在北邙山下修筑一座园林，东西四里，南北五里，其中筑假山流水，奇花异卉、珍禽异兽无数。帝王后妃的奢华就更不用说了。汉武帝有一处宫殿（未央宫北边的桂宫），里边有七宝床、杂宝案、厕宝屏风、列宝帐，桂宫因此被当时人称为四宝宫。比起汉武帝的桂宫，汉成帝宠妃、著名美女赵飞燕的妹妹赵昭仪所居住的昭阳殿，豪华程度有过之而无不及：正殿前的庭院，用朱红色漆涂地，殿上用红色漆涂地，门槛用鎏金铜皮包裹，白玉台阶，墙壁横木上装黄金钉，镶嵌蓝田玉璧，饰以明珠翡翠。正殿上方有九条金龙，龙口都衔着铃铛，垂挂着五彩流苏。彩色丝线编成的绶带，缀着用金银制作的带花纹的小铃铛。晴天起风时候，旗帜的光影把宫殿照得一片明亮，铃铛的声音悦耳动听。殿中设有带绘画的木质屏风，花纹犹如蛛网丝缕。玉石几案，玉石床榻，白色象牙凉席，黑绿色熊毛皮暖席，皮毛长二尺有余，躺在上边睡觉，几乎看不见人，坐在上边，皮毛能遮到膝盖处。赵飞燕被册封为皇后，赵昭仪为了表示祝贺，给她送了一份礼，礼单如下：金华紫轮帽，金华紫轮面衣，织成上襦，织成下裳，五色文绶，鸳鸯襦，鸳鸯被，鸳鸯褥，金错绣裆，七宝綦履，五色文玉环，同心七宝钗，黄金步摇，合欢圆珰，琥珀枕，龟文枕，珊瑚玦，玛瑙，云母扇，孔雀扇，翠羽扇，九华扇，五明扇，云母屏风，琉璃屏风，五层金博山炉，回风扇，椰叶席，同心梅，含枝李，青木香，沈木香，香螺卮，九真熊麝香，七枝灯。

读点古诗吧，一首题为《有所思》的失恋诗是这样写的："有所思，乃在大海南。何用问遗君？双珠玳瑁簪，用玉绍缭之。闻君有他心，拉杂摧烧之。摧烧之，当风扬其灰……"请注意，女朋友准备赠送男朋友的礼物都是珍珠、玳瑁、玉石镶嵌的名贵饰品，而且一旦听说对方变心，立即烧毁，毫不吝惜。汉代歌谣谚语，也喜欢用黄金作价值参照，比喻极其珍贵的事物，如"得黄金百斤，不如得季布一诺""遗子黄金满籯，不如一经"，等等。

汉代表现在绘画、雕塑等艺术品中的富丽气派，也是其他时代无法比拟的。

汉朝财富如此之巨，原因何在？司马迁认为，主要原因是，国家统一、关梁开放、山泽解禁，"富商大贾周流天下，交易之物莫不通"（《史记·货殖列传》）。就是说，市场经济空前活跃。现在的历史教科书上大约会有这样一些说法：汉初统治者尤其是文帝、景帝时期，遵从黄老之道，实行"无为而治"，推行"与民休息"的政策，使得因为秦末农民战争和楚汉战争而濒临崩溃的社会经济逐渐得到恢复，并且有所发展；西汉中期，昭宣中兴，有过民间下层生活体验的宣帝更是一个积极有为的皇帝，他重视农业，减轻农民负担，调动了广大农民的积极性，使得农业生产迅速发展；东汉时期，江南地区得到大规模开发，经济高速发展；等等。

这些说法，我们都同意。但是，我们认为，还可以补充如下几条：

一是国家经济政策空前开放。换言之，那时经济的市场化程度很高。出现在《史记》《汉书》《货殖列传》中的超级富豪，财富规模、人数排在首位的是开矿冶炼起家者，紧跟其后的，就是倒卖油盐粮食的，有刀闲、师史、任氏等人。史书中记载的谚语"以贫求富，农不如工，工不如商，刺绣文不如倚市门"，也从一个侧面反映了汉朝市场经济的自由和活跃。跟市场经济相联系的是，当时的社会风气也空前开放，这一定也有利于人们充分发挥各自的聪明才智，积极创造财富。

二是采矿冶炼技术空前发展。《货殖列传》中所列的几位超级富豪，大部分是靠采矿、冶炼发家的。卓王孙、程郑、孔氏、邴氏都是开采、冶炼铁矿发了大财的。《史记》上说，卓王孙"富至僮千人，田地射猎之乐，拟于人君"，说程郑跟卓王孙差不多。《西京杂记》上说，邓通是因为文帝赏赐给他一座铜山，可以随便铸钱而"富侔人主"的。汉朝黄金之多，大约也跟当时金矿开采技术的发达有直接关系。

三是刘邦可能接收了秦朝的宝库。我们知道，汉初统治者吸取了秦朝灭亡的教训，采取了轻徭薄赋的政策。也就是说，首先富起来的应该是底层的劳动者，而不可能是皇家或政府——收不上多少赋税。

但是，上文说了，刘邦时期已经有大量的黄金可供挥霍。另外，刘邦在称帝的第七年（公元前200年），就让萧何负责，开始修建规模超大的未央宫，钱从哪里来的呢？《史记·项羽本纪》"鸿门宴"一节，刘邦军队率先攻入长安之后，左司马曹无伤派人向项羽告密，说刘邦想做关中王，让子婴做宰相，"珍宝尽有之"。这个说法被范增否定了，说刘邦这一次异乎寻常地"财物无所取"。但是，我们认为，刘邦应该真的是跟曹无伤报告的一样，把秦朝的财宝悄悄地取走了。否则，建造未央宫的巨大经费，是刚刚结束战争、还没怎么坐稳江山的刘汉王朝万难筹措的。

汉朝的情况能给予我们的启发，主要是：要想国家富裕，政策要宽松一些。只有在相对宽松的环境里，人民的创造力才可以得到较为充分的发挥。

黄金都到哪儿去了？

翻阅《史记》《汉书》的记载，可以明显感觉到，汉朝的黄金是很充足的。汉朝帝王赏赐功臣、收买敌国、充当聘礼，出手之阔，库存之多，往往令人惊诧。请看：

刘邦一次性交给陈平四万斤黄金，给他做反间楚国的费用，根本不过问他的具体用途；娄敬建议定都关中，田肯建议封嫡亲子弟为齐王，各自得到五百斤黄金的赏赐；叔孙通规定了朝廷礼仪，赏赐五百斤黄金；吕后临终，遗诏里嘱咐赏赐诸侯王每人一千斤黄金；文帝即位，因为大臣们帮助他消灭了吕氏集团，论功行赏，周勃五千斤黄金，陈平、灌婴各二千斤黄金，刘章、刘揭各一千斤黄金；梁孝王薨，他的小金库里有四十万斤黄金；武帝刘彻赏赐平阳公主一千斤黄金，赏赐卜式四百斤黄金；卫青与匈奴作战，斩敌首一万九千级，全军得到二十余万斤黄金；昌邑王一次赏赐旧臣君卿一千斤黄金；宣帝即位，赏赐霍光七千斤黄金，广陵王五千斤黄金，其他十五位诸侯王每人一百斤黄金，孔霸二百斤黄金，黄霸一百斤黄金；元帝赏赐段会宗、甘延寿、陈汤各一百斤黄金；成帝赏赐王根五百斤黄金；王莽聘史氏女为皇后，用三万斤黄金作聘礼，赏赐孝单于一千斤黄金，顺单于五百斤黄金……

任何人面对以上记载，都不能不感慨黄金数量今不如古。清代著名史学家赵翼作出如下三条论断：一是后代黄金之所以没有古时候多，是因为"中土产金之地已发掘净尽"；二是佛教传入中国之后，各地大小寺庙无数，塑像涂金，消耗掉大量黄金；三是后代风俗侈靡，泥金写经，贴金作榜，也需要不少黄金。赵翼认为，黄金制作成器皿，即使器皿毁坏，黄金仍在。而一旦用于写经、涂佛，就永远无法回收，黄金于是逐渐减少（见其《廿二史札记》卷三）。

赵翼的论断，有一定的道理。但是，我们认为还不够全面。

中国社会上的黄金数量，在汉朝之前，是相当可观的。汉朝以前的墓葬中，考古发现了大量的黄金饰物，这是很好的证明。有人不相信汉朝有那么多黄金，推测汉朝帝王的赐金包括了白金（银）和赤金（铜），未免太小瞧汉代财富。

黄金产量在一定时期内有可能会呈现逐年减少的景象，佛像涂金、泥金写经也会消耗不少黄金。但是，每年都是有一定的黄金产量的，细水长流，必能涓滴成湖。而且，每年的黄金产量，应该不会少于那些无法回收的黄金消耗数量。再者，由于技术的进步，后代黄金探测和开采技术都可能比前代先进，年产量也未必比古代低多少。据报道，近年我国的黄金年产量已经突破了两百吨，名列世界前茅（年产量仅一百八十吨的 2003 年，就已经名列世界第三）。换言之，随着时代的推移，整个国家的黄金总量应该是不断增加的。

那么，黄金究竟都到哪儿去了？我们不揣谫陋，在赵翼的基础上再增加三条论断：

一是随着科学技术的发展，一部分黄金被用于工业制造，比如被用作名贵钟表等精密元器件的制造材料；

二是世风日下，人心不古，贪婪的人们都想独占黄金，于是到处藏匿。"一人藏金，百人难寻"，流入市面、国库的黄金自然日渐减少。

三是社会的发展，官民数量对比产生了巨大变化。有材料说，中国历代官民比例大致是：西汉，1∶7945；唐朝，1∶2927；明朝，1∶2299；清朝，1∶911；如今呢，据说是1∶40。自古以来，有几个官员是不喜欢收集金银财宝的？官员一多，黄金自然就少见了。

事实上，地球上黄金的总储量大得惊人：有说四十八亿吨的，有说六十万亿吨的，有说四亿亿吨的。而迄今为止，全世界已经开采的黄金总量还不到二十万吨。只不过，由于黄金在地球内部分布位置的关系，地面及地壳浅表层的黄金数量越来越少，开采的技术难度越来越大而已。

汉朝人心目中理想的女人是啥样?

谈论汉朝的女人,离不开诗歌。因为,诗歌是表现人类感情的艺术,使用的是距离心灵最近的语言。

我们把汉朝的几首诗歌相关的诗句连缀起来,就可以看到那个时代人们心目中理想女人的样子了。

爱美女之心,人皆有之,汉朝男人当然不能例外。《陌上桑》诗中的"行者见罗敷,下担捋髭须。少年见罗敷,脱帽著帩头。耕者忘其犁,锄者忘其锄"等诗句,就是生动的写照。古往今来,中国人审视美女的标准变化不大,不外身材苗条、皮肤白皙之类。《古诗为焦仲卿妻作》(也有用全诗第一句给它取名《孔雀东南飞》的)中,焦仲卿的母亲要求儿子尽快打发刘兰芝走人,她要给他另寻佳媳。诗中有这样几句:

东家有贤女,自名秦罗敷。
可怜体无比,阿母为汝求。

所谓"体无比",大约就是苗条白皙、可人疼爱的意思吧。其实,焦仲卿所深爱着的妻子刘兰芝，就是一个美女。怎么个美法？请看：

> 指如削葱根，口如含朱丹。
>
> 纤纤作细步，精妙世无双。

前两句是静态美，后两句是动态美；前两句是局部特写，后两句是整体勾勒。

值得注意的是，汉朝人似乎格外关注女人的装扮服饰。《陌上桑》《古诗为焦仲卿妻作》以及辛延年的《羽林郎》中，都有关于女人装扮服饰的描写。请看：

> 头上倭堕髻，耳中明月珠。
>
> 缃绮为下裙，紫绮为上襦。
>
> （《陌上桑》）

> 足下蹑丝履，头上玳瑁光。
>
> 腰若流纨素，耳著明月珰。
>
> （《古诗为焦仲卿妻作》）

> 长裾连理带，广袖合欢襦。
>
> 头上蓝田玉，耳后大秦珠。
>
> （辛延年《羽林郎》）

可见，那时的服饰走的都是奢华富丽路线，不流行朴素低碳理念。

汉朝虽然是乡村"无赖"刘邦打下的江山，但是，后来由于武帝刘彻等几任帝王提倡文化学术，终于蜕变成中国历史上最注重学术文化的朝代之一。《古诗为焦仲卿妻作》如下四句，就从一个侧面反映出当时人们对于女人的文化教养是多么重视：

> 十三能织素，十四学裁衣。
> 十五弹箜篌，十六诵诗书。

做一个家庭妇女，纺织、制衣、音乐、诗歌样样都得学习。伟大的汉朝，了不起的女性，不由人不发出赞叹。

读过史书的人都知道，汉朝王室是不太讲贞操的。但是，从诗歌中可以看到，那个时代的民间女子是凡事讲原则、洁身自好，很有贞操观念的。汉朝女人对于爱情、婚姻都有着美好的梦想，她们都怀着宁为玉碎不为瓦全的信念。一旦对方变心，爱上别的女人或有意纳妾，她们会毅然决然提出分手，绝不姑息，绝不留恋。《有所思》中的女子，听说对方变了心，立即将精心准备的贵重礼物玳瑁簪折断之后烧成灰，并且把灰抛撒在风中；《白头吟》（《西京杂记》说是卓文君得知丈夫司马相如准备娶茂陵女子为妾时所作）中的女子，知道丈夫有效法齐人过一妻一妾生活的想法，立即提出分手，"闻君有两意，故来相决绝"。一番自我鼓励之后，她明确宣言："愿得一心人，白头不相离。"最后，对男人的不重意气重金钱进行了谴责。至于《羽林郎》里的胡姬拒绝霍家奴冯子都的金钱诱惑，《陌上桑》中秦罗敷嘲笑太守的纳妾求欢，更是闪耀着汉朝女人品性中纯洁、坚贞的光芒。

汉朝是一个大气、浪漫的朝代，也是一个注重实际的朝代。人们

•● 采桑的罗敷 ●•

心目中理想的女人，除了具备外貌、教养、品性等方面的要求之外，待人接物的能力也很重要。《陇西行》诗中的"好妇"，简直就是一位出色的家庭外交家，款待客人，有礼有节。现将相关部分诗句摘录如下：

好妇出迎客，颜色正敷愉。伸腰再拜跪，问客平安否。

请客北堂上，坐客毡氍毹。清白各异樽，酒上正华疏。

酌酒持与客，客言主人持。却略再拜跪，然后持一杯。

谈笑未及竟，左顾敕中厨。促令办粗饭，慎莫使稽留。

废礼送客出，盈盈府中趋。送客亦不远，足不过门枢。

对汉朝诗人"娶妇得如此，齐姜亦不如"的感慨，我相信今天的很多男性读者是会认同、会有共鸣的。

汉朝为何格外重视女子的双手？

汉朝诗歌，在赞美女子相貌时，有多首作品特别提到她们的双手。请看：

> 指如削葱根，口如含朱丹。（《古诗为焦仲卿妻作》）
>
> 娥娥红粉女，纤纤出素手。（《古诗十九首》其二《青青河畔草》）
>
> 纤纤擢素手，札札弄机杼。（《古诗十九首》其十《迢迢牵牛星》）

从这些诗歌不难看出，汉朝人的审美标准中，女子双手的纤细灵秀占有重要地位，类似今天选美比赛中的三围指数。

汉朝人这样重视女子的双手，事出有因。什么原因呢？《上山采蘼芜》一诗说出了个中道理。一位离异女子到山上采摘蘼芜（一种香草），下山的时候碰到她前夫。她询问前夫新夫人怎么样，前夫的回答如下：

新人虽言好，未若故人姝。

颜色类相似，手爪不相如。

新人从门入，故人从阁去。

新人工织缣，故人工织素。

织缣日一匹，织素五丈余。

将缣来比素，新人不如故。

这首嘲笑负心男子、同情安慰被抛弃妇女的诗歌中，新旧妇人的对比，双手（手爪）是重要的项目。这里对比的双手，不是指手型外观的漂亮与否，而是指干活的灵巧与否，实际上就是指纺织技能。负心男子新夫人的纺织技能远不如前妻。

这个例子告诉我们：汉朝人之所以重视女子的双手，是出于纺织的需要。《迢迢牵牛星》接着"纤纤擢素手"的下一句就是"札札弄机杼"，《古诗为焦仲卿妻作》中"指如削葱根"的刘兰芝是一位"十三能织素"的巧妇，是一位"鸡鸣入机织，夜夜不得息。三日断五匹"的勤劳媳妇，这些都是很好的证据。《相逢狭路间》的"大妇织绮罗，中妇织流黄"和上述所引诗句，分明告诉我们，汉朝的家庭手工纺织业相当发达，妇女基本上都要从事这一项劳动。

当然，不光是纺织需要，许多劳动都离不开女子灵巧的双手。汉朝诗歌中，美丽女子都是勤劳之人。随手举两个例子：

江南可采莲，莲叶何田田。

鱼戏莲叶间，鱼戏莲叶东。

（《江南》）

日出东南隅，照我秦氏楼。

秦氏有好女，自名为罗敷。

罗敷喜蚕桑，采桑城南隅。

（《陌上桑》）

《江南》虽然没有说是美丽的女子在采莲，但是后来南朝齐国无名氏的《西洲曲》中，采莲的是一位"单衫杏子红，双鬟鸦雏色"美丽多情的年轻女子，汉朝一定也有不少这样的女子曾经从事采莲这种有趣的劳动。《陌上桑》中的秦罗敷，诗歌中已经明确交代她是采桑女。采桑也好，采莲也罢，双手都是重要而醒目的身体部位，受到重视，理所当然。

可见，人们的审美观念不是凭空而来的，它起源于劳动，它合乎生活情理。有些学者提出的越是违背情理就越有审美价值的理论，是病态的，经不起实践检验。

汉朝人心目中理想的男人是啥样？

冯梦龙《广笑府》里有一则笑话：

> 一个女人，妒忌心非常重。丈夫曾经拿《诗经·周南》诗中的道理开导她，并感慨道："《樛木》《螽斯》这些诗篇中古代的那些贤明后妃，一点儿都不像你这样喜欢妒忌的。"妻子问："这些诗都是谁写的？"丈夫回答："周公写的。"妻子说："原来是周公写的，若是周婆写的，一定不会这样说。"

其实何止《诗经》，历朝历代的诗歌，大部分都是男人写的。汉朝虽然也出过几位高水平的女诗人（戚夫人、班婕妤、蔡琰等），但是，可以肯定，大多数诗人是男性。可以确定为女诗人的作品中，几乎没有专门谈男人的。谈到男人的诗歌，基本上都是男性自己写的。就是说，写一篇《汉朝人心目中理想的男人是啥样》，比写《汉朝人心目中理想的女人是啥样》要困难得多。

汉朝诗歌里，女人谈理想男人最集中的作品，当数《陌上桑》。

好色太守（可能正是诗歌女主人多年未见面的丈夫）看到美貌的采桑女秦罗敷，顿时起了纳为己妾的念头，派手下上前说合，结果被罗敷狠狠地奚落了一番，断然拒绝。罗敷奚落太守，主要内容是炫耀自己的丈夫：

> 东方千余骑，夫婿居上头。
>
> 何用识夫婿？白马从骊驹。
>
> 青丝系马尾，黄金络马头。
>
> 腰中鹿卢剑，可值千万余。
>
> 十五府小史，二十朝大夫。
>
> 三十侍中郎，四十专城居。
>
> 为人洁白晰，鬑鬑颇有须。
>
> 盈盈公府步，冉冉府中趋。
>
> 坐中数千人，皆言夫婿殊。

炫耀是为了震慑好色太守，不免有夸张、虚构的成分。夸张、虚构，当然得按照当时人们公认的理想标准模式来。因此，我们大约可以根据这些诗句归纳出汉朝一般女人心目中理想男人的如下几个特点：

第一，模样好看。具体地说是：皮肤白皙，两腮有不少胡子，即白面长髯。有人把"鬑鬑颇有须"解释为鬓发稀疏而修长，恐怕是不对的。

第二，举止优雅。即诗中所说的"盈盈公府步，冉冉府中趋"。

第三，骑着白马。马不是光背白马，更不是羸病老马，而是装饰着黄金笼头的骏马；人也不是单枪匹马一个人，身边必须簇拥着众多随从骑士。

第四，身佩宝剑。"腰中鹿卢剑，可值千万余"，可知是剑首作辘轳形、镶嵌着名贵宝石的长剑。

第五，政府官员。"十五府小史，二十朝大夫。三十侍中郎，四十专城居。"就是说，四十岁时，已经做到地区级或县级长官。

其中，第五条尤为重要。《相逢行》《长安有狭斜行》两诗，理想家庭中的三个儿子，两个已经是"二千石""侍郎""孝廉郎"之类的政府官员，小儿子也即将成为政府官员。

《陌上桑》罗敷口中的理想男人，说的都只是外在条件。根据《有所思》《白头吟》《上山采蘼芜》等诗，还可以加上若干内在条件，如"用情专一""重义气轻钱财"等优秀品质。在《羽林郎》的胡姬看来，身份低、金钱少是没有关系的，仗势欺人的豪门走狗，出手再大方，也是必须加以严词拒绝的。

汉代人为何如此贪生怕死？

汉代诗歌，到了《古诗十九首》那里，突然出现了不少悲叹生命短暂的作品。

《行行重行行》表现的是分居两地的恋人之间的思念之情。但是，其间悲情的缘由，除了"相去万余里，各在天一涯"的空间阻隔之外，还有"思君令人老，岁月忽已晚"的时光流逝。

《青青陵上柏》是一首感慨人生短暂、劝人要像当时洛阳城中达官贵人那样及时行乐的作品。诗歌一开篇，就是"青青陵上柏，磊磊涧中石"两句。一木一石，长青长在；相比之下，"人生天地间，忽如远行客"，人的一生太短暂了。眼前之景，引起生命长度的比较，生命长度的参差不齐，又引发诗人心中的不平、无奈之情。人类所能做的，也只有"斗酒相娱乐""极宴娱心意"，吃喝一通，借酒浇愁而已。

《今日良宵会》表现的是一个不得志者愤世嫉俗的感慨。大概是偶然参加了一次宴饮盛会，享受了美妙的音乐歌曲和美酒佳肴，他忽然心生眷恋，悲从中来，发出"人生寄一世，奄忽若飘尘"的感叹。

自然，他也为自己没能及早享受到荣华富贵而感到愤愤不平。

《回车驾言迈》是一首说理诗，讲的是这样一个道理：人生一世，犹如草木一生，盛衰有时，终将老去。因此，应该及早立身、成名。其中"人生非金石，岂能长寿考"，虽说有劝人珍惜时光的意思，但其中也不乏无奈与惆怅。

《驾车上东门》，由墓地的白杨、松柏联想到人生短促，指出吃药寻仙的虚妄，认为不如饮美酒，著鲜衣，享受人间快乐。"人生忽如寄，寿无金石固""不如饮美酒，被服丸与素"。

《生年不满百》更是旗帜鲜明地提出了秉烛夜游的及时行乐主张："生年不满百，常怀千岁忧。昼短苦夜长，何不秉烛游！为乐当及时，何能待来兹。愚者爱惜费，但为后世嗤。仙人王子乔，难可与等期。"

……

区区十九首，就有这么多首是感慨生命短暂的作品。这种感慨生命短暂的情绪，绝不限于东汉时期创作的《古诗十九首》。往前，可以上溯至汉武帝刘彻的《秋风辞》"欢乐极兮哀情多。少壮几时兮奈老何！"往后，可以延伸到曹操的《短歌行》"对酒当歌，人生几何？譬如朝露，去日苦多"以及《龟虽寿》的"神龟虽寿，犹有竟时"。可以说，整个汉代，除了一批好幻想的人在忙着寻仙学道、炼丹吃药以求长生不死之外，不相信人可以长生不死的诗人们，则以及时行乐应对生命的逝去。

汉代人的贪生怕死，恐怕是前无古人后无来者的。除了寻仙学道、炼丹吃药和在诗歌中宣扬及时行乐思想这些证据之外，还有一个强有力的证据: 现代发掘出来的汉代王陵, 都有"视死如生"的特点, 墓穴、墓葬中, 都有墓主人生前生活场景的复制和生活用品的随葬。人间享乐, 意犹未已, 希望死后还能像生前一样, 接着吃喝玩乐。

汉代人为什么如此贪生怕死呢? 大概可以这样解释: 汉代物质生活空前富裕充足, 精神生活空前自由多彩, 使得汉代人普遍产生了"活着真好"的满足感。

"金缕衣"跟"金缕玉衣"是一回事吗?

长久以来,一直有人把"金缕衣"跟"金缕玉衣"当作同样的东西。

较早有这种看法者是郭沫若先生,他曾有两句诗云:"四海盛赞铜奔马,人人争说金缕衣。"诗中说的是汉墓出土的两种国宝级文物,铜奔马和殓尸服。前者先后被称为"马踏飞燕"和"马超龙雀",1969年出土于甘肃武威雷台东汉墓;后者就是通常所说的"金缕玉衣",最有名的是1968年河北满城西汉中山靖王刘胜及其妻窦绾墓出土的两件。

持这种看法的,也有台湾学者。例如黄永武《中国诗学·鉴赏篇·自序》云:"……杜秋娘唱《金缕衣》诗'劝君莫惜金缕衣,劝君惜取少年时',可能是劝人与其在死后穿镶金缀玉的寿衣,不如惜取年少可爱的时光。"

其实,这种认识是错误的。证据有二:

一是汉朝帝王及其后妃(妻子)死后的玉制寿衣,原本总称"柙"(匣),分称则上身称"襦",下身称"柙",未见称"衣"的。有"玉柙""金缕玉柙"，没有"金缕衣""金缕玉衣"。《后汉书·礼仪下》："守宫令兼东园匠将女执事，黄绵、缇缯、金缕玉柙如故事。"梁刘昭注引《汉旧仪》："以玉为襦，如铠状，连缝之，以黄金为缕。腰以下以玉为札，长一尺，（广）二寸半，为柙，下至足，亦缝以黄金缕。"署名（晋）葛洪的《西京杂记》卷一"送葬用珠襦玉柙"条亦有记载："汉帝送死皆珠襦玉柙。匣形如铠甲，连以金缕。武帝柙上皆镂为蛟、龙、鸾、凤、龟、麟之象，世谓之蛟龙玉柙。"

二是南北朝至唐朝诗歌里的"金缕衣"，指的是女子平时所穿着的一种以金线织成或镶金线的布料缝制的衣裳，包括舞衣，跟寿衣没有丝毫关系。请看：许浑《听歌鹧鸪辞》"山行水宿不知远，犹梦玉钗金缕衣"；裴虔馀《柳枝词咏篙水溅妓衣》"半额微黄金缕衣，玉搔头袅凤双飞"；韩偓《遥见》"悲歌泪湿澹胭脂，闲立风吹金缕衣"；欧阳炯《题景焕画应天寺壁天王歌》"地神对出宝瓶子，天女倒披金缕衣"；某故妓《诗》"歌罢玉楼月，舞残金缕衣"；孙光宪《菩萨蛮》"握手送人归，半拖金缕衣"。词牌名有《金缕曲》，或与"金缕衣"为舞衣有关。

台湾学者黄永武为了反驳他人对于筵宴上唱出"寿衣"犯忌讳不吉祥的质疑，证明杜秋娘《金缕衣》诗中的"金缕衣"就是寿衣"金缕玉衣"，引白居易《狂歌词》为佐证。《狂歌词》全诗为："明月照君席，白露沾我衣。劝君酒杯满，听我狂歌词。五十已后衰，二十已前痴。昼夜又分半，其间几何时。生前不欢乐，死后有馀赀。焉用黄墟下，珠衾玉匣为。"黄永武认为，这首诗的意思跟杜秋娘《金缕衣》几乎一样。但是，他在证明筵宴之上可以唱出"寿衣"的同时，却也于无意中提供了不利于自己的证据，白居易诗中所用的称呼寿衣的词语，是"珠襦玉匣"，而不是"金缕衣"或"金缕玉衣"。

我们无意纠正大家称汉墓出土玉制寿衣为"金缕玉衣"的习惯。语言符号跟事物之间的关系，原本就是"名无固宜，约定俗成谓之宜"的。实际上，"习非成是"的事情也屡见不鲜。主要用意不过是希望大家在读杜秋娘《金缕衣》以及其他唐诗的时候，不要一看见"金缕衣"就联想到汉墓里的寿衣，或者直接认定它便是"金缕玉衣"。那太煞风景了！

司马相如移情别恋了吗？

两千二三百年前，哲人孟轲说过"人之患在好为人师"的话。其实，人之患岂止是好为人师，海了去了。比如，我们也可以说：人之患，在好传绯闻。

最早详细记载司马相如生平故事的《史记·司马相如列传》里，并未记载司马相如跟卓文君以外的任何一位女子发生过情爱纠葛的故事。但是，到了署名（晋）葛洪的《西京杂记》里，就出现了一位无名女子的身影。这部杂抄西汉轶闻，最早引用见于南朝齐梁年间的著作，第三卷有这样几句话："相如将聘茂陵人女为妾，卓文君作《白头吟》以自绝，相如乃止。"

南朝徐陵编《玉台新咏》首录《白头吟》，诗曰：

> 皑如山上雪，皎若云间月。
> 闻君有两意，故来相决绝。
> 今日斗酒会，明旦沟水头。
> 蹀躞御沟上，沟水东西流。

凄凄复凄凄，嫁娶不须啼。

愿得一心人，白头不相离。

竹竿何袅袅，鱼尾何簁簁。

男儿重意气，何用钱刀为！

诗中的女子，得知丈夫有了外心，便要跟他"相决绝"（分手）。诗中的女子，显然是爱情理想主义者，或者说是一夫一妻制的坚定信奉者，绝不允许丈夫拥有自己之外的第二个女人。

后来，元代又出现了所谓卓文君为挽救自己跟司马相如的婚姻所写的数字诗。诗云：

一别之后，二地相悬，只说是三四月，又谁知五六年，七弦琴无心弹，八行书无可传，九连环从中折断，十里长亭望眼欲穿，百思想，千系念，万般无奈把君怨。万语千言说不完，百无聊赖十依栏，重九登高看孤雁，八月中秋月圆人不圆，七月半烧香秉烛问苍天，六月伏天人人摇扇我心寒。五月石榴如火偏遇阵阵冷雨浇花端，四月枇杷未黄我欲对镜心意乱。忽匆匆，三月桃花随水转。飘零零，二月风筝线儿断，唉！郎呀郎，巴不得下世你为女来我为男。

上述两首诗，在没有找到充分证据的情况下，都只能说是绯闻。

年代久远的绯闻，真真假假，往往只能见仁见智，难以有一个终极结论。

•• 倾慕司马相如的少女 ••

司马相如移情别恋的绯闻，古往今来，有许多人相信。比如，唐代大诗人李白就是深信不疑的。李白《白头吟二首》之二有如下诗句：

相如不忆贫贱日，官高金多聘私室。

茂陵姝子皆见求，文君欢爱从此毕。

泪如双泉水，行堕紫罗襟。

五起鸡三唱，清晨白头吟。

显然，李白相信《白头吟》是卓文君所写。

跟李白同时代的杜甫，态度有所不同，他似乎不认为司马相如有移情别恋之事。杜甫《琴台》诗有"茂陵多病后，尚爱卓文君"之句。清人杨伦《杜诗镜铨》引蒋弱六言："千古情种，风流佳话，尽此二语。"

那么，我们究竟应该如何看待司马相如欲娶茂陵女子为妾以及卓文君作诗捍卫婚姻这个故事的真实性呢？这里我们无法直接给出结论，只能提出如下六点意见和提示，供大家参考：

第一，是否确有其事，无关生死存亡，信则有，不信则无，不妨各取所需。倘若地方政府为了营造人文氛围，推动文旅事业，造福一方百姓，那么，尽可以言之凿凿。反正文学主要功能是供人审美娱乐，是不妨虚构的，是可以不同于现实生活的。

第二，根据《史记·司马相如列传》记事的细致程度，例如司马相如为了俘获卓文君的芳心，请朋友王吉帮忙，想方设法进入卓府，琴挑，夜奔，当垆，涤器，直至达到目的，每一个环节都交代得清清楚楚。不难想象，倘若司马相如、卓文君的婚姻有过那么一个不和谐的插曲，史学家司马迁不太可能不把它写进《史记》。

第三，之所以有绯闻，主要原因可能是，司马相如是著名的才子，卓文君是敢于大胆追求爱情的富二代女子。才子佳人，婚姻生活闹一点别扭，有一点小插曲，正好可以给若干不甚高明的文人进行伪托创作、一展文才的机会，给大众一个狂欢的理由。

第四，两首卓文君名下的诗歌，《白头吟》水平太高，可以媲美《古诗十九首》，不像是西汉时期能够出现的，而更像是东汉末年的作品；《数字歌》语言白俗，不可能出自西汉人之手，更像是元代之后的民间歌手所为。《白头吟》结尾"男儿重意气，何用钱刀为"，不符合卓文君的身份家境，更像是一位家境贫寒女子的抱怨。

第五，《史记·司马相如列传》记载，司马相如从年轻时代开始，身体就一直不好。早年离开景帝投奔喜欢笼络文士的梁孝王，理由就是身体有病。司马迁说他"常有消渴疾"，大概就是糖尿病。那么早就患有糖尿病的人，老了老了竟然还想纳妾，不合养生之道。

第六，司马相如定居茂陵，是担任孝文园令期间因病病退之后。这个时候他已经步入晚年，身体状况一定很糟糕了。

曹操是什么时候变成坏蛋的?

作为一个文武兼备、曾经挟天子以令诸侯的历史人物，曹操必然成为人们持久热议的对象。有人赞美，有人唾骂，都是很正常的事情。但是，只要稍微追溯一下渊源，便不难发现，关于曹操，早期的历史文献，大多还能比较客观地进行评价。对他赞美有加者，不乏其人。到了赵宋时期，对曹操的评价才开始发生严重的倾斜，乱世奸雄的形象遂成定格。

在西晋历史学家陈寿（233—297）的《三国志》里，曹操无疑是正面形象。《三国志·魏书·武帝纪》中，有两节文字可以说明这一点。其一是说曹操青少年时期，桥（乔）玄、何颙能够不为曹操"任侠放荡，不治行业"的表面现象所迷惑，看到他的过人之处。其中桥玄对他说："天下将乱，非命世之才不能济也，能安之者，其在君乎！"其二是传末的"评曰"："……汉末天下大乱，雄豪并起……太祖运筹演谋，鞭挞宇内，揽申、商之法术，该韩、白之奇策，官方授材，各因其器，矫情任算，不念旧恶，终能总御皇机，克成洪业者，惟其明略最优也。抑可谓非常之人，超世之杰矣。"

南朝人刘义庆的《世说新语》，对曹操的态度也是比较客观的。《识鉴》篇记载了桥玄对少年曹操的赏识和厚望，文字比上引《魏书·武帝纪》更加生动："曹公少时见乔玄，玄谓曰：'天下方乱，群雄虎争，拨而理之，非君乎？然君实乱世之英雄，治世之奸贼。恨吾老矣，不见君富贵，当以子孙相累。'"其中，"治世之奸贼"，似乎不是好话，而实际上也是一种赞赏，不然，桥玄也不会愿意把子孙托付给曹操。当然，《容止》篇也记载了曹操如下故事：会见匈奴使者时，曹操觉得自己形象欠佳，不足以威慑外邦使节，于是让崔琰冒充自己，他本人则手握大刀站在坐榻旁边。会见结束后，让人问匈奴使者："魏王怎么样？"匈奴使者回答说："魏王果然非常威严，但是，坐榻旁边那个手握大刀的人才是真正的英雄。"曹操听后，立即派人杀死了匈奴使者。故事中的曹操固然狡猾、残忍，但是，他这样做，我们可以理解为，他这是为了维护国家利益，对于他个人的品德和名誉并无多大损害。

现存文献中，最早对曹操进行明显诋毁的是《三国志》裴松之注所引东吴人的著作《曹瞒传》。《三国志·魏书·武帝纪》裴松之注引了如下一节《曹瞒传》文字：

> 太祖为人佻易无威重，好音乐，倡优在侧，常以日达夕。被服轻绡，身自佩小鞶囊，以盛手巾细物，时或冠恰帽以见宾客。每与人谈论，戏弄言诵，尽无所隐，及欢悦大笑，至以头没杯案中，肴膳皆沾污巾帻，其轻易如此。然持法峻刻，诸将有计画胜出己者，随以法诛之。及故人旧怨，亦皆无余。其所刑杀，辄对之垂涕嗟痛之，终无所活。初，袁忠为沛相，

尝欲以法治太祖，沛国桓邵亦轻之，及在兖州，陈留边让言议颇侵太祖，太祖杀让，族其家，忠、邵俱避难交州。太祖遣使就太守士燮，尽族之。桓邵得出首，拜谢于庭中，太祖谓曰："跪可解死耶！"遂杀之……又有幸姬常从昼寝，枕之卧，告之曰："须臾觉我。"姬见太祖卧安，未即寤，及自觉，棒杀之。常讨贼，廪谷不足，私谓主者曰："如何？"主者曰："可以小斛以足之。"太祖曰："善。"后军中言太祖欺众，太祖谓主者曰："特当借君死以厌众，不然事不解。"乃斩之，取首题徇曰："行小斛，盗官谷，斩之军门。"其酷虐变诈，皆此类也。

显然，这一节出自魏之敌国东吴人之手的文字，有诬陷曹操的成分。

但是，南北朝隋唐时期，人们对于曹操未见有多么反感的言论，倒是有不少对他诗歌才华与成就的赞扬声。例如，王僧虔有"魏氏三祖，风流可怀"（《宋书》卷十九《乐志》引），钟嵘有"曹公古直，甚有悲凉之句"（《诗品》卷下），元稹有"曹氏父子鞍马间为文，往往横槊赋诗"（《唐故工部员外郎杜君墓系铭并序》）。从这种情况看，《曹瞒传》几乎没有产生什么影响。

曹操形象的大坏，大约开始于理学大行的宋代。苏轼《志林》卷一"途巷小儿听说三国语"条，引用王彭的话说：

> 途巷中小儿薄劣，其家所厌苦，辄与钱，令聚坐听说古话。至说三国事，闻刘玄德败，颦蹙有出涕者；闻曹操败，即喜唱快。以是知君子小人之泽，百世不斩。

可见，通达如大文豪苏轼，都将曹操斥为小人，站在了"拥刘反曹"的立场上。后来，到大儒朱熹，更是破口大骂曹操是窃贼：

因说诗曰：曹操做诗必说周公，如云"山不厌高，水不厌深。周公吐哺，天下归心"。又《苦寒行》云："悲彼东山诗。"他也是做得个贼起，不惟窃国之柄，和圣人之法也窃了。

（《朱子语类》卷一百四十《论文下》）

朱熹的话，无论是对学术界，还是对民间舆情，一定都产生过深远的影响。既然朱熹都这样说了，曹操的窃贼高帽自然就如同孙悟空头上的紧箍咒，再也摘不下来了。

为什么说曹家是古今第一诗人家族？

　　毫无疑问，曹操是中国历史上最负骂名的人物之一。而实际上，曹操也是中国历史上最有文化建树的人物之一。曹操不但自己是一位优秀诗人，他的两个儿子——次子曹丕，三子曹植，也都是优秀诗人。父子三人，均为优秀诗人，不但在中国文学史上绝无仅有，在世界文学史上恐怕也是极为罕见的。

　　曹操现存诗歌虽然只有二十余首，而且全是乐府诗，但是，其艺术成就很高。从文学史的角度看，它们是《诗经》《楚辞》以及汉乐府和后来五言诗之间的桥梁，承先启后，功不可没。从艺术风格上说，昂扬的气势，宏大的气魄，饱满的气韵，慷慨的情绪，出之以简朴的语言，形成了他悲凉、沉雄的个人风格。钟嵘称赞说："曹公古直，甚有悲凉之句。"（《诗品》下），敖器之评价道："魏武帝如幽燕老将，气韵沉雄。"（《敖陶孙诗评》）

　　曹操存世的诗歌作品中，《蒿里行》《观沧海》《短歌行》《龟虽寿》等篇，皆是历代传诵不辍的名篇。其中，"生民百遗一，念之断人肠"，"东临碣石，以观沧海"，"对酒当歌，人生几何"，"慨当以慷，忧思难忘"，"何以解忧，唯有杜康"，"老骥伏枥，志在千里"等等诗句，读之皆可以使人慷慨唏嘘，感慨系之，堪称千古名句。

相对而言，曹丕的成就较弱。曹丕保存至今的诗歌约四十首，有题材狭窄、思想内容缺乏深广度之类弊病。但是，他的《燕歌行》（"秋风萧瑟天气凉"）、《杂诗二首》（"漫漫秋夜长"）诸篇，却也自有其绰约风姿。刘勰称其有"洋洋清绮"之才（《文心雕龙·才略篇》），钟嵘称其"美瞻可玩"（《诗品》中），陈祚明称其"笔姿轻俊，能转能藏"（《采菽堂古诗选》卷五），沈德潜称其"便娟婉约，能移人情"，都是中肯的评语。曹丕在文学上的贡献，最重要的不是诗歌创作，而是文论著作。其《典论·论文》《与吴质书》，都是文学评论方面的名作。其中《典论·论文》，被认为是中国现存第一篇文学批评论文。文中以其帝王金口，说出"盖文章经国之大业，不朽之盛事"之类言论，对提高文人地位、促进文学繁荣，有着不可估量的积极作用。

曹植英年早逝，享年仅四十一岁，但他在短暂的人生里却成就了无比辉煌的文学事业。在曹氏父子中，他是公认的文学成就最高的一位。曹植的贡献主要在五言诗方面，因此，他被后人尊为五言诗之祖。对于曹植诗歌的艺术成就，历来好评如潮。例如，钟嵘称其"骨气奇高，词采华茂"，"譬人伦之有周孔，鳞羽之有龙凤"，推崇备至（《诗品》上）；谢灵运谓"天下才华共有一石，曹植独得八斗"（见李瀚《蒙求集注》）；张戒称其诗"温润清和，金声而玉振"（《岁寒堂诗话》）；敖器之称其"如三河少年，风流自赏"（《敖陶孙诗评》）；诸如此类，不胜枚举。

曹植保存至今的诗歌约八十首，其中，《箜篌引》《名都篇》《美

女篇》《白马篇》《七哀》等等都是广泛传诵的名篇。他还擅长赋的写作，《洛神赋》堪称传世名文。

这里我们大胆猜测：曹操的骂名，不只是源自他玩弄权术、挟天子以令诸侯，还跟他在文学上的成就有相当的关系。因为，国民性历来就有妒贤嫉能的遗传基因。在我们这个文明国度里，像刘备那种没有一技之长、一遇到困难只会嚎啕大哭作可怜状的人，比较能够博得大众的同情。

诸葛亮是好人吗？

有人问：诸葛亮到底是好人还是坏人？

这是我听到过的所有关于诸葛亮的问题中最简单却又最难回答的一个。我一时不知道该如何回答，只好避其锋芒，搪塞道：诸葛亮是聪明人。

"我问他是好人还是坏人。"——这家伙锲而不舍。

我还是顾左右而言他："诸葛亮混成了名垂史册的人物。"

"答非所问！"——这家伙怒了。

事已至此，我只好勉为其难，娓娓道来——

评价一个人，尤其是一个历史人物，很难用一个"好"字或者一个"坏"字去概括。他们总是说过许多话，做过许多事情，涉及许多人，影响过许多人。因而随着角度和标准的不同，得出的结论可能不尽相同，大不相同，乃至截然不同。

从世俗的角度，用个人的标准去看诸葛亮，当然会看到一个英雄的形象，一个相当成功但又略有遗憾的英雄。这个英雄十分智慧，能掐会算，左右逢源；这个英雄运气不错，风云际会，仕途通达；这个英雄人品不错，不嫌妻丑，忠诚廉洁；这个英雄举止优雅，胜券在握，从容不迫；这个英雄死得其所，鞠躬尽瘁，流芳百世。面对这样一个英雄，凡人当然只有羡慕、敬仰、崇拜的份儿。自己此生梦想成空，不能成就诸葛亮那样的功名，只好寄希望于下一代，望子成龙。谁若是胆敢说这个英雄一个不字，人们就会认定他心理不正常，或者别有用心，跟他急眼——匿名用恶毒的语言辱骂他，心里恨得牙根痒痒，直想啐他，咬他，撕他，踹他。

从历史学家的角度，用衡量一国军政首脑的标准去看诸葛亮，经过种种考证、参酌、推论，不难发现，诸葛亮的一生其实并没有普通百姓想象的那么成功、幸福。诸葛亮也遭遇过许多的不顺利，遭遇过许多的挫折，并非事事正确，并非无懈可击。潇洒的举止背后，有太多的心计；鹅毛扇轻摇的一团和气时分，早埋伏下了狰狞的刀斧手。总之，诸葛亮有许多普通人没有想到或想不到的另一面。他发展了蜀地的经济，繁衍了蜀地的人口，同时，他也发动战争，耗费了蜀地的一切财力，将这些人口中的青壮年大批大批地送往死地；他帮助刘备扫灭了不少地方势力，统一了蜀中和汉中大片土地，又促成了三足鼎立，阻碍了全国统一的进程。这样一来，人们又发现，评价诸葛亮其实不是一件容易的事情。

从和平主义者的角度，以好生尚善的标准去看诸葛亮，那他简直就是一个十恶不赦的人。他为了一己的名利，尽情发挥他的"智慧"，不停地组织一部分人去攻打、抢劫、杀戮另一部分人，以致血流成河，尸横遍野，生灵涂炭。一将功成万骨枯，他不啻是一个杀人不眨眼、嗜血成性的大魔头。他的小恩小惠，无非是为了笼络人心，让人为他流血，为他卖命；他的爱民、恤民，都只是表面现象，真正的意图是为了让自己名垂青史、流芳百世；他的精明能干，治理有方，指挥若定，结果都只是方便了他屠戮更多的生灵。

一部《红楼梦》可以因读者的不同而读出种种不同的思想内容，一千个读者就有一千个哈姆雷特。文学作品如此，历史人物其实也是如此：每一个略有中国历史知识、读过或者听过一点三国故事的人的心中，都会有一个自己的诸葛亮。

因此，诸葛亮到底是一个好人还是一个坏蛋，我也不知道该怎么说。我只是鬼使神差地记起唐人薛能的两句诗：

当时诸葛成何事？只合终身作卧龙。（《游嘉州后溪》）

为什么说"三顾茅庐"
是诸葛亮自编自导自演的戏?

《三国演义》中最富诗情画意、最一波三折的故事,当数刘备三顾茅庐邀请诸葛亮出山了。

先是徐庶临去曹营之际的走马举荐,接着又有司马徽的造访再荐。一个说诸葛亮好比麒麟鸾凤,有经天纬地之才,若得此人相助,不愁天下不定;一个说诸葛亮自比管仲、乐毅还是谦虚了,他可以比姜尚、张良。这些说法把急于争天下的刘备的胃口吊到了半天空,他恨不得马上见到这位传奇人物,将其网罗到自己麾下。

可是,事情并非一帆风顺。徐庶告别了刘备,唯恐诸葛亮不肯出山,先跑到卧龙冈做事前动员。不料诸葛亮却说拉他出山是让他做祭祀时的牺牲品,拂袖而入。接着,刘备准备了礼物,带着关羽、张飞以及一帮随从去隆中拜访。不巧,诸葛亮一早就出门了。据童子说,诸葛亮出门有两个"不定":踪迹不定,归期不定。找也没法找,等也没法等,只得先回去。过了数日,刘备探听到诸葛亮已经回家,赶快骑马过去。路上，他看见两位相貌奇特的人（一位白面长须，一位清奇古貌）在唱歌，刘备以为其中的一位是诸葛亮，一问却不是，他们只是诸葛亮的朋友。到了诸葛亮家，有人在读书，孰料那人还不是诸葛亮，而是诸葛均，诸葛亮的弟弟。原来，诸葛亮头一天被朋友崔州平约出去闲游了。这闲游是"或驾小舟游于江湖之中，或访僧道于山岭之上，或寻朋友于村落之间，或乐琴棋于洞府之内"，也是"往来莫测，不知去所"，无法找寻。第三次更加隆重，出发前，刘备择定吉日，斋戒三日，沐浴更衣。这一回倒是去对了，诸葛亮前一天晚上回家了。可是，并不见他迎出来相见，大白天，他老先生仰卧于草堂几席之上，在睡大觉！刘备不愿意打扰诸葛亮睡觉，要等他睡到自然醒。这诸葛亮也怪，八辈子没有睡过觉似的，"半晌，先生未醒"。要不是关羽劝阻，张飞早到屋后放一把火点了诸葛亮的草堂！又等多时，只见诸葛亮"翻身将起"，没想到，"忽又朝里壁睡着"。这样，刘关张又站了一个时辰，这位诸葛亮先生才"草堂春睡足"，吟着诗醒来。

于是，一番虚情假意之后，这才进入正题，分析了天下形势，指出了刘备的出路：天下这块蛋糕，只能切三分之一。又一番虚情假意之后，这孔明先生才跟刘关张到了新野。虽然没有明确交代封官许爵，但是从此，"玄德待孔明如师，食则同桌，寝则同榻，终日共论天下之事"。三顾茅庐，刘备从头年冬天忙到次年春天！

《三国演义》是小说，有"七分事实，三分虚构"（章学诚《丙辰札记》）的说法。但是三顾茅庐的情节，虚构部分远远超过了三分。

这涉及了对正史记载的评价问题。

正史记载也略有出入。陈寿《三国志》记载，向刘备举荐诸葛亮的是徐庶，没有提到司马徽。而且，徐庶也不是因为母亲被曹操扣押被迫离开刘备去曹营之际举荐，而是徐庶投奔正在新野的刘备，得到刘备的器重，有一天就向刘备推荐了诸葛亮，称赞诸葛亮为"卧龙"。刘备当时就说："先生与俱来。"意思是，请你把他带来。徐庶说，这个人你可以去拜访他，不可以委屈他让他来这里见你，将军应该亲自去拜访。于是，刘备去拜访诸葛亮，"凡三往，乃见"。见面之时，两人进行了密室晤谈，也就是著名的《隆中对》。《资治通鉴》的记载有些不同，最早举荐诸葛亮的不是徐庶，而是司马徽，地点不在新野，在荆州。刘备为了寻找人才，特意拜访襄阳名士司马徽。司马徽于是举荐了伏龙、凤雏，也就是诸葛亮和庞统。后来在新野，徐庶又一次举荐了诸葛亮。裴松之注引《襄阳记》，也是刘备先访问司马徽，司马徽推荐了诸葛亮和庞统。《三国演义》糅合了这两种记载，但是颠倒了时间顺序，变成徐庶首荐，司马徽再荐。按照《三国志·蜀书·诸葛亮传》记载，徐庶被迫离开刘备去曹操那边，是在诸葛亮已经在为刘备效力之后。刘表死，其子刘琮听说曹操要来征讨，派使者去请求投降。当时正在樊城的刘备率军南行，诸葛亮与徐庶都随行。路上军队被曹操击破，徐庶母亲被曹操羁押，这才有徐庶进曹营的事。

不管是谁先举荐的诸葛亮，历来读史的人大概都只注意到举荐者的慧眼识英才和被举荐者的果然英才无两了。我读这一段历史，却产生了一个怀疑：这是诸葛亮自编自导自演的一出戏！证据有下边几个：

首先，举荐他的人都是他的同学、故旧。裴松之注引《魏略》云，徐庶本是一个颇有江湖侠客气质的人，可以说是亡命之徒。他曾经为人报仇，被官吏捉住之后，问他姓名，他闭口不答。官吏于是在囚车上立了一根柱子，将他绑在上边，用刀子割他的身体。在同党的营救下，

•• 三顾茅庐 ••

他才得以脱身，从此折节读书。汉献帝初平（190—193）年间，徐庶跟同乡石韬为了避乱，一起跑到荆州，认识了诸葛亮，变成好朋友。就是说，徐庶在举荐诸葛亮之前，他们已经是意气相投的朋友了。司马徽跟诸葛亮也不是素不相识的关系。司马徽对同乡庞德公非常尊重，像对待兄长那样对待他。而诸葛亮每次到庞德公家，都独自一人在庞德公的床前磕头施礼。这庞德公有个小儿子叫庞统，一副纯朴鲁钝的样子。但是，儿子总是自己的好，庞德公也看出了这儿子的过人之处。当然，司马徽也是这么看的。庞德公很喜欢自己儿子和这个非常尊敬他的后生诸葛亮，把他们比作卧龙、凤雏，到处宣传。既然自己敬重如兄长的人都这么赏识诸葛亮，司马徽逮到机会，当然会推荐他了。举荐朋友、举荐朋友欣赏的后辈，都是人之常情，理所必然。换言之，诸葛亮的这些同学、亲故，都充当了这出戏的演员。

《三国志》等史书都明白记载着，诸葛亮年轻的时候常常把自己比作管仲、乐毅。管仲是春秋时期齐国名臣，曾经帮助齐桓公成就霸业；乐毅是战国时名将，燕昭王任命他为上将，曾联合赵楚韩魏攻打齐国，攻占了齐国七十多座城池。可见，诸葛亮是一个主张用世之人，决非安心于山林优游之辈。要刘备"凡三往"这才答应出山，如果真有其事，显然是有意为之，比如自抬身价，肯定不是想在隆中种一辈子田地。

刘备第三次到他草堂，终于见面。见面晤谈，是"屏人"了的。也就是说，只有他们两个人，就连关羽、张飞也都不在场。他们当时说了些什么，真的是我们看到的《隆中对》？不会是诸葛亮的事后加工改编吗？最耐人寻味的是，"三顾茅庐"的故事，最早的记录文献，竟然出自诸葛亮本人之手，这就是作于刘备章武三年（223）的《出师表》，"臣本布衣，躬耕于南阳，苟全性命于乱世，不求闻达于诸侯。

先帝不以臣卑鄙，猥自枉屈，三顾臣于草庐之中，咨臣以当世之事……"这个时候，关羽、张飞、刘备等所有当事人已相继去世，无从对证。诸葛亮说什么就是什么。可以肯定，《三国志》等史书的相关记载都是由此而来的。

陈寿的《三国志》一方面引用了诸葛亮本人的自述，肯定有"凡三往""隆中对"等事，也明确记载，因为刘备如此尊重诸葛亮，引起了关羽、张飞的不满。刘备这样告诫他们："孤之有孔明，犹鱼之有水也。愿诸君勿复言。"按理，经过这一番周折，刘备应该当即对诸葛亮委以重任。但是，后边的叙述并非如此。兵败于曹操之后，刘备率残部跑到了夏口。情况危急，诸葛亮献计向孙权求救，并且亲自前去动员孙权联合抗曹。结果，取得了赤壁大战的胜利，扭转了败局。这个时候，刘备才任命诸葛亮为"军师中郎将"，具体工作是"督零陵、桂阳、长沙三郡，调其赋税，以充军实"，并不是《三国演义》中所描写的那样，在赤壁战前，诸葛亮已经成为宰相级的军师。建安二十六年（221），大臣们都劝刘备称帝，刘备不答应。诸葛亮一番引经据典、剖析人情世故的说法，使得刘备答应登基，这才策命诸葛亮为丞相，诸葛亮"以丞相录尚书事"。张飞死后，他又领司隶校尉。等到章武三年，刘备病危，更是有了托孤之事。假设这个时候，关羽、张飞都没有死，刘备是不是会托孤给诸葛亮呢？

《三国志》关于诸葛亮的记载太富有传奇色彩了，有些情节难以置信。相比之下，裴松之注所引《魏略》的记载要朴实可信得多。大略是，诸葛亮看见当时南方刘表形势不妙，就去拜见正在襄樊的刘备。刘备因为诸葛亮跟自己没有旧交情，年纪又轻，就只把他当一个普通学生娃看待。一次聚会结束时，别人都离去了，只有诸葛亮不走。刘备也不问他想说什么话。刘备喜欢拿牦牛毛编织头盔装饰物，这跟刘备曾经编织草席出售谋生很吻合。这时正好有人送他牦牛尾，他就在那里编织起来。诸葛亮批评他，说他应该有远大志向，不应该只是编织牦牛毛。刘备一听，知道诸葛亮不是一般人，于是停止编织，说自己编织只是为了解闷。诸葛亮先是拿他跟曹操做了一番比较，点出了局势的危急，接着又给他出了个主意：将荆州地区的游民进行登记编户，解决兵员短缺的问题。刘备这才知道诸葛亮是个有好计策的人，"乃以上客待之"。《魏略》之外，《九州春秋》也是这样记载的。

裴松之虽然引了这个记载，但是他自己并不赞同。他不赞同的理由却是诸葛亮《出师表》中的那一番话，可谓聪明一世糊涂一时，竟然相信了诸葛亮自己编撰的漂亮说辞。

诸葛亮编撰这些富有传奇色彩的故事，当然有他合理的用意。裴松之注引《蜀记》云，诸葛亮摄政期间，"刑法峻急，刻剥百姓"，有个叫法正的大臣就引用汉高祖当年只以三章约法为典范，上书劝谏。结果，诸葛亮告诉他，自己之所以这么做是有道理的。概括而言，就是蜀人太无法无天了，需要约束。或许，诸葛亮也认为蜀人太自以为是了，要给自己树立一点威信，就得如此这般塑造一下自己。

王羲之为何放着大官不做？

　　宋人洪迈的《容斋四笔》中有"王逸少为艺所累"一条，他认为，论操守见识和议论口才，整个东晋时期没有几个人能够比得上王羲之，王羲之是跟温峤、蔡谟、谢安等相当的人物。但是因为王羲之有出世思想，不愿意被人使唤，因此"功名成就，无一可言"。结果是，包括《晋书》在内的后代文献，都只能称赞他的书法造诣，"详察古今，精研篆素，尽善尽美"云云，没有一句话提到他的平生功业。王羲之因为书法造诣精深，名声很大，但他的高尚品德被掩盖了。显然，洪迈为王羲之感到惋惜。

　　其实，依我看，王羲之虽然在传统所谓"三不朽"之一的"立功"上未能有所建树，但是，论对后世的影响，论文化遗产的价值，他的书法成就和为人的率性飘逸，比起做一个尚书或宰相，显然要深远得多，重大得多。洪迈的"替古人惋惜"，不免有些迂腐。王羲之被后人尊为"书圣"，他在书法艺术上的造诣以及对后代书法的影响，无人能及。他的坦腹东床，他的爱鹅成癖，他的为老妪书扇，以及他毅然辞官，悠游山水，都是千百年来人们津津乐道的佳话，慰藉了一代又一代不计其数的落寞心灵。他在《兰亭集序》中显露的文学才华，也令历代文人歆羡不已。

王羲之之所以毅然离开随时可以飞黄腾达的官场（只要他点个头，早就是侍中、吏部尚书了），据《晋书》本传记载，也并不完全是因为他对做大官不感兴趣，即王羲之自己所说的"素自无廊庙志"，而跟一个人有关，这个人就是王述（字怀祖）。王羲之辞官，是跟这位王述斗气的结果。

王述做骠骑将军的时候，王羲之跟他齐名。但是，王羲之不大看得起王述，因此两人的关系不好。王述先做会稽郡太守，因为母亲过世，便住在本郡守孝。王羲之接替他做了会稽郡太守后，只是礼节性地去吊唁了一次，不再去第二回。守孝的王述每次听到号角的声音，总以为是王羲之前来拜访自己，都要做一番大扫除，以等待王羲之的到来。这样的情况持续了好几年，王羲之一次也没有光顾王述住处。王述因此心里老大的不痛快。等到王述被任命为扬州刺史，上任之前，遍访郡内名流，就是不去王羲之家，只是临出发的时候匆匆道了个别。

王述发达之前，王羲之经常对朋友们说："王怀祖应该做尚书，等到年老的时候，可以做个仆射，只求一个会稽郡，实在是太小了一点儿。"等到王述被授以显赫的位置，王羲之为自己做他的属下而感到耻辱。于是，他派遣一个使者前往朝廷，要求将会稽郡立为越州。使者说话不恰当，遭到了当时社会贤达名流的嘲笑，王羲之丢了一回脸。王羲之心中愧疚，便对他的几个儿子说："我一点儿不比王述差，但是职位却比他低很多，难道是因为你们不如他的儿子王坦之吗？"王述后来巡察会稽郡，考察该郡的刑罚政务，使得主事者疲于应对。

王羲之深以为耻辱，于是装病离开郡守位置，在父母墓前发誓，表示自己要效法老子与庄子，为了祖宗的血脉传承，将以保命养生为第一要务——其实，这一思想在写于两年前的《兰亭集序》里已经有过明白的表述。王羲之引古人云"死生亦大矣"，并感慨道："岂不痛哉！"说明王羲之是一位性情敏感、思想悲观之人。

辞官之后，王羲之跟浙东的一些朋友一起，结伴游山玩水，捉鹰钓鱼，过着自由自在的生活。朝廷也曾经想要重新起用王羲之，但是考虑到他的悲苦誓言，只得作罢。

可见，王羲之辞官的原因，跟陶渊明有一点相似之处，都是不能忍受自己瞧不上眼的人做了上司。所不同的是，陶渊明辞官的时候写了一篇《归去来兮辞》，王羲之什么也没有写。

陶渊明的妻子不贤惠吗？

陶渊明一封写给他五个儿子（俨、俟、份、佚、佟）的信中，有这样几句话：

> 余尝感儒仲贤妻之言，败絮自拥，何惭儿子？此既一事矣。但恨邻靡二仲，室无莱妇，抱兹苦心，良独内愧。

翻译成现代汉语，大致是：

我曾经对东汉高士王霸贤妻的话语有所感慨，自己穿着破棉袄，又何必为儿子不如别人而惭愧呢？古今同理。我只是遗憾邻居中没有求仲、羊仲那样的高士，家里没有老莱子妻子那样的老婆。心中怀着这样的苦楚，只有独自深深感到愧疚。

"室无莱妇"（家里没有老莱子妻子那样的老婆），说明陶渊明对他的妻子有所不满。刘向《列女传》记载，楚国人老莱子不愿意出去做官，隐居在蒙山之南。楚王想让他出去主持楚国的政局，老莱子的妻子跟他说："我听说，可以给你提供酒肉的人，也是可以鞭打你的人；可以给你官做的人，也是对你施加铁制刑具的人。先生倘若吃了人家的酒肉，领了人家的官俸，这些都是受制于人的事情。生在乱世而受制于人，能够幸免于难吗？"老莱子听后，深表赞同，于是便带着妻子向南逃到江南某地隐居去了。可见，陶渊明所不满意于自己妻子者，乃是她未能对自己的弃官归隐表示理解与赞同。

但是，在多种文献的记载中，陶渊明的妻子翟氏分明是一个勤劳能吃苦的女人。萧统《陶渊明传》有"其妻翟氏亦能安勤苦，与其同志"的话，李延寿《南史·隐逸传》有"其妻翟氏，志趣亦同，能安苦节，夫耕于前，妻锄于后云"等语。

文献记载跟陶渊明的说法有这样的出入，既不能说是陶渊明故意冤枉自己的妻子，也不便断言就是萧统等人充当和事老，逢人先说三分好。实际情况大约是这样的：陶渊明的妻子是通情达理的，对丈夫的辞官不做基本也是支持的。但是，由于丈夫辞官之后，没有了固定的官俸收入（陶渊明所说的"五斗米"），家庭生活经常陷入困境，愁闷之中，她不免有所抱怨。陶渊明是洁身自好的文人，把自己的弃官归隐看作势在必行的壮举，恨不得所有的人都立即表示赞同，自己的妻子竟然把柴米油盐的困难归咎于他的这一壮举，当然会让他很不高兴的。

萧统《陶渊明传》记载了这样一件事情：陶渊明做彭泽县令的时候，准备让人把所有公田都种上可以酿酒的黏高粱，并且得意地说："这下子我可以尽情陶醉在酒中了。"可是，他的妻子坚持要种稻子。最后的结果是陶渊明做了让步，二顷五十亩种了黏高粱，五十亩种了稻子。通过这件事情不难看出，比起翟氏，陶渊明实在是有些迂腐、自私，只顾自己的爱好，不考虑一家人的生活。梁实秋说"翟氏较渊明为达事"，诚哉斯言！从此也可以想见，陶渊明是个甩手掌柜，陶家老小的生活都是由翟氏一手操持的。作为主妇，翟氏不能像丈夫那样率性胡为。

陶渊明虽然迂腐、浪漫，但是，他也并非完全不能体谅妻子的苦衷。在《咏贫士七首》其七云"年饥感仁妻，泣涕向我流。丈夫虽有志，固为儿女忧"。饥荒之年，一家老小都在饿肚子，妻子对着丈夫哭泣。此情此景，陶渊明心中也是深感忧虑的。

陶渊明的"室无莱妇"之叹，正好可以说明：他的妻子翟氏是一个能持家的好女人。倘若她也像陶渊明那样浪漫，一家人就只好喝西北风过日子了。

合理推测，抱怨话语，只是一时情绪的发泄，并非一成不变的看法。

"不为五斗米折腰"中的"五斗米"指的是什么?

《晋书·陶潜传》记载,陶渊明做彭泽县令不久,上级单位——郡,相当于今天地级市政府——派遣了巡察官("督邮"),到县里考察他的工作得失。谙熟官场游戏规则的助手告诉陶渊明,他得穿戴整齐了去见巡察官。陶渊明一听这话,叹了一口气说:"吾不能为五斗米折腰,拳拳事乡里小人邪!"说完之后,当即丢下官印,跑回家种地去了。萧统的《陶渊明传》,《莲社高贤传》,《晋书》《南史》中的《陶渊明传》等都有同样的记载。其中《宋史》和《南史》都写作"我不能为五斗米折腰向乡里小人!"

"不为五斗米折腰""五斗""五斗禄""五斗米"等等,后来被当作成语使用,指为人清高,有骨气。整个成语的意思和用法,历来没有什么分歧。但是,其中的"五斗米"究竟是什么意思,却有如下两种不同的说法:

第一种,指县令的俸禄数量;第二种,指督邮所信仰的"五斗米道"。

第一种说法最为常见，无需举例。第二种说法，我们见到的，有两个人作此主张。一个是大陆学者逯钦立先生，另一个是台湾学者张宗祥。他们都是二十世纪七十年代提出这种观点的，不知是不约而同，还是由一说派生出另一说。逯钦立先生的说法见于其校注的《陶渊明集》后所附长文《关于陶渊明》。文中说，陶渊明第一次出来做官时所做的江州祭酒，是仅次于州刺史（王凝之）的高等职位，这个职位的设置，"可能与王氏的五斗米道有关系"。还说，"幸而还有史传记载透露出这次解职的真实原因，那就是因为他不屑于向门阀世族王凝之这个五斗米道徒卑躬屈膝"。他认为，陶渊明之所以这样说话，是"既非门阀世族出身，又是东晋元勋贵族后代"的他，"为了表示看不起寒门庶族出身的督邮，才摆出看不起门阀世族五斗米道王凝之的事实"。

张宗祥先生的文章，题为《读陶渊明偶记》，见于台湾《中华艺林丛论》第七册。文章中说，属于黄老一派的五斗米道，"实即汉末蜀中张氏之徒所奉教名，而非官俸之数。渊明出身寒门，习于劳苦，幼宗儒家之说，佛道二家，皆所深嫉。以远公名德，破戒置酒相邀，尚且不入莲社，则道教支流之五斗米教，渊明之不愿趋侍明矣。意者督邮实此教信徒，故渊明深恶而痛嫉之，且斥之为乡里小人乎？"张氏之所以提出这种说法，起因是"五斗米"非晋代县令官俸的数量。按照晋代官制，县令六百石，而"五斗米"即使是一天的俸禄，一个月也不过十五石，一年也只有一百八十石，跟六百石相去甚远。再者，陶渊明之所以出来做官，目的是救穷。如果县令的俸禄只有五斗米，塞牙缝而已，根本救不了穷。

逯钦立先生与张宗祥先生的说法，论据大不一样，但是结论相同。

他们所提出的说法，虽然经过了一番考证，但我们认为，仍然是难以采信的，理由主要有三点：其一，逯钦立先生的说法太迂回曲折，多臆测成分；其二，张宗祥先生坐实"五斗"为县令官俸实数，有胶柱鼓瑟之嫌；其三，不合语法，原文是"为五斗米折腰"，不是"向五斗米（道）折腰"。紧接着"为五斗米折腰"的是"……事乡里小儿"或"向乡里小儿"，陶渊明看不起的是寒门出身的督邮，跟督邮信仰什么并无关系。就像梁实秋先生所说的，"纵然他（督邮）是信五斗米道，这是他的愚蠢，与他的执行视察的职务无关"（见《梁实秋读书札记·五斗米》）。

相比之下，"五斗米"还是理解为指官俸更加合理。不过，"五斗米"不是指实数，而是一种修辞手法——夸张，极言其少。

有个旁证：唐朝诗人都是这么理解的。"五斗"在唐代诗人间已经被广泛作为成语使用，意思都是指"俸禄微薄"。例如："欲徇五斗禄，其如七不堪"（孟浩然《京还赠王（一作张）维》）；"看君五斗米，不谢万户侯"（岑参《送许拾遗恩归江宁拜亲》）；"久别二室间，图他五斗米"（岑参《峨眉东脚临江听猿，怀二室旧庐》）；"五斗米留人，东谿忆垂钓"（岑参《衙郡守还》）；"只缘五斗米，辜负一渔竿"（岑参《初授官题高冠草堂》）；"初辞五斗米，唯奉一囊钱"（韩翃《家兄自山南罢归献诗叙事》）；"谁将五斗米，拟换北窗风"（李商隐《自贶》）；"既舍三山侣，来馐五斗粮"（曹邺《奉命齐州推事毕寄本府尚书》）。

梁实秋先生猜测，之所以用"五"字，是"五乃中数，五乃阳数，说起来便当"。这种猜测语涉玄虚，难以证明。还不如猜想，"五斗"

不过是当时人们的一种习惯说法，并无深意，如同今人所说的"仨瓜俩枣"。类似情况，唐代诗人有以"五斗"量酒的。杜甫有"焦遂五斗方卓然，高谈雄辩惊四筵"（《饮中八仙歌》），元稹有"五斗解醒犹恨少，十分飞盏未嫌多"（《放言五首》其一）。不同的是，酒的五斗是表示量多，而不是少。

你见过摄政太后的失恋诗吗？

中国是诗歌大国，三千多年的诗歌史上，天文数字的诗歌作品，题材涉及人类生活的方方面面、角角落落，而且往往同一个题材有许多作品去描写，去表现，历代诗人们前赴后继，一再歌咏，不避重复。但是，太后表现自己失恋的诗歌，虽然不敢说绝无仅有，至少也是十分罕见的。

民间普通女子失恋，司空见惯，就算是皇后失恋，也一点都不奇怪。几千年的封建历史上，帝王移情别恋的故事一抓一大把，皇后失恋的故事自然就是两抓两大把，三抓三大把了。大把的失恋皇后中不乏才女，因此，把失恋的痛苦写成诗歌的也有不少。但是，太后失恋就十分稀罕了，太后失恋而能写成诗歌，就更是难得一见。因为，太后者，皇帝之母亲也。一般来说，太后有两个特点：一是年龄不小，二是丈夫已死。与此相应的也有两种情况：一种是已经老得丧失了恋爱的兴致与能力；另一种是没有丧失恋爱的兴致与能力，一旦恋上某个男子，即使那男子心里并不乐意，通常也不敢跟她说拜拜——皇帝的娘亲，谁敢对她不敬！总而言之，太后失恋而且写为诗歌，可谓千年不遇之事。

可是，老话说得好：大千世界无奇不有。中国历史上，偏偏就发生了这么一件奇哉怪也的事情：北魏王朝一位胡氏太后就失了一次恋，失恋之后又写了一首表现内心痛苦的诗歌，而且，这诗还写得相当的好！

事情是这样的：

胡太后是北魏宣武帝元恪的皇后、孝明帝元诩的母亲，曾两度摄政。延昌四年（515），年幼的孝明帝即位，胡太后在妹夫宗室元义、宦官刘腾等人的支持下听政。正光元年（520），胡太后遭元义、刘腾囚禁。孝昌元年（525），胡太后杀死元义后，再度临朝摄政。摄政期间，她喜欢上一个名叫杨白花（后来投奔梁朝，改名为杨华）的帅哥。这位帅哥，年轻，勇猛有力，骑马技术十分娴熟。长得怎么样呢？史书上的记载是"容貌瑰伟"，翻译成现代汉语就是高大英俊。她钟意他，他却不愿意，没准他早已有了钟意的姑娘，且已经私定终身了。但是，架不住人家是摄政太后，大权在握。人在屋檐下不得不低头，在胡太后的淫威逼迫下，这位名叫杨白花的帅哥不得已做了胡太后的情人。

这个时候的胡太后，显然人老珠黄，朱颜已改。做一个老太婆的情人，杨帅哥感到很憋屈。于是他找了一个机会，率领部下逃走，车上载着父亲的尸体——史书上记载，他的父亲是一代名将杨大眼，不早不晚，在这个时候嗝儿了。合理想象，可能是被胡太后活活气死的。杨帅哥一气之下，投奔梁朝去了。

人老珠黄的胡太后，显然是真爱杨帅哥的。杨帅哥逃走之后，她茶饭不思，寝食难安，陷入了少女失恋般的痛苦（没准这就是她的初恋呢，嫁给宣武皇帝可能是父母之命）之中。一天到晚，眼前晃的，脑子里想的，全都是杨帅哥矫健的身姿，爽朗的笑语，结实的肌腱。照着她内心的想法，她恨不得派一支军队开到梁国，把杨帅哥给抢回来。也有可能她真的这么做了。可是，由于她刚愎自用，信任老臣，崇信佛教，导致国库空虚，民不聊生，正光四年爆发了六镇起义。关中陇右以及山东、河北等地的汉族和少数民族人民，随即纷纷起兵，南朝降人萧宝寅也趁机占据关中。同时，梁朝派军北伐，并于孝昌二年夺取寿春，次年占领涡阳。在魏梁战争中，北魏军队处于下风，败多胜少。这个时候，杨帅哥已经成了梁朝军队的一员猛将。就是说，令她朝思暮想的杨帅哥，已经不可能夺回来了。

万般无奈之下，她只好把心中的痛苦宣泄为歌唱。她作了一首杂言诗，表达对杨帅哥的深情思念。全诗如下：

> 阳春二三月，杨柳齐作花。
> 春风一夜入闺闼，杨花飘荡落南家。
> 含情出户脚无力，拾得杨花泪沾臆。
> 秋去春还双燕子，愿衔杨花入窠里。

诗中巧妙地利用谐音，人、物双关，杨花既指杨柳花絮，也指她苦恋的男子杨白花。一二两句写景，杨柳飞花的春天是令人多愁善感的季节。三四两句写二人相好和男子出逃，"春风"云云，指她们曾经有过的男欢女爱，杨华落南家，指的是男子离她而去之后，投奔了位于北魏南边的梁国。五六两句，表现诗人在男子离开后的感伤情形。失恋之后，胡太后可能曾大病一场。病后体虚，腿脚软弱无力。看到

•• 失恋的胡太后 ••

落在地上的杨花，想起自己深爱的男子，俯身拾取。情不自禁，潸然泪下，将杨花沾湿。最后两句，看到燕子双飞双宿的恩爱样子，触景生情，梦想着有朝一日还能跟爱人重逢，共沐爱河。

据说，胡太后作了这一首题为《杨白花》的诗之后，曾让宫女们排练。排练好后，宫女们手挽着手，脚下踩着节拍，边跳边唱，歌声凄婉。

这的确是一首饱含感情的好诗，编辑《古诗源》的清代著名诗人兼文学评论家沈德潜称赞道："音韵缠绵，令读者忘其秽亵。"一位当代文学史专家，甚至把这首诗跟同一时期的北朝民歌《敕勒川》相提并论。后代以《杨白花》为题的诗歌很多，但是都以杨花为歌咏对象，失掉了歌咏爱情的本意，只有唐代著名诗人柳宗元继承了胡太后这首诗的韵味意旨。柳宗元的同题诗是这样写的：

> 杨白花，风吹渡江水。
> 坐令宫树无颜色，摇荡春光千万里。
> 茫茫晓日下长秋，哀歌未断城鸦起。

显然，柳宗元这首诗是紧扣胡太后的失恋故事写的。

毫无疑问，倘若有小说家或影视编剧能把这个故事添油加醋改编一下，大概会是一部引人入胜的作品。

唐朝真的以肥胖为美吗？

　　唐朝人审视女性"以肥胖为美"的说法，由来已久，流传甚广。有专家在经过一番调查研究之后，断言唐朝人审美的确是以肥胖为美，并且指出了唐朝人以肥胖为美的若干原因：唐朝经济繁荣，人们有条件吃饱穿暖，保持健康丰满的体格；唐朝文化开放，兼容并包，心宽体胖；唐朝皇族身上有鲜卑血统，使他们天生喜爱健硕体魄的女性……头头是道，言之凿凿。

　　实际上，这种说法是不对的，至少是不准确的。

　　人们之所以认为唐朝女人以肥胖为美，依据主要有杨贵妃的体态以及唐代宫廷绘画和仕女画中的女子形象等。

　　其实，只要仔细看一下唐朝著名画家阎立本的《步辇图》和周昉的《簪花仕女图》就不难发现，画中的宫女、仕女，根本说不上肥胖。《步辇图》中的九个宫女，簇拥着李世民缓缓而行，有抬辇子的，有打伞盖的，有举扇子的，看起来都有一把子力气，绝非弱不禁风的病态美女。但是，她们的身材实在都是相当纤瘦的。《簪花仕女图》中的女子大约是身份较为高贵、年龄稍大一些的缘故，身形略显丰满，但站立姿态无不娉婷袅娜，轻盈如春风拂柳。毫无疑问，她们的身材，完全可以用"苗条"一词加以形容。

关于杨贵妃，文献中有体胖惧热的记载。例如，《开元天宝遗事》说她"素有肉体，至夏苦热"。但是，杨贵妃的"素有肉体"，绝不至于今天人们所说的肥胖程度，顶多就是有肉而已，也就是《杨太真外传》上所说的"微有肌也"。一个擅长舞蹈（《霓裳羽衣舞》是她的代表作）的人，平常肯定少不了肢体运动，有点肌肉是很正常的。杨贵妃的惧热，其实不是因为她肥胖，而是因为她体质如此。《开元天宝遗事》记载，杨贵妃"每宿酒初消，多苦肺热"，常于凌晨独自去后花园吮吸花露，滋润咽喉。为了润肺，杨贵妃夏天每日要在口中含一块清凉的玉鱼。

没有任何历史文献记载可以表明，杨贵妃受到唐明皇的宠爱是因为她的肥胖或者说丰满。新旧《唐书》中的《杨贵妃传》均记载，杨贵妃的得宠，主要原因是她"资质天挺"，具体包括"善歌舞，邃晓音律，且智算警颖，迎意辄悟"（《新唐书·杨贵妃传》），即具有文艺特长，聪明伶俐，善解人意。诗圣杜甫在《丽人行》一诗中也有描述，"态浓意远淑且真，肌理细腻骨肉匀"，也就是艳丽、端庄、有气质，还有肌肤细腻。实际情况是，唐明皇对杨贵妃身上的肌肉并不欣赏。《杨太真外传》上说，有一次唐明皇在百花院便殿翻阅《汉成帝内传》，杨贵妃看见后，问他读什么书。唐明皇笑着说："不要问。知道了你会心里难受的。"杨贵妃抢过书，看到书上写着："汉成帝获飞燕，身轻欲不胜风。恐其飘翥，帝为造水晶盘，令宫人掌之而歌舞……"这时唐明皇就开她玩笑，说："你就比她禁得起风吹。"杨贵妃不服，十分自信地表示，自己的《霓裳羽衣舞》超过了赵飞燕。

李白供奉翰林期间奉旨所写的《清平调词》三首，歌咏杨贵妃的美丽和当时的宫廷生活，其中第二首专写杨贵妃之美，诗曰：

一枝秾艳露凝香，云雨巫山枉断肠。

借问汉宫谁得似？可怜飞燕倚新妆。

诗中将杨贵妃比作牡丹，比作赵飞燕。如果杨贵妃真的是肥胖之人，跟赵飞燕可以构成肥瘦两极鲜明的对照，那么，这种比拟就是嘲讽，就是忤逆了。据说，杨贵妃有"肥婢"的外号，这很可能是嫉妒、憎恨她的人（譬如梅妃）对她的一种咒骂。由此可见，当时人绝不以肥胖为美。

"环肥燕瘦"的说法，始于宋代文豪苏东坡。苏东坡《孙莘老求墨妙亭诗》有这样两句："短长肥瘦各有态，玉环飞燕谁敢憎？"苏东坡之所以把杨贵妃与赵飞燕当作肥瘦美的典型，有三种可能的原因：其一，东坡先生自己体胖，欣赏一切肥胖的东西，包括书法、身材，拉出杨贵妃作为友军，以壮门面；其二，东坡先生效法陶渊明，好读书不求甚解，误把杨贵妃当作胖妞；其三，东坡先生故意开玩笑，篡改典故。考进士的时候，上古圣贤的话他都敢杜撰，冤枉一下杨贵妃自然不在话下。因为苏东坡文名显赫，影响深远，"环肥燕瘦"遂成家喻户晓的"历史知识"。

可以肯定，唐朝人的美女标准中，也是有苗条一项的。《次柳氏旧闻》《唐语林》等文献记载，唐明皇的儿子肃宗李亨还是太子的时候，被李林甫构陷，处境危险，愁得他须发皆白。远离一切声色娱乐，日子过得十分凄惶。唐明皇得知后，让高力士派京兆尹（首都长安市长）

"选人间女子细长白者五人，将以赐太子"。可见，玄宗时代的选美标准也跟今天一样：身形苗条，身材高挑，皮肤白皙。

诗僧贯休的两句诗，最可以证明唐人并不以肥胖为美：

> 为人无贵贱，莫学鸡狗肥。（《琴曲歌辞·白雪歌》）

意思就是，人无论贵贱，都不应该养成肥胖的样子。换言之，唐朝人的荣耻观念中，有"以苗条细瘦为荣，以肥胖硕大为耻"一条。可见，唐朝人不但不以肥胖为美，而且是憎恶肥胖的。

说唐朝人不以肥胖为美，还可以从唐诗中"细腰""窈窕"等词语的使用情况得到有力的印证。唐诗中，"细腰""窈窕"都是用来形容美女的。请看：

> 吹龙笛，击鼍鼓，皓齿歌，细腰舞。（李贺《将进酒》）
>
> 愿作轻罗著细腰，愿为明镜分娇面。（刘希夷《公子行》）
>
> 秋千细腰女，摇曳逐风斜。（白居易《和春深二十首》）
>
> 后宫多窈窕，日日学新声。（陆龟蒙《婕妤怨》）
>
> 窈窕双鬟女，容德俱如玉。（白居易《续古诗十首》）

唐朝人当然也有"以肥为美"的地方。行路乘坐的马匹，口腹所需的鸡鸭鱼肉，种植庄稼的田地，观赏的桃李花苞等等，都讲究一个"肥"字。有诗为证：

倡家桃李自芳菲，京华游侠盛轻肥。（骆宾王《帝京篇》）

同学少年多不贱，五陵衣马自轻肥。（杜甫《秋兴八首》）

肥马轻裘还且有，粗歌薄酒亦相随。（白居易《闲适》）

西塞山前白鹭飞，桃花流水鳜鱼肥。（张志和《渔歌子》）

加餐共爱鲈鱼肥，醒酒仍怜甘蔗熟。（韩翃《送山阴姚丞携妓之任兼寄山阴苏少府》）

白酒新熟山中归，黄鸡啄黍秋正肥。（李白《南陵别儿童入京》）

榜连溪水碧，家羡渚田肥。（刘长卿《罢摄官后将还旧居，留辞李侍御》）

绿垂风折笋，红绽雨肥梅。（杜甫《陪郑广文游何将军山林十首》）

最有意思的是白居易的两句诗："马肥快行走，妓长能歌舞。"（《有感三首》）马以肥为美（昭陵六骏，都很肥壮），歌舞妓却以瘦高为佳。妓女长得肥胖，简直是不可饶恕的缺点。著名诗人杜牧在陕西遇到一个比较肥硕的劝酒妓女——酒吧女郎，他马上作了一首诗，极尽讽刺、丑化之能事。请看：

盘古当时有远孙，尚令今日逞家门。

一车白土将泥项，十幅红旗补破裈。

瓦官寺里逢行迹，华岳山前见掌痕。

不须惆怅忧难嫁，待与将书问乐坤。

（杜牧《嘲妓》）

可见，唐朝的人，衡量人与马的美丑，标准是截然不同的。

有人说，古人所说的"肥"，与我们今天所说的肥胖有本质区别，古人的肥多指健康，有丰满、肥硕之意，不是我们现在理解的呆胖、变异之肥，病态之肥。

这里我们略作解答：

读如"盘"的"胖"字早就有了肥胖的意思，不再只是几千年前《礼记》时代"心广体胖"中"体貌安详、舒泰"的意思了。例如，茅盾的《锻炼》中有这样的描写："这位心广体胖的简任官不慌不忙点着了一支雪茄，仰脸喷出一口烟。"一种权威的成语词典中也指出，这个成语有"指人心舒坦，无所牵挂而身体发胖"的意思。

"肥"字早在汉代就有了胖的意思了。例如，《汉书·赵充国传》："今虏马肥，粮食方饶，击之恐不能伤害。"

什么是美？有一条古今中外通行的规则：以稀为贵。家家有钱，吃得饱穿得暖，大家都胖了的时候，人们是绝不会比谁更胖的。只有家家没钱，吃不饱穿不暖，人人骨瘦如柴的时代，人们才羡慕那些长得丰满、长得健硕、长得肥胖的人——那个时候，丰满、健硕、肥胖代表的是财富，是能力，是地位，人人羡慕，个个仰慕。小康时代，肥胖更像代表嘴馋，代表懒惰，代表笨拙。君不见，才刚小康，城里的女人已经在那里热衷于各种减肥运动了，瑜伽、肚皮舞、钢管舞，蔚成风气。

据说，美国有两个学者（佩蒂庄、庄格伯格）研究了《花花公子》杂志从 1960 年到 2000 年四十年间的"玩伴"栏目之后，发明了"环境安全假说"理论：经济情况不太好的时候，男人们倾向于选择那些更具有劳动能力的女人，具体地说，年龄稍大、个子高大、体重较重的女人行情不错；而经济繁荣的时代，男性则会选择繁育能力更强的女人，年轻、娇小、曲线突出的女人容易走俏。由此推断，在胖瘦与美感的关系上，唐朝的不同时期也会有变化。

我们知道，盛唐时代，"忆昔开元全盛日，小邑犹藏万家室。稻米流脂粟米白，公私仓廪俱丰实"（杜甫《忆昔》诗），是经济繁荣的时代。那个时代，女人们要想养得白白胖胖，是很容易的事情，身材苗条自然成为稀世珍宝，成为魔鬼身材的标准。许多文史名家在谈到盛唐的时候，都忘不了使用"丰满"之类的词语。例如著名哲学家李泽厚《美的历程·盛唐之音》中有如下一句话："一种丰满的、具有青春活力的热情和想象，渗透在盛唐文艺之中。"李泽厚先生的论断值得怀疑。

"肥胖""丰满"等词语之所以经常被当作盛唐气象的标志，可能是这样形成的：身处贫困的后代学者们，从自身的经验、体验出发，误以为经济繁荣、能吃饱穿暖的时代的人们，也跟自己的时代一样，是以肥胖为美的。这就好比一个肠肥脑满的地主，他以为肥肉是世上最难以下咽的东西，因此，他能想到的惩罚不听话长工的方法就是，让他们吃大块的肥肉。

谁是中国历史上最能哭的皇帝？

我估计，有相当多的人会以为中国历史上最能哭的皇帝是刘备。

读过《三国演义》这部小说的人，对于刘备的哭都有深刻的印象。哭，几乎贯穿了刘备的大半生。一部《三国演义》，刘备大大小小哭过二三十次。这二三十次哭，真真假假，花样翻新，各有起因，各有效果：哭得百姓愿意跟随他谋生，哭得文官愿意为他竭诚，武将愿意为他卖命。终于，刘备在公元221年称帝，年号为章武。因此有人说，刘备的江山是哭出来的。做了两年皇帝，刘备又于临终之际，哭着向诸葛亮托孤，使自己的傻儿子刘禅得以继位做皇帝。蜀汉江山，虽然局促于西南一隅，却也前后延续了四十多年。

史学家章学诚说《三国演义》是"七分事实，三分虚构"。据我看，刘备哭出江山这一重要情节，几乎完全是虚构的。翻检陈寿的《三国志·蜀书》，刘备本传不但没有记载他哭过，反而有"喜怒不形于色"的话。可以想象，曹操与之煮酒论英雄的刘备，应该是遇事沉着的冷峻派，而不是哭哭啼啼的林妹妹一类的人物。

这当然也不等于说刘备从来不曾哭过。晚陈寿《三国志》数百年的司马光等的《资治通鉴》，记载了刘备的两次哭泣：一次是公元201年，刘备在荆州刘表的宴席上，如厕时发现几年闲居，长久没有骑马，大腿内侧又长了不少肉，有感于"日月如流"而"功业不建"，于是"慨然流涕"；还有一次是在公元208年，刘备不忍心趁乱夺取刘表地盘，引军离开，路过刘表坟墓，"涕泣而去"。两次哭都与汉室宗亲刘表有关。至于《三国演义》中，刘备哭得死去活来的几次，《资治通鉴》中全都没有记载。

可以肯定，刘备的哭，是小说家罗贯中的艺术创造。

据我的读史印象，历史上最能哭的皇帝，应该是唐太宗李世民。这恐怕出乎很多人的意料。中国历史上少数有雄才大略的明君之一的李世民，怎么会是个爱哭之人呢？

我粗略地翻了一下《资治通鉴》，发现这位在中国历史上文功武治都属一流水平的皇帝，前后哭过十次之多！

李世民的第一次哭在公元626年。太子建成怕李世民功高势大，危及自己的皇储地位，夜召李世民，饮酒而鸩之，使其吐血数升。高祖李渊明白个中原委，但他既不想废黜建成太子，又想保全秦王李世民。于是，劝世民迁居洛阳，"世民涕泣，辞以不欲远离膝下"。第二次哭是同一年。李世民设计杀掉哥哥建成与弟弟元吉之后，李渊召见，抚摸着他的肩膀，说自己差一点冤枉了他，李世民跪在地上，"号恸久之"。第三次在公元630年。开国功臣杜如晦死后，李世民每次说到他，"必流涕"。第四次在公元635年。李渊驾崩，李世民为之"罢政数月""哀毁羸瘠"。第五次在636年夏天。贤内助长孙皇后死，李世民思念不已，在皇家花园中修筑了高台，以便能看见长孙皇后的埋葬地——昭陵，听完魏徵的劝谏，哭了一阵，命人拆去高台。第六次在643年正月。诤臣魏徵死，李世民登上长安禁苑的西楼，面朝发丧处，"望哭尽哀"，还对身边的人说，魏徵一死，他就等于没了一面镜子。第七次是646年12月20日。唐太宗在自己四十七岁生日宴会上，说自己虽然拥有天下，但不能再在父亲面前承欢尽孝，说着说着就"泣数行下"。第八次在647年正月。大臣高士廉死，他本想亲自前去吊唁，但是，房玄龄、长孙无忌都强烈反对。于是，他只好回到东苑，"望南而哭，涕下如雨"。等到灵柩出横桥，他又登上长安故城西北楼，望着出殡方向恸哭。第九次在648年。房玄龄病重，李世民前去探望，"相对流涕"。房玄龄临终时分，李世民又前去诀别，"悲不自胜"。第十次，即最后一次，649年，他自己临终，太子李治日夜守护，有时整天都不吃东西，悲愁之下，头发都有些变白。李世民于是哭着说："汝能孝爱如此，吾死何恨！"

唐太宗李世民的十次哭泣弹泪，六次是为了人伦亲情，四次是为了功臣亡故。

可见，罗贯中等创作《三国演义》，塑造刘备这个人物时，在哭这一点上，有可能是以唐太宗为原型的，参考了唐太宗的性格特点。

如果不是完全出于史家的刻意粉饰、塑造（这就是鲁迅所说的"长命朝代多好人，短命朝代多坏人"的由来），也不是完全源于李世民本人的有意做秀（种种迹象表明，李世民是相当善于做政治秀的），而是本自历史事实，就是说，真实的李世民，确实是一个心地比较柔软的皇帝，那么，我们也许可以借用鲁迅先生的一句诗"无情未必真豪杰"延伸出一个判断：一个心地柔软、会哭泣的人，也是可以开创出一个伟大的王朝，开启一个伟大的时代的！——残忍未必真英主！

在铁血暴君与柔情英主之间，我愿意选择后者。

唐僧取经路上真的有个女儿国吗？

《西游记》第五十三、五十四回（"禅主吞餐怀鬼孕，黄婆运水解邪胎""法性西来逢女国，心猿定计脱烟花"），讲到唐僧师徒去西天取经的路上，经过西梁女儿国，唐僧差一点被留下做女国王的丈夫，结果孙悟空将计就计，师徒四人得到关文（相当于今天的护照签证）后，脱身离开女儿国。

喜欢读《西游记》的人，大多会对西梁女儿国的社会风俗感到好奇，产生浓厚兴趣。那个地方自打建国以后，整个国家只有女人，"农士工商皆女辈，渔樵耕牧尽红妆""不曾见个男人至此"。她们传宗接代，靠的竟然是喝子母河里的水。年龄满二十岁的女子，就去喝子母河里的水。喝水之后，感到腹痛，就说明怀了孕。三天之后，再去迎阳馆照胎水边照一照，如果有两个人影，就说明要生孩子了。因为从来没有男人到过那里，唐僧师徒一行四人一进女儿国，就大受欢迎，街上的所有妇女一齐鼓掌，全都笑着喊道："人种来了！人种来了！"女国王更是花痴一枚，春心荡漾，心甘情愿让出王位，以一国的财富作嫁妆，试图留下"大唐御弟"唐僧做丈夫，她自己退居二线做皇后。

《西游记》是神魔小说，其中的故事大多是虚构的。那么，这女儿国一定也是虚构的了？其实不尽然。所有国中妇女都通过喝子母河水怀孕生孩子，女国王想要留下唐僧做丈夫，孙悟空设计让师徒四人脱身离开女儿国，这些情节是虚构的。但是，唐朝那会儿，西域有女儿国，唐僧去印度取经路过女儿国，却都是确有其事的，并非虚构。

　　新旧《唐书》《唐会要》等历史文献中，都说西域有两个女儿国，一个叫"东女国"，另一个就叫"女国"。几种文献中，新旧《唐书》只是"东女国"有传，"女国"无传，《唐会要》"东女国""女国"皆有专门条目。关于"东女国"，《旧唐书》的记载最为详尽，《唐会要》的记载最为简要。为节省篇幅，这里根据这几种文献的记载，拣比较有趣的内容，介绍如下：

　　东女国，是西羌的别种，国王由女人担任，疆土东边跟茂州党项接壤，国内共有八十余座城市，有居民四万户。国王居住的地方叫康延川，其中有弱水自南向北流过，人们使用牛皮制成的船（筏）过河。女王叫宾就，女官叫高霸，国事都在皇宫外的官寮里讨论评议。国王每五天上一次班，处理国家大事。国王死了，大家都捐钱，动辄数万，在王族中选择两个有能力的女人立为国王，年龄大的做大王，年龄小的做小王。大王死了后，小王继位，或者婆婆死了，媳妇继位，从来没有发生过篡位的事情。女儿国的住宅都是好几层的，国王的住宅最高可以有九层（建筑技术十分了得！），一般百姓的住宅最高可以有六层。国中风俗，女尊男卑。书写文字，跟天竺一样。隋唐两朝，女国都曾多次派遣使节朝见或国王亲自觐见，纳贡称臣。天宝以后，改为以男人充国王。

女国的情况，跟东女国有不少相同之处。例如，五天处理一次朝政，国王死后，如果没有女儿继位，国人要捐钱给她家族，国人喜欢造高楼居住，女尊男卑，等等。其中关于女尊男卑，记载尤其详细，如女人做官吏，男人做士兵。女人有地位的，可以有很多男侍从，男人即使有地位，也不能有女侍从。即使是普通百姓的女儿，在家里也要做家长，可以有几个丈夫，生了孩子，都从母姓。男人披散头发，把脸面涂成青绿色，女人则把头发编成辫子盘起来。女国也曾于贞观八年（634）十二月，向唐朝派遣过朝见、进贡的使者。

可见，所谓女儿国，就是女人当国王、掌权的部落，相当于母系氏族社会，并非国中只有女人，没有男人。今天云南、四川交界处泸沽湖的"摩梭族"，保留了部分女儿国的制度与习俗。

现实中的唐僧玄奘，取经路上，"亲践者一百一十国，传闻者二十八国"，其中既有东女国，也有西女国，这在《大唐西域记》中亦有明白的记载。该书卷四对东女国有如下记载：

此国（著者按：指婆罗吸摩补罗国）境北大雪山中，有苏伐剌拏瞿呾罗国（唐言金氏）。出上好黄金，故以名焉。东西长，南北狭，即东女国也。世以女称国。夫亦为王，不知政事，丈夫唯征伐，田种而已。土宜粟麦，多畜羊、马。气候寒冽，人性躁暴。东接吐蕃国，北接于阗国，西接三波诃国。

卷十一对西女国，则有如下记载：

拂懔国西南海岛有西女国，皆是女人，略无男子。多诸

珍玉贷，附拂懔国，故拂懔王岁遣丈夫配焉，其俗产男皆不
举也。自阿点婆翅罗国北行七百余里，至臂多紫罗国（西印
度境）。

东女国的情况，跟新旧《唐书》和《唐会要》的记载比较一致，
而西女国的情况跟《唐会要》所载有一点明显不同：说西女国"皆是
女人，略无男子"。这跟《西游记》的说法倒有些相近。所不同的是，
《大唐西域记》记载的西女国，不是通过喝子母河河水怀孕，而是通
过邻国派遣的男子受孕——这更像母系氏族部落的走婚制度。"其俗
产男皆不举"，不知道是生下男孩之后送还邻国，还是将他们处死了。

除了上述两处记载之外，玄奘还记载了一个非常富有传奇色彩的
女儿国的故事（《大唐西域记》卷十一）。故事梗概如下：

南印度有个国王，有个女儿许配邻国。结婚当天，送亲队伍在路
上遇到狮子王。狮子王把新娘抓进深山老林，以捕猎和采摘野果获取
生活所需。后来，女人怀孕，生了一儿一女，都是人类的相貌。儿子
长大后，趁狮子王外出之机，挑着母亲和妹妹逃跑。狮子王发现后，
疯狂追逐。母子三人逃回父母国家，发现父母已经死去，别人做了国王。
狮子王因为失去妻子儿女而大发雷霆，实施报复。国王组织猎人围捕
狮子王，但是都不成功。最后，还是狮子王的儿子刺死了狮子王。国
王虽然感谢他为国家除去大害，但是，不能原谅他杀死自己亲生父亲
的行为。于是，留下母亲，把他跟他妹妹分别放在两艘装满粮食的船上，
置于海上。其中装着女子的船"泛至波剌斯西，神鬼所魅，产育群女"，
成为西大女国。

•● 狮子王和新娘 ●•

紧接着，玄奘还讲述了跟这个传奇故事似乎有些关系的佛本生故事：僧伽罗国的海岛（宝洲）上原来有座大铁城，住着五百罗刹女。当有商人来到岛上，她们就都变成美女，手持香花，吹奏音乐，迎接慰问，把他们引诱到铁城里边。等到游乐、宴会结束之后，就把商人关进铁笼，然后一个个吃掉。后来，人们在一个智慧的商人僧加之子僧伽罗的帮助下，破了罗刹女的铁城，杀死或打跑众罗刹女，救出被囚商人，建立了一个美好的国家，以国王的名字命名这个国家——僧伽罗国。僧伽罗，就是释迦如来的过去身。这个故事中的女儿国，是一个嗜血杀戮的恐怖之国。

　　唐僧取经路上，出现了真真假假好几个女儿国。相比之下，还是《西游记》中的那一个比较可爱，令人向往。

三千宠爱在一身的杨贵妃
为何没有成为皇后？

白居易《长恨歌》生动地描述了唐明皇爱杨贵妃的情形：描述杨贵妃生前，有"春宵苦短日高起，从此君王不早朝。承欢侍宴无闲暇，春从春游夜专夜。后宫佳丽三千人，三千宠爱在一身"等诗句；描述杨贵妃被赐死后，有"在天愿为比翼鸟，在地愿为连理枝。天长地久有时尽，此恨绵绵无绝期"等诗句。可见，唐明皇对杨贵妃的爱是十分深挚的。

《明皇杂录》、新旧《唐书》等多种史书的记载，可以证明白居易的描写基本属实，并非文学夸张。例如，《旧唐书·杨贵妃传》有这样一节文字，专门描写杨贵妃所受到的宠爱："开元以来，豪贵雄盛，无如杨氏之比也。玄宗凡有游幸，贵妃无不随侍。乘马则高力士执辔授鞭。宫中供贵妃院织锦刺绣之工，凡七百人，其雕刻镕造，又数百人。"《新唐书·杨贵妃传》有关于杜牧《过华清池绝句》名句"一骑红尘妃子笑，无人知是荔枝来"的史实："妃嗜荔支，必欲生致之。

乃置骑传送，走数千里，味未变已至京师。"《明皇杂录》记载，杨贵妃死后，回到长安的唐明皇，一天深夜登上勤政楼，感慨系之，让高力士寻访旧人。高力士第二天就为他找了名叫红桃的昔日杨贵妃的侍女，让她唱杨贵妃生前所作的《凉州词》，玄宗亲自吹起玉笛伴奏。演唱结束，玄宗和红桃、高力士都掩面而泣。一次重游华清池，玄宗又让人把新丰市上的女伶谢阿蛮找来，让她跳《凌波曲》。阿蛮跳完舞，拿出金粟装臂环（一种臂饰），说："这是贵妃赠送给我的。"唐明皇睹物思人，拿着臂饰就"凄怨出涕"，泪流满面了。《新唐书》还记载，唐玄宗从成都避难之后返回长安，路过马嵬坡时，曾经想让太监祭祀一下杨贵妃，予以改葬，但是遭到礼部侍郎李揆的反对，只得作罢。不得已，他悄悄吩咐太监备了棺椁迁葬杨贵妃。挖开坟墓的时候，杨贵妃生前使用的香囊还在，太监献给玄宗。玄宗看着香囊，眼泪哗哗地往下流。他命令画工在一处宫殿里画了杨贵妃的像，每天早晚都去那里看一看。每次去，"必为鲠欷"。

这就出来一个问题：唐玄宗既然这么爱杨贵妃，为什么没有将她册立为皇后呢？

杨贵妃在开元二十四年（736）被唐玄宗纳为妃子，并且很快便专房宠幸，天宝初年即进册为贵妃。到天宝十五载（756），杨贵妃在马嵬坡被赐死于路边的一座祠庙内，享年三十八岁。推算起来，杨玉环做唐玄宗妃子的时间长达二十余年，其中做贵妃的时间也有十一年左右。可以肯定，唐玄宗假如要想册立杨贵妃为皇后，运作时间是非常充裕的。

更为重要的是，唐玄宗将元配王氏皇后废为庶人之后，皇后之位一直空着。王氏皇后为了跟武惠妃争宠，让其兄王守一找僧人帮助。僧人明悟领着他祭祀北斗星之后，"取霹雳木刻天地文及帝讳合佩之"，说是这样可以生子，像武则天一样尊贵。开元十二年，事情泄露，王氏皇后被废为庶人，不久便抑郁而死。王氏皇后死后，唐玄宗想要册立武惠妃为皇后。但是遭到御史大夫潘好礼的坚决反对。反对的理由主要是：曾经搞得李唐王朝鸡犬不宁的武三思和武延秀都是武惠妃的远房叔伯，唐玄宗跟他们有不共戴天之仇。加上当时的太子不是武惠妃所生，而武惠妃本人也有儿子，武惠妃一旦被册立为皇后，争夺太子的事情就在所难免。结果，武惠妃一直没有当上皇后，只是在她四十余岁死去之后，才获赠了一个皇后的名号。实际上，杨玉环成为杨贵妃的时候，武惠妃也早已死去。

史籍文献中，似乎没有玄宗想要册立杨贵妃为皇后的任何记载。

李隆基之所以没有册立杨玉环为皇后，可能有如下几个方面的原因：

其一，李隆基对杨贵妃曾经是自己儿子寿王妃这一点有所顾虑。杨玉环之所以从寿王妃摇身变为玄宗妃子，原因是，武惠妃死后，后宫数千佳丽中，没有一个能合李隆基心意的。臣属们为了让玄宗快乐起来，给他推荐了已经成为寿王妃的杨玉环。虽然，杨贵妃为了"改适"假模假式地做了一阵子尼姑，但曾经是"儿媳妇"的历史是无法改变的。

其二，李隆基跟杨玉环的结合，主要是文艺兴趣的相投，李隆基并没有要让杨玉环"母仪天下"的想法。李隆基是个十足的文艺爱好者，他不但喜欢欣赏文艺演出，还精通多种文艺样式，"素晓音律"，作曲、吹笛子都很在行。他甚至让数百名宫女成立了一个皇家女子乐团——

梨园，集中居住在宜春北院。"善歌舞，邃晓音律"的杨贵妃也常常到梨园演奏她拿手的琵琶，深受大家的欢迎。"诸王贵主"竞相拜她为师，学习弹奏琵琶。玄宗之所以每次游宴、泡温泉都要带着杨贵妃，主要就是因为他们有相同的文艺爱好和相当的文艺造诣。在文艺上，他们有共同语言，可以互为知音，也可以说琴瑟和谐。

其三，杨贵妃虽然聪明伶俐，能够随时迎合皇帝的心意，但是，李隆基对她显然是有所不满的。天宝五载和天宝九载，杨贵妃先后两次被李隆基驱逐出宫。驱逐的原因，史书没有明言，不得其详。当然，每次驱逐杨贵妃后不久，多情、痴情的李隆基就会后悔，思念不已，很快便命高力士将其接回宫中，礼遇如初，欢爱如旧。可以说，对李隆基而言，杨贵妃是让他欢喜让他忧的女人。这样的女人，只适合恋爱做贵妃，不适合结婚做皇后。

其四，杨贵妃显然是一个具有浪漫气质的女人，恋爱脑，她没有多少权力欲望。一方面她满足于李隆基的宠爱，另一方面由于她有文艺的爱好，日子过得很充实。有没有皇后的名号，对她而言没有太大影响。

其五，唐玄宗晚年虽然有些沉湎于男欢女爱，沉湎于声色娱乐，但基本上还是一个头脑清醒的皇帝。别的不说，至少他不会把官职当作可以滥赠予人的东西。他的驸马、功臣张说的儿子张垍很想得到宰相的职位，但是，李隆基并没有轻易地委任他为宰相。有一次，一个艺人在演出中有上佳的表现，博得了玄宗的好感。但是，当他通过高力士说情，想要获得一个小职位的时候，李隆基不但没有让他如愿，反而把他给杀了。可以推测，对于皇后的名号，李隆基还是相当看重的。对于杨贵妃，他也没有爱到头脑发昏、任其索取的程度。

是谁杀死了杨贵妃？

　　杨贵妃死于马嵬坡的故事，可谓家喻户晓。但是，杨贵妃魂归离恨的真正原因，或者说她究竟是被谁杀死的，诗家有不同的说法。

　　杜甫名诗《北征》最后一节，写到"马嵬事变"："忆昔狼狈初：事与古先别……不闻夏殷衰，中自诛褒妲。周汉获再兴，宣光果明哲……"。从其中"中自诛褒妲"一句看，杜甫似乎是说，杨贵妃是被唐玄宗亲自下令处死的。

　　刘禹锡《马嵬行》诗转述当地小孩子的说法："军家诛戚族，天子舍妖姬。"具体细节是："群吏伏门屏，贵人牵帝衣。低回转美目，风日为无晖。贵人饮金屑，倏忽舜英暮。"意思是，唐明皇在军人的逼迫下，不得已（请特别注意"舍"字）用内含金屑的毒酒赐死杨贵妃。

　　白居易《长恨歌》叙述唐明皇带着杨贵妃逃至"西出都门百余里"的马嵬驿时，"六军不发无奈何，宛转蛾眉马前死……君王掩面救不得，回看血泪相和流。"显然，白居易认为，杨贵妃是被扈从军人处死的。

　　郑畋《马嵬坡》诗是这样写的："玄宗回马杨妃死，云雨难忘日月新。

终是圣明天子事，景阳宫井又何人。"诗中虽然说唐明皇难以忘怀杨贵妃，但主要内容是拿南朝陈后主（隋军攻占南京时，陈后主跟妃子张丽华、孔贵嫔一起躲在景阳宫的一口枯井里）做反衬，说明唐明皇圣明，能够在危急时刻为了国家利益，下令处死自己宠爱的妃子。

这几首诗，都是唐人咏"马嵬事变"的名诗。他们的观点态度，大致可以分为三派：杜甫、郑畋倾向于认为，唐明皇在处死杨贵妃一事上是主动的；白居易强调扈从军人（"六军"）的作用，没有提唐明皇的作用；刘禹锡介于两者之间，既强调了军人的作用，也没有忽略唐明皇的作用。

那么，孰是孰非、孰优孰劣呢？

宋胡仔《苕溪渔隐丛话》前集卷十二引魏泰《隐居诗话》，对刘禹锡、白居易的观点、措辞很不以为然，认为他们的诗，"歌咏禄山能使官军叛，逼迫明皇，明皇不得已而诛杨妃"，并斥责道："岂特不晓文章体裁，而造语蠢拙，抑亦失臣下事君之礼。"魏泰特别赞赏杜甫的说法，因为它肯定了唐明皇能够吸取夏商末代君主的失败教训，"畏天悔过，赐妃子以死"。至于郑畋的《马嵬行》，意思倒是没错，但是，"词句凡下，比托无状"，不值得一说。

今人周振甫先生在《诗词例话》一书《欣赏与阅读编·比较》中，完全不同意魏泰"站在封建统治阶级的立场上"的观点。他认为，魏泰的观点是"极端错误的"。他认为：这几首诗中，白居易写得最好，因为"写出了事实的真相，写出了唐明皇无可奈何的心情，也写出了在危急时牺牲杨贵妃的丑恶表现"；刘禹锡写得不如白居易，"刘虽然也写了事实，但他用'妖姬'两字，具有'女人是祸水'的错误观点"；

"郑畋歌颂唐明皇是圣明天子，违反官军迫死杨贵妃的事实，是不对的"；"杜甫还要替唐明皇美化，写得最不行"。

跟周振甫先生对魏泰的说法差不多，我们也基本上不能同意他的说法。我们认为，周振甫先生的观点，也未免带有时代的烙印。其实，孰是孰非的问题，都是可以讨论的。首先，杨贵妃被处死，原本就是多方作用的结果；其次，史书记载也颇含糊，不见得是诗人们故意歪曲；再次，评论诗歌好坏，不能简单依据是否反映了自己认为的所谓"事实"，还应该考虑到写作的时代背景之类的情况。例如，杜甫写《北征》一诗，时当"安史"乱中，肯定唐明皇"中自诛褒妲"，或许有勉励君王、激励斗志的用意。萧涤非先生《杜甫诗选注》云："在当时危急存亡的情况下，把皇帝说成一个昏君，便要影响举国上下'同仇敌忾'的情绪……"此说有理。事实上，杜甫也并非真的认为杨贵妃就是唐明皇亲自处死的。上引《北征》诗句，接着还有"桓桓陈将军，仗钺奋忠烈。微尔人尽非，于今国犹活"几句。杜甫特意提到当时兵谏主事者龙武大将军陈玄礼，并给他如此崇高的评价。可见，杜甫丝毫没有抹杀军人作用的意思，只不过是把话说得委婉一些，艺术一些罢了。

其实，杨贵妃被缢杀，直接原因固然是马嵬坡禁军兵谏和玄宗许可两个，但是，祸根早已种下。对此，新旧《唐书》杨贵妃传都有所透露。

《旧唐书》云："及禄山反，露檄数国忠之罪。河北盗起，玄宗以皇太子为天下兵马元帅，监抚军国事。国忠大惧，诸杨聚哭。贵妃衔土陈请，帝遂不行内禅……"《新唐书》云："禄山反，以诛国忠为名，且指言妃及诸姨罪。帝欲以皇太子抚军，因禅位。诸杨大惧。

哭于廷。国忠入白妃，妃衔块请死，帝意沮，乃止……"

根据新旧《唐书》的如上记载，我们知道，对于杨贵妃之死，曾经百般讨好她的"干儿子"安禄山是重要有力的推手。后来（公元756年7月）在灵武继位的太子李亨（唐肃宗），有可能是"马嵬事变"因而也是诛杀杨贵妃的幕后操手。

不过，归根结底，杨贵妃的悲剧，根源还在于她那位臭名昭著的堂哥杨国忠的多行不义，在于她及其姊妹的不懂得谨言慎行，明哲保身。还是应了那句古语："天作孽，犹可活；自作孽，不可活。"早在"马嵬事变"之前，杨国忠、杨贵妃兄妹已经清楚地知道，只要玄宗一退，没有人能再罩着他们，他们犯下的罪孽，造成的祸害，立刻就会遭到清算，末日就会到来。

唐代诗人怎样看杨贵妃之死？

　　天宝十五载，即公元 756 年 6 月，安史乱军攻破潼关，直逼长安，唐玄宗仓皇西逃。逃至马嵬坡（今陕西省兴平县西南），禁军大将陈玄礼秘密请示天下兵马元帅、太子李亨后，杀死了杨国忠父子。但是，禁军将士仍然聚集在一起，群情激昂，不愿散去。唐玄宗派高力士去探问究竟，得到的回答是"贼本尚在"（这是《旧唐书·杨贵妃传》的说法，《新唐书·杨贵妃传》的说法是"祸本尚在"）。"贼本"（贼根）"祸本"（祸根）都是指杨贵妃，这是没有问题的。有问题的是，禁军将士们之所以不愿意散去，进行实际上的兵谏，原因应该不止痛恨杨贵妃跟安禄山、杨国忠特殊关系这一条，还有担心她将来为堂兄杨国忠报仇，跟他们秋后算账。此情此景，令唐玄宗万般无奈，他只好忍痛跟杨贵妃做生死诀别。杨贵妃"缢死"——究竟是毒酒、自缢，还是他缢，新旧《唐书》都没有说。关于缢死的地方，新旧《唐书》说法不同，前者说是"佛堂"，后者说是"路祠"。

　　按照新旧《唐书》杨贵妃传的上述记载，杨贵妃在当时是有民愤的，至少当时保护唐玄宗向西逃跑的禁军将士，是将安史之乱、长安失守之责部分归咎于杨贵妃的。后来唐明皇由蜀地（成都）返回长安，路过马嵬坡，想让太监去祭奠一下杨贵妃的亡灵，下诏迁葬杨贵妃遗骸，但是遭到礼部侍郎李揆的反对。李揆的理由是，当初禁军将士诛杀杨国忠，是因为他奸佞误国，导致叛乱。改葬死去的杨贵妃，会使将士们感到不安乃至恐惧。唐明皇听后，只得作罢。这也说明，禁军将士对杨贵妃的确是有怨恨的。

比起参与其事的将士，唐朝诗人们的态度要多样、超脱得多。

《全唐诗》中，以"马嵬坡"或"马嵬驿"为题，或以马嵬坡事件为主要内容的诗歌，有十几首。这些诗歌，有如下几种态度：

一是肯定唐明皇做出赐死杨贵妃的决定。杜甫《北征》诗中，有这样几句："不闻夏殷衰，中自诛褒妲。周汉获再兴，宣光果明哲。桓桓陈将军，仗钺奋忠烈。微尔人尽非，于今国犹活。"杜甫把杨贵妃比作周幽王的宠妃褒姒和商纣王的宠妃妲己，赞扬兵谏的领导人陈玄礼是忠烈之士，拯救了国家。郑畋《马嵬行》诗曰："玄宗回马杨妃死，云雨难忘日月新。终是圣明天子事，景阳宫井又何人。"可见他也认为，马嵬坡处死杨贵妃是一件合乎大义的事情，是圣明天子之所为，至少比陈后主跟宠妃张丽华、孔贵嫔躲在景阳宫井中仍不免被隋军所捉的下场要好看得多。此外，刘禹锡《马嵬行》长诗中的"军家诛戚族，天子舍妖姬"两句，说明刘禹锡的基本态度也跟杜甫、郑畋一样。

二是为杨贵妃鸣不平。不少诗人认为，安史之乱、唐朝国运衰微，都不能归咎于杨贵妃，因为杨贵妃是被冤枉的。徐夤《开元即事》有"堂上有兵天不用，幄中无策印空多"，"未必蛾眉能破国，千秋休恨马嵬坡"等句，说明诗人认为安史之乱的主要责任在于朝廷的腐败无能，而不是美女的祸害。徐夤在另一首题为《马嵬》的诗里，把杨贵妃跟投降安史乱军做了伪职的张均、张垍兄弟相比较，"张均兄弟皆何在，却是杨妃死报君"，意思是，杨贵妃至少比他们兄弟俩强得多。高骈《马嵬驿》"玉颜虽掩马嵬尘，冤气和烟锁渭津"两句，明显是在为杨贵妃鸣冤，打抱不平。黄滔甚至认为，安史之乱这样的历史事件，原本就是天意的安排，跟美女杨贵妃没有关系，其《马嵬》诗中，有"天意从来知幸蜀，不关胎祸自蛾眉"两句。罗隐的《马嵬坡》诗，也是为杨贵妃鸣不平的作品，诗曰："佛屋前头野草春，贵妃轻骨此为尘。从来绝色知难得，不破中原未是人。"（"不破中原"一作"不得中原"）最后一句诗的意思是，造成国家动荡飘摇，不是某一个人（指杨贵妃）的原因。这首诗的意思，跟他另一首著名的诗歌《西施》一样："家国兴亡自有时，吴人何苦怨西施。西施若解倾吴国，越国亡来又是谁？"都是为美女翻案的。

三是同情唐明皇。即使从今天的立场来看，唐明皇也的确是值得同情的人物。他是大唐盛世的直接营造者，在位四十余年（712—756），开创了中国历史上强盛繁荣、流芳百世的"开元盛世"，迎来大唐帝国的鼎盛时期。他又是安史之乱的直接受害者，爱人死了，皇位丢了，晚景凄凉。唐求《马嵬感事》"恨多留不得，悲泪满龙颜"，崔道融《马嵬》"万乘凄凉蜀路归，眼前朱翠与心违"，都写出了唐明皇在失去爱人之后的悲痛情状。李商隐《马嵬二首》"如何四纪为天子，不及卢家有莫愁"，同情的是唐明皇的爱情悲剧。做了四十年的天子，反倒不如一介百姓能够保护自己的爱人。同情之心表现得最淋漓尽致的，当推白居易的《长恨歌》，"君王掩面救不得，回看血泪相和流"，"上穷碧落下黄泉，两处茫茫皆不见"，"天长地久有时尽，此恨绵绵无绝期"，千古之下，仍然催人落泪。

四是对杨贵妃的亡灵表示怜香惜玉之情。苏拯《经马嵬坡》前四句是："一从杀贵妃，春来花无意。此地纵千年，土香犹破鼻。"黄滔《马嵬二首》后四句是："龙脑移香凤辇留，可能千古永悠悠。夜台若使香魂在，应作烟花出陇头。"贾岛《马嵬》全诗是："长川几处树青青，孤驿危楼对翠屏。一自上皇惆怅后，至今来往马蹄腥。"诗中用的无论是"香"字，还是"腥"字，表现的都是浓得化不开的一腔怜惜之情。就连杜甫也是如此，《哀江头》亦有"明眸皓齿今何在？血污游魂归不得"两句。

当然，也有较为洒脱的，认为唐明皇、杨贵妃虽然在马嵬坡有生死之别，但是，他们终究会在蓬莱仙境中相遇。蜀宫群仙《太真》诗云："春梦悠扬生下界，一堪成笑一堪悲。马嵬不是无情地，自遇蓬莱睡觉时。"人生就是一出悲喜剧。

此外，还有人从马嵬坡事件引申出去，发一点新颖的感慨。例如于濆就发出了生女儿愁她们长得太漂亮的感慨："常经马嵬驿，见说坡前客。一从屠贵妃，生女愁倾国。是日芙蓉花，不如秋草色。当时嫁匹夫，不妨得头白。"

一个历史故事，让诗人们产生如上种种反应，不由让我们心生感慨：诗人可以使这个世界的感情更加丰富多样，色彩更加绚丽斑斓，生活更加有趣美好。

唐诗为什么能空前绝后地繁荣？

　　唐代文艺尤其是诗歌的繁荣，堪称空前绝后。不到三百年的时间里，成就卓越、流芳百世的诗人数以百计，脍炙人口、千古流传的诗篇多达数百篇。这种盛况，在古今中外，都是绝无仅有的。

　　文学史专著和教科书归纳唐代文艺繁荣的原因，大致都如同郎中开药方，社会环境的外因若干条，文学规律的内因若干条，加在一起，名目很多。但是，据我看，最要紧的就是一条：唐代最高统治者对文艺包括诗歌创作采取了十分宽容的态度。

　　唐代有诗人因为诗歌写得好，给皇帝留下印象而得到仕进的机会，例如德宗朝的韩翃；唐代有诗人因为诗歌写得既快又好，得到皇帝的当众赏赐，脸上有光，例如则天朝的宋之问；唐代也有诗人因为有作品表现了对皇朝的感情，罪愆因而得到宽贷，例如肃宗朝的王维。当然，唐代也有诗人（例如刘禹锡）因为屡次写诗讽刺权臣，仕途变得坎坷。但是，唐代却没有一位诗人因为写过批评制度、讽刺现实的诗句而被人罗织罪名，或触怒龙颜而遭到惩罚。

　　须知，开国皇帝曾立下"不得杀士大夫"规矩的宋朝，大文豪苏轼都曾经因为几句诗被人故意曲解为有犯上之意而投入牢狱，几乎性命不保。明清以降，因为作诗写文章而丢了性命的文人，简直数不胜数。按照别的朝代的文禁标准或曰文艺政策，李白、杜甫、白居易等人都得受到程度不等的惩罚，轻则革职流放，重则杀头抄斩。以杜甫为例，他写过《京赴奉先县咏怀五百字》、"三吏""三别"等批判现实的作品，诗中讽刺过本朝宰相（李林甫、杨国忠），嘲笑过本朝皇帝（肃宗李亨）的怕老婆（"张后不乐上为忙"，张良娣皇后一不高兴，李亨就慌了手脚）。不说这些，单是"朱门酒肉臭，路有冻死骨"两句，在许多朝代，就足够脑袋搬一次家了。碰到朱元璋那样的皇帝，恐怕更得腰斩。但是，唐代的杜甫安然无恙，毫毛无损。李白差点被杀，是因为他参加了后来被定性为叛乱的军事行动，跟他的诗歌有批判现实的思想内容没有任何关系。

李唐王朝之所以会有这样无为而治的文艺政策，跟李世民的思想密不可分。

《贞观政要·礼乐》记载了这样一件事：

　　太常少卿祖孝孙奏所定新乐。太宗曰："礼乐之作，是圣人缘物设教，以为撙节，治政善恶，岂此之由？"御史大夫杜淹对曰："前代兴亡，实由于乐。陈将亡也，为《玉树后庭花》；齐将亡也，而为《伴侣曲》。行路闻之，莫不悲泣，所谓亡国之音。以是观之，实由于乐。"太宗曰："不然，夫音声岂能感人？欢者闻之则悦，哀者听之则悲。悲悦在于人心，非由乐也。将亡之政，其人心苦，然苦心所感，故闻之则悲耳。何乐声哀怨，能使悦者悲乎？今《玉树》《伴侣》

之曲，其声具存，朕能为公奏之，知公必不悲矣。"尚书右丞魏徵进曰："古人称：'礼云礼云，玉帛云乎哉！乐云乐云，钟鼓云乎哉！'乐在人和，不由音调。"太宗然之。

这次君臣三人谈是一个非常重要的历史事件，它记载、传达了李唐王朝的实际奠基人唐太宗李世民的文艺思想。简而言之就是：音乐之类的文艺作品跟国家的兴衰没有任何关系，它不会影响人心，不会导致亡国。从这个思想出发，李世民很自然地对文艺创作采取了听之任之的态度，也就是说采取了自由文艺政策。

众所周知，李唐是中国三四千年历史发展中的一流王朝，是它那个时代国际上最为强大的帝国。历史的事实摆在我们面前，自由文艺政策不但没有给李唐王朝造成丝毫危害，李唐王朝反而借着文艺的繁荣，极好地润色了它的鸿大帝业，使之更加光芒万丈，烛照寰宇。

唐太宗这一次文艺讲话，也许可以给我们一个启示：要想文艺繁荣、社会和谐、国家强盛，自由宽松的文艺政策是至关重要的。要想让一个人跑得快，跑得好，就得让他的手脚不受束缚，思想没有包袱。奥运会运动员如此，文艺创作亦如此。

35

唐朝什么明星最炫目?

　　唐朝是一个人才辈出的时代,各行各业都有一批名垂青史的人物。这些人物,往往生前就已经是明星,甚至是耀眼的明星。唐朝的文艺星空,群星璀璨。那么,唐朝什么明星最炫目呢?估计很多人会说是诗人。凑巧,刚才瞥见电视上有位专家模样的人在那里侃侃而谈,言之凿凿地告诉广大观众:唐朝最受大众追捧的明星是诗人王维和李白。

　　其实,这种说法是完全不符合事实的。大家之所以会有这种认识,主要是受了文献记载的"误导"。文人历来有编撰文学佳话的传统,一个文学家,哪怕他是一个穷困潦倒、坎坷落魄的诗人,但凡有丁点儿可充作人们茶余饭后谈资的事情,都会被夸张、放大。然后,郑重其事地写进诗文,传之后世,越传越神。不明真相的后代人,便以为这些文学家生前就是他们那个时代最闪亮、最荣耀的明星,深信不疑。而那些生前受到大众热烈追捧、享尽荣华富贵的明星,因为自己不会写文章,也缺少替他们树碑立传的人,所以,随着岁月的流逝,光芒日益黯淡,直至湮灭在历史的长河中。

　　唐代的确流行读诗、写诗,上自帝王将相、公主嫔妃、封疆大吏,下至贩夫走卒、市井无赖、江洋大盗，的确都有喜欢读诗、写诗、懂得尊重诗人的人，以诗会友的故事不少，因诗受赏的事情也偶有发生。但是，可以肯定，吟咏诗歌，在唐代仍然是相当小众的一种文化消遣，绝不像今天的体育、娱乐业这样有着广泛的群众基础，形成很大的商业市场。除了白居易偶尔有鸡林（新罗）人愿意出钱购买其若干首作品之外，唐朝的其他诗人，包括王维、李白、杜甫、李商隐等超一流的诗人，都不曾因为发表诗歌作品而得到过分文的稿酬或者版税。唐朝的诗歌创作，因为没有形成市场，完全是无偿的。作诗，基本上属于文人士大夫的一种雅兴，并没有成为大众娱乐。

跟今天差不多，唐代最受大众追捧因而最炫目的明星，也是娱乐明星。关于这类明星生前受到大众欢迎和帝王隆遇的情形，虽然没有留下详细的文献记载，但是，李白、杜甫等人的诗歌和若干文献记载，仍然透露出了这种信息。

李白的一首《古风》诗中，有"珠玉买歌笑，糟糠养贤才"两句。这两句诗，毫无疑问，饱含着李白心中的愤慨之情，折射了李白平生的坎坷悲苦。倘若李白真的是唐朝最受追捧的明星，他怎么会有这样的愤慨和悲苦呢？

杜甫《观公孙大娘弟子舞剑器行》一诗，回忆自己少年时代观看公孙大娘挥舞剑器舞蹈的情形，有"昔有佳人公孙氏，一舞剑气动四方。观者如山色沮丧，天地为之久低昂"等句子，从中不难看出，舞蹈以及舞蹈艺人在当时受到了大众的热烈欢迎。关于公孙大娘及其舞蹈的受欢迎情况，李白的《草书歌行》、郑嵎的《津阳门诗》、司空图的《剑器》等诗歌以及唐人郑处诲的笔记《明皇杂录》都有所反映。

公孙大娘舞剑

其中，司空图的诗歌中有"楼下公孙昔擅场，空教女子爱军装"两句。一个舞者，可以影响当时的服装时尚，其璀璨程度，不言而喻。

舞者公孙大小姐，是否因为舞技出色而获得大量财富，因为缺少文献记载，不得而知。但是，我们知道，跟她同时代的乐工李龟年和他的两个兄弟，由于歌舞出色，受到帝王的宠爱，获得过堪比王侯的尊荣和财富。《明皇杂录》卷下："开元中，乐工李龟年、彭年、鹤年兄弟三人……特承顾遇，于东都大起第宅，僭侈之制，逾于公侯。"可见，青年时代的杜甫曾经"岐王宅里寻常见，崔九堂前几度闻"以及晚年重逢于今天湖南长沙的这位宫廷歌手，他享受过的荣耀富贵，是诗圣杜甫望尘莫及的。

根据这些记载，可以进一步推测，就受到大众追捧和获得金钱财富两个方面而言，《全唐诗》中的著名诗人，都不如《教坊记》中的歌舞艺人。

36

唐诗为何多悲情?

本人一本讲述唐代诗人人生命运的拙作,被出版社方面定名为《歌者的悲欢》于2011年付梓问世。我承认,这个书名取得不错。人的一生,无论长短顺逆,贫富穷达,总离不开"悲欢离合"四个字。处于中国诗歌史巅峰时期的唐朝诗人,大多善于表现人间的悲欢之情。究其原因,固然跟他们出色的艺术造诣不无关系。但是,他们自身性情的敏感、遭遇的坎坷,也是两个不可忽视的原因。毕竟,艺术来源于生活,最感人的作品,其所蕴含的感情,无不源自诗人的亲身体验,发自诗人的内心深处。

韩愈《荆潭唱和诗序》一文有这样一番话:"夫和平之音淡薄,而愁思之声要妙;欢愉之辞难工,而穷苦之言易好也。"这一番话,实在是诗歌创作者的甘苦之言,道出了诗歌创作的普遍规律。在阅读唐诗的时候,我们也能充分感受到这个规律的存在:表现悲情的好诗、佳句,俯拾皆是。

表现失志、孤独悲情的,如:陈子昂《登幽州台歌》"前不见古人,后不见来者。念天地之悠悠,独怆然而涕下",李白《行路难》"欲渡黄河冰塞川，将登太行雪满山""大道如青天，我独不得出"，杜甫《述怀一首》"沉思欢会处，恐作穷独叟"，《蜀相》"出师未捷身先死，长使英雄泪满襟"，《丹青引赠曹将军霸》"但看古来盛名下，终日坎壈缠其身"，《登高》"万里悲秋常作客，百年多病独登台"，李商隐《贾生》"宣室求贤访逐臣，贾生才调更无伦。可怜夜半虚前席，不问苍生问鬼神"。其中有些，说的似乎是古人的遭遇，但实际上也是诗人自己的人生遭遇，自己心中的块垒。

表现思乡悲情的，如：王勃《山中》"长江悲已滞，万里念将归。况属高风晚，山山黄叶飞。"岑参《逢入京使》"故园东望路漫漫，双袖龙钟泪不干。马上相逢无纸笔，凭君传语报平安。"刘皂《旅次朔方》"客舍并州已十霜，归心日夜忆咸阳。无端更渡桑干水，却望并州是故乡。"王勃的思乡，以秋天为节令，黄叶飘零为背景，将乡愁与悲秋融为一体。岑参的思乡，通过一个偶然事件（路遇入京使者，托其给家人捎信），表现羁旅之人内心的纠结。刘皂的思乡，因为"离家日以远"，而更加悲切动人。

表现离别悲情的，如：王维《送元二使安西》"渭城朝雨浥轻尘，客舍青青柳色新。劝君更尽一杯酒，西出阳关无故人。"高适《别韦参军》"……弹棋击筑白日晚，纵酒高歌杨柳春。欢娱未尽分散去，使我惆怅惊心神。丈夫不作儿女别，临岐涕泪沾衣巾。"杜甫《春望》"烽火连三月，家书抵万金。"杜甫《赠卫八处士》"人生不相见，动若参与商……明日隔山岳，世事两茫茫。"《梦李白二首》之一"死别已吞声，生别常恻恻。"《登岳阳楼》"亲朋无一字，老病有孤舟。"白居易《望月有感》"共看明月应垂泪，一夜乡心五处同。"《长恨歌》"君王掩面救不得，回看血泪相和流……上穷碧落下黄泉，两处茫茫

— 141 —

皆不见……天长地久有时尽，此恨绵绵无绝期。"江淹《别赋》云："黯然销魂者，唯别而已矣。"在交通严重不便的古代，生离往往等于死别。无论是朋友、亲戚、家人、爱人，一旦离别，都不免会生出悲苦之情。至于像李隆基那样，贵为皇帝，却只能眼睁睁看着自己心爱的女人被剥夺了生命，其中的悲苦之情，古今中外，恐怕都罕有其匹。

表现民生艰难悲情的，如：杜甫《自京赴奉先县咏怀五百字》"朱门酒肉臭，路有冻死骨"，《负薪行》"夔州处女发半华，四十五十无夫家"，《悲陈陶》"孟冬十郡良家子，血作陈陶泽中水"，《春望》"国破山河在，城春草木深"，张籍《废居行》"胡马崩腾满阡陌，都人避乱唯空宅"，韦应物《观田家》"仓廪无宿储，徭役犹未已"，元稹《田家词》"姑舂妇担去输官，输官不足归卖屋"，李绅《古风》"春种一粒粟，秋收万颗子。四海无闲田，农夫犹饿死"，白居易《轻肥》"是岁江南旱，衢州人食人"，《卖炭翁》"可怜身上衣正单，心忧炭贱愿天寒"，张祜《宫词》"故国三千里，深宫二十年"。无论是从军的士卒，还是普通百姓、农夫、民女、宫女，只要是弱势群体、底层民众，他们的无助、痛苦，都是诗人们所关心乃至感同身受的。

表现书生悲情的，如：杨炯《从军行》"宁为百夫长，胜作一书生"，李贺《南园》"请君暂上凌烟阁，若个书生万户侯"。

表现征人悲情的，如：李颀《古从军行》"闻道玉门犹被遮，应将性命逐轻车。年年战骨埋荒外，空见蒲桃入汉家"，王翰《凉州词》"醉卧沙场君莫笑，古来征战几人回？"

……

韩愈那一番话说得虽然精彩，但是，他并没有解释为什么"愁思之声要妙"和"穷苦之言易好"。后来，张煌言、陈兆伦、钱钟书都曾试图进行解释。张煌言提出"愁苦则其情沉著，沉著则舒籁发声动与天会"的说法，陈兆伦提出"忧主留，辗转而不尽"的说法，都是从愁苦的情味特点入手的。钱钟书在一番旁征博引之后，揭出这样一个现象：中外文学家在写作时都有故作愁苦的倾向，形成了一种文学传统（参钱钟书论文《诗可以怨》，见其《七缀集》）。根据自己阅读唐诗的一点粗浅感受，我觉得唐诗中之所以有那么多脍炙人口的悲情诗歌与诗句，有如下两个原因：

其一，唐代诗人大多是有政治理想之人，脑子里多少有些致君尧舜、为民请命、改良社会的念头。为了改良社会，他们必须批判现实，找出现实的种种弊端，洞悉民瘼，指出人间的种种不平。

其二，读者的兴趣，分享他人的欢娱之情，远远不如通过他人的悲情表现自己的恻隐、爱心以及自己的不幸来得大，来得浓厚。许多人也需要通过阅读文学作品为自己找到精神的力量，得到慰藉，得到勉励，得到动力。人类之间真正能够分享的，并非欢娱、快乐，而是悲情、痛苦。背后的原因，倒不见得是因为幸灾乐祸的阴暗心理，而可能是人人心中都潜伏着扮演一把菩萨、救世主的美好愿望。

此外，唐诗的悲情跟唐朝所处的历史阶段的特点也有很大关系。时当中古，诗人们普遍有瞻前顾后的欲念——以杜甫为例，既有生前"致君尧舜上"的政治理想，又有死后"千秋万岁名"的名声诉求。瞻前顾后，患得患失。感情世界容易产生郁闷纠结，表现在诗歌写作上，则悲悯情怀，顾盼生辉。这跟上古圣贤急于启发民智、宣扬礼仪、归于文明，以脱离愚昧野蛮、区别于禽兽不同，跟近代以后因为事物演变速度、节奏的不断加快，社会喧嚣，人心浮躁，得过且过，也不一样。

陈子昂"前不见古人"指何人？

前不见古人，后不见来者。

念天地之悠悠，独怆然而涕下。

陈子昂的这一首《登幽州台歌》，是千古传唱的名诗。诗中的意思不难理解，大概就是，登高望远之际，产生了孤独、寂寞的感慨。

然而，对于前两句中的"古人""来者"，却至少可以有如下三种不同的理解：一是，"古人"就是普通的已经作古之人，即前辈；"来者"就是普通的未出生之人，即后辈；二是，"古人"指前代贤人，"来者"指后辈贤人；三是，"古人"指前代能够任用贤士的君王，"来者"指后代的此类君王。总而言之，对于"古人""来者"的身份，可以有平民、士大夫、君王三种不同理解。

单从诗意而言，三种理解均无不可，至少它们都符合作品孤独怅惘的意境。登上高处，仰望天空风云变幻，远眺大地寥廓苍茫，兴起古今变易的感喟，说古人已经逝去，后人尚未诞生。不论古人、来者是什么身份，于情于理，都讲得通。

对陈子昂和这首诗的相关信息基本不了解的普通读者，大约会作第一种理解。"诗无达诂"，各取所需，这种理解当然无可厚非。

但是，联系到陈子昂的身份和古代诗人的思想以及诗歌语言传统，我们知道，他们多是有"精英情结"的。换句话说，他们写诗的时候，一般不会把普通平民作为自己的参照物，至少参照物得跟他们自己是同类。因此，第二种理解比第一种更加贴近诗人原意。

有的文学史家结合陈子昂写作此诗时的遭遇和他同时期所作的其他作品，选择第三种理解，并且认为，"古人"就是指礼贤下士的燕昭王、燕太子丹等君王，"来者"则是指像燕昭王那样的后世君王。这种说法有个好处，能帮助读者了解陈子昂的遭遇与思想。陈子昂是一个有政治理想和政治才能的文人，他曾经多次对则天朝的许多弊政提出批评，犯颜直谏。但是均未得到采纳，他的政治才华也没有得到应有的赏识，一直沉寂下僚。公元696年，陈子昂作为幕府参谋，随同武攸宜征讨占据营州的契丹军队。武攸宜是一个为人轻率、缺少谋略的主将，第二年就吃了败仗。陈子昂屡次进言、请缨，都被他拒绝，而且还被他降了职。不难想象，陈子昂的内心是相当苦闷的。在这种情况下，登上地处古燕国辖境的蓟北楼（陈子昂大约为了便于中原及其他地区人的理解，称之为幽州台），想到礼遇乐毅的燕昭王，顺理成章。作于同一时期的《蓟丘览古赠卢居士藏用七首》中，对燕昭王、燕太子丹等礼贤下士的故事，表达了向往之情，其中第二首《燕昭王》是这样写的："南登碣石馆，遥望黄金台。丘陵尽乔木，昭王安在哉？霸图今已矣，驱马复归来。"

可是，我们必须知道，陈子昂的这一首《登幽州台歌》并不是横空出世的，它有其诗歌艺术上的渊源。无论是思想感情，还是诗句语言，它都很像是从《楚辞·远游》脱胎而来的。《远游》诗如下：

惟天地之无穷兮，哀人生之长勤。

往者余弗及兮，来者吾不闻。

所不同者，是前两句与后两句之间的顺序。陈子昂可谓后出转精，"念天地之悠悠，独怆然而涕下"，比起"惟天地之无穷兮，哀人生之长勤"，更遒劲，更富形象性，更具悲剧色彩，因而更有艺术感染力。《楚辞》中，"往者"应该不是指燕昭王、燕太子丹，有可能只是泛指前贤。因此，陈子昂《登幽州台歌》中的"古人"，也不一定非坐实了是燕昭王之类的君王。

单从诠释诗句角度而言，第二种理解比第三种理解稍微近理一些。

孟浩然的诗歌成就
为何不如李白杜甫？

在唐代的众多诗人中，孟浩然当然是一位超级巨星。

一直隐居家乡襄阳鹿门山的孟浩然，四十岁时才到长安谋求科第仕进。在秘书省（一说在太学），偶然参加一班文人士大夫的雅集，秋夜联诗。轮到孟浩然，"微云淡河汉，疏雨滴梧桐"两句一出，举座嗟其清绝，谁都不敢再往下接。丞相张九龄以下（有王维、卢僎、裴朏、郑倩之、独孤册等)，纷纷与布衣之身的孟浩然结为"忘形之交"！

孟浩然的人品和诗歌才华，更是赢得了与他同时代、年岁比他小的李白、杜甫等人的景仰和推崇——中国文学史上两位最伟大的诗人都是他的崇拜者，古今中外可有第二人？李白对于孟浩然的为人和诗歌艺术都推崇备至，有诗为证："吾爱孟夫子，风流天下闻。""高山安可仰，徒此揖清芬。"（《赠孟浩然》）杜甫对孟浩然，主要是激赏他的诗歌语言艺术，亦有诗证："赋诗何必多，往往凌鲍谢。"（《遣兴五首》之五）"复忆襄阳孟浩然，清诗句句尽堪传。"（《解闷十二首》之六）阅读李白杜甫诗集，不难看到他们受孟浩然影响的痕迹。李白、杜甫之后，白居易也是孟浩然的崇拜者。白氏有诗云："秀气结成象，孟氏之文章。今我讽遗文，思人至其乡。"（《游襄阳怀孟浩然》）

孟浩然同时代人王士源（元），在《孟浩然集序》中说孟浩然"五言诗天下称其尽善"。晚唐诗人兼孟浩然同乡皮日休也曾说过这样的话："明皇世，章句之风，大得建安体。论者推李翰林、杜工部为之尤。介其间能不愧者，唯吾乡之孟先生也。"

虽然孟浩然是超级巨星，但是，我们不得不承认，他在诗歌艺术上的成就，是逊色于他的两位崇拜者李白和杜甫的。

以严肃的学术态度讨论孟浩然的诗歌成就为何不及李白杜甫，是一件十分复杂、困难的事情。有人可能会引用"历史不能假设"之类的名言，断定这是一个没有意义的命题。但是，以别解、趣谈的态度说一说这个事情，或许可有博人一粲乃至引人遐思的作用。为此，我不揣谫陋，决定说出近期自己再次通读《孟浩然诗集》时的一个强烈感觉：孟浩然之所以逊色于李白杜甫，酒精未能发挥积极作用，应是一大重要原因。

众所周知，孟浩然是一位好酒人士。王士源《孟浩然集序》《新唐书》《孟浩然传》等多种文献，都记载了这样一件事情：山南采访使韩朝宗十分欣赏孟浩然的诗歌才华，带他一同赴长安，准备向朝廷举荐。韩朝宗为了替他造声势，先行一步，约好日子一同上朝面圣。不料，到了约定的那一天，孟浩然遇到老朋友，就进了酒家，喝上了。当时有人提醒他跟韩朝宗约定的事，孟浩然很不以为然地说："业已饮矣，身行乐耳，遑恤其他！"结果误了约会，韩朝宗被惹怒，不再替他引荐。不过孟浩然本人也并不后悔。事关仕途命运的举荐机会，孟浩然竟然可以为了喝酒，置之度外，可见他好酒的程度，不是常人所能企及。这一点，唐代诗人当中，大约只有"天子呼来不上船，自称臣是酒中仙"的诗仙李白可以相提并论。李白的酒后狂放，可能或多或少受了孟浩然的影响。李白的《赠孟浩然》一诗中，有"醉月频中圣，迷花不事君"两句，可知李白对孟浩然的嗜酒行为是欣赏、钦佩的。

如此好酒之人，本应深受酒精的两大影响：麻醉和兴奋。具体地说，麻醉使其摆脱世俗的烦恼和束缚，兴奋使其灵感勃发文思泉涌。李白、杜甫，都是深受酒精这两大作用嘉惠的诗人，他们"凌沧洲""撼五岳""泣鬼神""惊风雨"的许多作品，就是在饮酒之后写成的。

而孟浩然，读其诗作，我实在替他感到惋惜：他经常喝酒，似乎也经常喝高。但是，他始终都能保持理性，从不说醉话。换言之，酒精对孟浩然的麻醉作用仅限于脸红眼晕腿虚之类的生理层面，并没有影响到他的精神世界，没能让他多说一句话，多发一点儿感慨。因而，酒精对于他的诗歌创作，没有任何促进作用。

下边摘录的，就是孟浩然诗集中较为接近醉态的饮酒诗句：

野童扶醉舞，山鸟笑酣歌。（《夏日浮舟过滕逸人别业》）

秦城游侠客，相得半酣时。（《醉后赠马四》）

醉坐自倾彭泽酒，思归长望白云天。（《和卢明府送郑十三还京兼寄之什》）

酒酣白日暮，走马入红尘。（《同储十二洛阳道中作》）

且乐杯中物，谁论世上名？（《自洛之越》）

　　共乘休沐暇，同醉菊花杯。（《和贾主簿弁九日登岘山》）

　　这些诗句，基本上都是它们所在诗篇中仅有的关乎饮酒的句子，诗中其他句子均与酒无关，也非酒后的感慨。

　　最能看出孟浩然"无动于衷"式饮酒风采的，当然是整篇写宴饮或以写宴饮为主要内容的作品。搜罗整部诗集，共得如下八首：

　　初九未成旬，重阳即此景。登高闻古事，载酒访幽人。落帽恣欢饮，授衣同试新。茱萸正可佩，折取寄情亲。（《九日得新字》）

　　客醉眠未起，主人胡解醒。已言鸡黍熟，复道瓮头清。（《戏题》）

　　瑞雪初盈尺，寒宵始半更。列筵邀酒伴，刻烛限诗成。香炭金炉暖，娇弦玉指清。醉来方欲卧，不觉晓鸡鸣。（《寒夜张明府宅宴》）

　　府僚能枉驾，家酝复新开。落日池上酌，清风松下来。厨人具鸡黍，稚子摘杨梅。谁道山公醉，犹能骑马回。（《裴司士员司户见寻》）

　　故人具鸡黍，邀我至田家。绿树村边合，青山郭外斜。开轩面场圃，把酒话桑麻。待到重阳日，还来就菊花。（《过故人庄》）

二月湖水清，家家春鸟鸣。林花扫更落，径草踏还生。酒伴来相命，开尊共解酲。当杯已入手，歌妓莫停声。（《晚春》）

甲第开金穴，荣期乐自多。枥嘶支遁马，池养右军鹅。竹引携琴入，花邀载酒过。山翁来取醉，时唱接罹歌。（《宴荣山人池亭》）

山公能饮酒，居士好弹筝。世外交初得，林中契已并。纳凉风飒至，逃暑日将倾。便就南亭里，馀尊惜解酲。（《张七及辛大见寻南亭醉作》）

试问：可有一首作品表现出了孟浩然在醉酒之后与未醉之时略有不同的性情与行为？还有一首《襄阳公宅饮》，题目中虽然有个"饮"字，但是，诗中却没有一个酒字。"绮席卷龙须，香杯浮玛瑙"，就是最有酒意的句子了。孟浩然也未免太含蓄、太优雅、太理性了！

世上有一种被广泛接受的理论：生命皆因与众不同而各具价值。应用一下，当然也不妨说，孟浩然作为一位诗人，其价值便在于他跟李白杜甫是不一样的。但是，读他的诗集，能够真切感觉到他时时受着功名不遂、理想无从实现的煎熬，却不能像李白杜甫那样铿锵有力、慷慨激昂地宣泄一番，总是忍不住要替他感到不平和遗憾。

李白为何在黄鹤楼大发悲情？

《苕溪渔隐丛话》《唐才子传》等多种文献记载，李白游黄鹤楼，因为已经有崔颢的《黄鹤楼》诗题于壁上，发了一句"眼前有景道不得，崔颢题诗在上头"的感慨，没再写咏黄鹤楼的诗。但是，大诗人并不甘心服输，后来还是写了意在跟崔颢《黄鹤楼》一争高下的《登金陵凤凰台》《鹦鹉洲》等诗。

对一位自信满满的大诗人来说，面对佳景，有心作诗，但一时又写不出比别人更好的作品，只能敛手而去。不难想象，这是一件相当郁闷的事情。

黄鹤楼给予李白的，并非只有这一件郁闷之事。事实上，它就是李白的伤心之地。他有多首写到黄鹤楼的诗，几乎都是在那里大放悲声的。因为，李白曾多次在那里与朋友道别。"黯然销魂者，唯别而已矣。"（江淹《别赋》）可以肯定，李白曾在那里洒下过不少眷念友情的清泪。

李白有一首题为《经乱离后，天恩流夜郎，忆旧游书怀，赠江夏韦太守良宰》的诗，其中有"一忝青云客，三登黄鹤楼"两句，这说明李白曾多次到过黄鹤楼。李白每次到黄鹤楼，似乎都不是为了游览风景，而是为了与朋友道别。他曾在那里深情道别的朋友有"蜀僧晏"、王判官、史钦、孟浩然等。有诗为证：

黄鹤楼前月华白，此中忽见峨眉客。（《峨眉山月歌送蜀僧晏入中京》）

昔别黄鹤楼，蹉跎淮海秋。（《赠王判官时余归隐居庐山屏风叠》）

故人西辞黄鹤楼，烟花三月下扬州。（《黄鹤楼送孟浩然之广陵》）

雪点翠云裘，送君黄鹤楼。（《江夏送友人》）

黄鹤楼中吹玉笛，江城五月落梅花。（《与史郎中钦听黄鹤楼上吹笛》）

其中，送别孟浩然，是最著名的一次，也是李白最动感情的一次。"孤帆远影碧空尽，唯见长江天际流。"目送孟浩然所乘帆船离去，帆船的踪影早已经完全消逝在江面上，李白仍然望着长江水，独自在那里发呆，久久不肯离去。感情之深，留恋之切，千载如见。我们知道，孟浩然是李白最欣赏、最崇拜的前辈诗人。李白在一首题为《赠孟浩然》的诗中，有如下一些诗句："吾爱孟夫子，风流天下闻。……高山安可仰，徒此揖清芬。"用今天的话说，李白就是孟浩然的粉丝，迷恋程度，堪称狂热。其他几次跟朋友相别，或者因为再也没能聚首，或者因为李白自己人生坎坷，理想幻灭，心情很糟糕，别后的思念，都很真诚深挚。

李白曾写过一首《江夏行》，讲述了一个跟黄鹤楼有关、缠绵悱恻的爱情故事。请看全诗："忆昔娇小姿，春心亦自持。为言嫁夫婿，得免长相思。谁知嫁商贾，令人却愁苦。自从为夫妻，何曾在乡土。去年下扬州，相送黄鹤楼。眼看帆去远，心逐江水流。只言期一载，谁谓历三秋。使妾肠欲断，恨君情悠悠。东家西舍同时发，北去南来不逾月。未知行李游何方，作个音书能断绝。适来往南浦，欲问西江船。正见当垆女，红妆二八年。一种为人妻，独自多悲凄。对镜便垂泪，逢人只欲啼。不如轻薄儿，且暮长相随。悔作商人妇，青春长别离。如今正好同欢乐，君去容华谁得知。"诗的内容，就是商人之妻抒发夫妻不能长相厮守的怨情。白居易的《琵琶行》与之极为相似。所不同者，《琵琶行》中的女主人公明言是妓女出身，而李白诗中的女主人公未交代出身，似是良家女子。李白将这个故事的主要背景地放在黄鹤楼，等于把黄鹤楼当作了令相爱男女断魂的"蓝桥"。这一首诗，应该是李白的一次纯文艺创作。李白之所以选黄鹤楼作为男女离别的场所，那是因为，黄鹤楼在他心中是一个充满离别悲情的地方。

李白之所以在黄鹤楼大发悲情，除了不能写出超过崔颢的诗、多次在那里跟好朋友离别之外，我猜测还有一个重要的原因：学道难成。

众所周知，李白早年即痴迷道家修炼成仙那一套东西，中年还正式加入道籍，梦想着有朝一日羽化成仙。但实际上，他一直在人间经受着坎坷贫困日子的煎熬。因此，李白的内心必定曾产生迷惘与痛苦。这一点，在《望黄鹤楼》一诗中有所流露。请看其中诗句："颇闻列仙人，于此学飞术。一朝向蓬海，千载空石室。""赛予羡攀跻，因欲保闲逸。观奇遍诸岳，兹岭不可匹。"

李白诗集中有一首题为《江夏赠韦南陵冰》的诗，其中写道："我且为君槌碎黄鹤楼，君亦为吾倒却鹦鹉洲。赤壁争雄如梦里，且须歌舞宽离忧。"把"槌碎黄鹤楼"与"倒却鹦鹉洲"当作摆脱愁苦的方法。郁闷、失望、痛苦，使得李白对黄鹤楼产生了一种痛恨之情，恨不能砸碎黄鹤楼。这合乎人之常情，也符合大诗人李白一派天真的性格。

李白不欣赏杜甫的才华吗？

　　杜甫保存至今的诗歌作品中，跟李白有关的，共十五首：《赠李白（五古）》《赠李白（七绝）》《与李十二白同寻范十隐居》《饮中八仙歌》《冬日有怀李白》《春日忆李白》《送孔巢父谢病归游江东，兼呈李白》《梦李白二首》《天末怀李白》《寄李十二白二十韵》《苏端薛复筵简薛华醉歌》《不见》《昔游》《遣怀》，其中多数作品充满了对李白其人的真挚思念和对李白诗歌艺术的热烈赞美。而李白保存至今的诗歌作品中，跟杜甫有关的，不过区区四首：《沙丘城下寄杜甫》《秋日鲁郡尧祠亭上宴别杜补阙、范侍御》《鲁郡东石门送杜二甫》《戏赠杜甫》，思念与赞美没有杜甫对李白那么多，赞美之词更是付诸阙如。许多人因此认为，杜甫是李白的迷弟、崇拜者，而李白则不甚看重小自己十一岁的杜甫，对杜甫的诗歌艺术并不欣赏。

　　我们认为，这种看法是经不起推敲的。

　　首先，李白为数不多的跟杜甫有关的几首诗中，已经透露出了一些对杜甫不同寻常的友爱之情。请看："鲁酒不可醉，齐歌空复情。思君若汶水，浩荡寄南征。"（《沙丘城下寄杜甫》）"相失各万里，茫然室尔思。"（《秋日鲁郡尧祠亭上宴别杜补阙、范侍御》）"醉别复几日，登临遍池台。何时石门路，重有金樽开？……飞蓬各自远，且尽手中杯。"（《鲁郡东石门送杜二甫》）

其次，从李杜交游的史实可以看出李白对杜甫的欣赏。天宝三载（744）夏，李白杜甫在洛阳相识之后，当年秋天即跟高适等同游梁宋，登吹台、琴台，"忆与高李辈，论交入酒垆""气酣登吹台，怀古视平芜"（杜甫《遣怀》），意气相投。次年秋，杜甫到兖州，正好李白亦回到东鲁，两人同游，"醉卧秋共被，携手日同行"（杜甫《与李十二白同寻范十隐居》），情同手足。李白的《秋日鲁郡尧祠亭上宴别杜补阙、范侍御》和《鲁郡东石门送杜二甫》，大约就作于这一次同游结束，临别之际。有学者认为，李杜后来在长安还有一次会面，地点是一个叫饭颗山的地方，即李白《戏赠杜甫》诗所记述的那次会面地点。倘若杜甫不是李白欣赏的诗人，很难想象李白会跟他这般饮酒、游玩，几度盘桓，分别之后还写那么情意深长的诗体书信。

李白有关杜甫的诗歌数量较少，可能跟李白诗歌散失较多有关。杜甫在作于天宝九载（750）的《进雕赋表》，序言云："……自七岁缀诗笔，向四十载矣，约千有余篇。"可见，杜甫现存作品的数量（一千四百余首），远少于他实际创作的数量。相比之下，李白诗歌保存的情况更加不理想。一般认为，因为杜甫生前已经有诗集在江南地区流传，杜甫晚年还曾亲自编辑过自己的诗歌作品，所以中年以后的作品散失较少，他自己满意的作品大都得以保存下来。李白却没有这么幸运。李白最后病死于担任当涂（在今安徽）县令的族叔李阳冰处。李阳冰在给李白的《草堂集》所作的序中说："自中原有事，公避地八年，当时著述，十丧八九。今所存者，皆得之他人焉。"可见，李白有大量的作品散失了。与此同时，李白诗集中保存下来的作品，也未必全都可靠。李白散失的作品中，难保没有跟杜甫有关的诗歌作品。

即使李白所作跟杜甫有关的诗歌真的比杜甫所作跟李白有关的诗歌少，也不足以说明李杜交往，杜甫是剃头挑子一头热。这跟李白杜甫在思想、性格、创作特点上的不同有很大的关系。杜甫的思想深受主张仁爱孝悌的儒家学说影响，李白思想深受追求独善其身的道家思想影响；杜甫性格真挚外向，李白性格飘逸内敛；杜甫作诗喜欢实录生活，李白作诗喜欢冥想神仙。这三个方面的差异，都有可能导致李杜诗歌反映友情的态度与方式截然不同。

事实上，杜甫写李白多而李白写杜甫少这个现象，除了实际年龄原因（李白比杜甫年长十一岁）之外，也可以有另一种解读：在李白面前，杜甫扮演的是伯乐的角色。他关心李白的处境，赞美李白的才华，大有杨敬之"平生不解藏人善，到处逢人说项斯"的气度。杜甫对李白诗歌才华的赞美，并非简单的推崇景仰，还有替李白鸣不平、为李白延誉的用意。杜甫于秦州时期写过一首《不见》诗："不见李生久，佯狂真可哀。世人皆欲杀，吾意独怜才。敏捷诗千首，飘零酒一杯。匡山读书处，头白好归来。"细心之人是不难读出杜甫发自内心深处对李白的爱怜、回护、抱屈之情的。

关于李杜关系，我们有一种大胆的猜测：李白、杜甫有亲戚关系，杜甫辈分高李白二三辈。唐朝有两个书法家，都擅长篆书，一个叫李阳冰，一个叫李潮。李阳冰是李白的族叔，李潮是杜甫的外甥。按照明代文学家袁中道"李潮是李阳冰父亲"的说法，杜甫比李白高三辈。按照李潮、李阳冰是同一人的说法，则杜甫比李白高两辈。虽然不是一向有走动的近亲，可能只是根据李白自称的身世推绎出来的虚假辈分。但在重人伦的封建时代，辈分就是辈分，虽然杜甫小李白十一岁，在李白面前也是长辈。杜甫在诗歌中对李白有赞扬，有鼓励，也有批评，有告诫。杜甫对李白甚至说过"怜君如兄弟"的话，这些都可以印证我们的猜测（参丁启阵《杜甫字子美·杜甫跟李白有亲戚关系吗？》）。长辈关心晚辈，赠诗较多，合乎情理。

41

李白作诗为何特别喜欢夸张？

毫无疑问，李白是唐代乃至整个中国文学史上最喜欢也最擅长使用夸张语言艺术的诗人。下边所列举的，都是他创作的家喻户晓的夸张名句：

君不见，黄河之水天上来，奔流到海不复回。君不见，高堂明镜悲白发，朝如青丝暮成雪。……烹羊宰牛且为乐，会须一饮三百杯。（《将进酒》）

鸬鹚杓，鹦鹉杯。百年三万六千日，一日须倾三百杯。（《襄阳歌》）

愁来饮酒二千石，寒灰重暖生阳春。（《江夏赠韦南陵冰》）

兴酣落笔摇五岳，诗成笑傲凌沧洲。（《江上吟》）

桃花潭水深千尺，不及汪伦送我情。（《赠汪伦》）

燕山雪花大如席，片片吹落轩辕台。（《北风行》）

十步杀一人，千里不留行。事了拂衣去，深藏身与名。
（《侠客行》）

白发三千丈，缘愁似个长。（《秋浦歌》）

天台四万八千丈，对此欲倒东南倾。（《梦游天姥吟
留别》）

大鹏一日同风起，扶摇直上九万里。（《上李邕》）

俱怀逸兴壮思飞，欲上青天揽明月。（《宣州谢朓楼饯
别校书叔云》）

飞流直下三千尺，疑是银河落九天。（《望庐山瀑布》）

朝辞白帝彩云间，千里江陵一日还。（《早发白帝城》）

这些诗句中，诗人的酒量、友情、事物的高度、行走和变化的速度，都经过了程度不等的艺术夸张，无法用科学的、日常的眼光去衡量和理解。

李白喜欢夸张，这是人所共知的事实。但是，对于李白为何如此偏爱夸张的艺术语言这个问题，似乎从来没有人进行过系统的研究。

这里，我们根据自己阅读李白诗文的粗浅感受，提出如下一些解释：

其一，李白是一个有远大志向并且相当自信的人。这样的人，因为目标远大、心胸宽广，开口说的话自然不同凡响。在常人看来，难免有不切实际之弊。李白《上李邕》中的"时人见我恒殊调，见余大言皆冷笑"，以及《五月东鲁行答汶上翁》中的"下愚忽壮士，未足

论穷通。我以一箭书，能取聊城功"之类的诗句，便都是极好的佐证。

其二，李白一生追求理想的道路有太多坎坷挫折。面对人生的坎坷、挫折，有的人会变得谨小慎微，有的人会变得沉默寡言，有的人则会更加慷慨激烈。李白属于最后一种情况，愈挫愈勇，不平则鸣。

其三，李白生长于有着浪漫文学传统的四川。四川是古蜀国之地，在地域文化类型上，接近或者说属于楚文化系统。李白本人曾声称自己是楚人，"我本楚狂人，凤歌笑孔丘"（《庐山谣寄卢侍御虚舟》）。众所周知，以屈原为代表的楚风诗歌总集《楚辞》，是中国文学浪漫主义流派最重要的源头。

其四，李白是道教的信徒。道家讲出世，向往自由，摆脱一切拘束，通过服食药物和身心修炼，最终羽化成仙，进入长生不死的仙境。虔诚的道教信徒李白，脑子里充满了御风而行、俯视山水、遨游天地的想象。《登太白峰》《梦游天姥吟留别》等诗歌作品，就是这样来的。

其五，李白有浓厚的侠客思想。李白从小景慕鲁仲连等古代游说之士，早年曾热衷剑术。魏颢《李翰林集序》有"少任侠"的记载，范传正《唐左拾遗翰林学士李公新墓碑并序》也有"少以侠自任"的说法。李白自己的诗中，更有"托身白刃里，杀人红尘中"（《赠从兄襄阳少府皓》）的话。侠客讲究快意恩仇，手起刀落，毫不含糊。杀人未必是事实，但是，年轻的时候，放荡不羁的任侠行为一定是有过的。

其六，李白是酷爱饮酒并且经常烂醉的酒徒。关于李白嗜酒以及醉态，杜甫在《饮中八仙歌》里有十分生动的描写。嗜酒而且常醉，发为诗歌，必然会有许多酒话、醉话。上边引述的《襄阳歌》和《将进酒》等诗中的夸张诗句，明显就是酒话、醉话。

其七，李白是身份来历不明之人。李白自己声称是西汉名将李广、凉武昭王李暠的后裔，并且跟李唐皇帝有亲缘关系。但这种说法的真实性相当可疑。有学者认为，李白可能是胡人，即少数民族人士。对李白有知遇之恩的"四明狂客"贺知章，初见李白，即称其为"谪仙人"。"谪仙人"，也不妨理解为"外星人"。作为一个主流上层社会集团之外、身份来历不明的人，李白想要跻身其间，引起人们的关注和朝廷的兴趣，他必须标新立异，使用惊人之语。

其八，李白的阅读口味偏向于带有传奇色彩的历史、地理方面的书籍。李白诗歌中的不少夸张诗句，其实都来自于前人著作。例如，《蜀道难》中的"蚕丛及鱼凫，开国何茫然。尔来四万八千岁，不与秦塞通人烟……一夫当关，万夫莫开"，来源于扬雄《蜀王本纪》中的"蜀王之先名蚕丛、柏灌、鱼凫、蒲泽、开明……从开明（以）上，至蚕丛，积三万四千岁"以及晋张载《剑阁铭》中的"惟蜀之门，作固作镇。是曰剑阁……一人荷戟，万夫趑趄。形胜之地，匪亲勿居"。《梦游天姥吟留别》中的"天台四万八千丈，对此欲倒东南倾"，来源于陶弘景的《真诰》"天台山高一万八千丈。"《早发白帝城》中的"朝辞白帝彩云间，千里江陵一日还"，来源于郦道元《水经注·江水》："有时朝发白帝，暮到江陵。其间千二百里，虽乘奔御风，不以疾也。"

常常听年轻朋友说他们喜欢李白。估计年轻朋友喜欢李白的主要原因是，李白诗歌用夸张的语言塑造出了一个率真、飘逸、潇洒的诗人形象。而在我看来，李白这些夸张语言的背后，更多的是无奈、落寞和愤慨。

哪一首唐诗令李白口服心不服？

李白不但被历代的文论家公认为中国文学史上超一流的伟大诗人，就连"诗圣"杜甫对他都是推崇备至，曾称赞他"诗无敌""敏捷诗千首"，而李白本人也心高气傲。不用说，同辈诗人的作品，是很难入得了他李青莲法眼的。

但是，偏偏就有一位只比他大两三岁的同辈诗人的一首七言律诗，不但入了李白的法眼，据说甚至让他束手无策，郁闷不已。这个诗人就是崔颢，这首让李白束手无策的作品就是著名的《黄鹤楼》诗。如下：

昔人已乘黄鹤去，此地空余黄鹤楼。

黄鹤一去不复返，白云千载空悠悠。

晴川历历汉阳树，芳草萋萋鹦鹉洲。

日暮乡关何处是？烟波江上使人愁。

宋代有多种诗话记载：李白登黄鹤楼，看到崔颢题写在楼上的这一首诗，并没有像通常那样即兴赋诗一首，题写在楼上。宋代计有功

《唐诗纪事》卷二十一上说，李白当时说了这样一句话："眼前有景道不得，崔颢题诗在上头。"胡仔《苕溪渔隐丛话》前集卷五引《该闻录》、辛文房《唐才子传》卷第一"崔颢"条下，都有类似的记载。这些文献同时还记载，李白虽然当时没有写诗就离开了黄鹤楼，但是他口服心不服，一直暗暗跟崔颢较着劲。有人说，李白的《登金陵凤凰台》，就是为了跟崔颢《黄鹤楼》一决高下而写的。还有人说，李白的另一首《鹦鹉洲》诗也是跟崔颢《黄鹤楼》较劲的作品。如此说来，李白对于自己没能在黄鹤楼上写出超过崔颢的诗，是耿耿于怀的。计有功虽然记载了李白不服气崔颢《黄鹤楼》的故事，但是他对此事持怀疑态度。清爱新觉罗·弘历（乾隆）也不认为李白作《登金陵凤凰台》有跟崔颢《黄鹤楼》叫板的意思（《唐宋诗醇》卷七）。我们认为，史实固然难以考证，但是，姑且相信真有其事，把它作为一桩文艺佳话来谈论一下，也是可以的。至于《醉后答丁十八以诗讥余捶碎黄鹤楼》一诗，我们赞成明人杨慎的说法，它是一首伪作。

先摘录李白的这两首作品如下：

凤凰台上凤凰游，凤去台空江自流。

吴宫花草埋幽径，晋代衣冠成古丘。

三山半落青天外，一水中分白鹭洲。

总为浮云能蔽日，长安不见使人愁。

（《登金陵凤凰台》）

鹦鹉来过吴江水，江上洲传鹦鹉名。

鹦鹉西飞陇山去，芳洲之树何青青。

烟开兰叶香风暖，岸夹桃花锦浪生。

迁客此时徒极目，长洲孤月向谁明。

(《鹦鹉洲》)

那么，李白的《登金陵凤凰台》《鹦鹉洲》和崔颢的《黄鹤楼》相比，究竟哪一首作品更胜一筹呢？一般说来，历代文论家均不很看重李白的《鹦鹉洲》一诗，但有不少论者认为，《登金陵凤凰台》可以与崔颢《黄鹤楼》相媲美。例如，元人方回曾说，"太白此诗与崔颢《黄鹤楼》相似，格律气势，未易甲乙"(《瀛奎律髓汇评》卷一)。清代王夫之在严词批评宋人"李白诗不如崔颢诗"的论调之后，认为"太白诗是通首混收，颢诗是扣尾掉收；太白诗自《十九首》来，颢诗则纯为唐音矣"。在王夫之看来，唐诗是不如汉诗的。王夫之更具体指出，崔颢诗第一联就远远不如李白诗，崔诗"意多碍气"(《唐诗评选》卷四)。爱新觉罗·弘历也曾称赞二诗，"其言皆从心而发，即景而成，意象偶同，胜境各擅"(《唐宋诗醇》卷七)。也有一些人认为李白的诗超过了崔颢的《黄鹤楼》。例如，明代瞿佑就认为，《登金陵凤凰台》比起崔颢《黄鹤楼》，是"十倍曹丕"。瞿佑这样说的主要根据是，李白的"爱国忧君之意""远过"崔颢的"乡关之念"(《归田诗话》卷上)。

当然，也有不少人虽然没有直接把李白诗跟崔颢诗作比较，但实际上是认为李白诗不如崔颢诗的。宋人严羽称"唐人七言律诗，当以崔颢《黄鹤楼》为第一"(《沧浪诗话》)；清金圣叹认为后人都无法跳出崔颢《黄鹤楼》的樊笼(《贯华堂选批唐才子诗》卷三)；纪昀称崔颢诗为"绝调"，赞其"意境宽然有余"(《瀛奎律髓汇评》卷一）；沈德潜称崔颢诗"遂擅千古之奇"（《唐诗别裁集》卷十三），等等。

我们认为，两首诗的确难分高下，也不必强分高下。但是，跟明代瞿佑的观点相反，我们认为，作为诗歌内涵，"爱国忧君之意"还不如"乡关之思"。此外，既然大家都认为是崔颢诗创作在前，李白诗仿作于后。那么，单从尊重原创这一点上说，我们的态度也无妨稍稍向崔颢倾斜一下。即使认为崔颢《黄鹤楼》稍胜李白《登金陵凤凰台》一筹，也无损李白一丝一毫的盛名。

自从宋代著名诗歌理论家严羽提出唐人七律诗以崔颢《黄鹤楼》为第一之后，后人也提出了不同意见。意见主要有两种：明代何仲默、薛君采等认为当以沈佺期《古意呈补阙乔知之》为第一（杨慎《升庵诗话》卷十），清代学者潘德舆认为当以杜甫《登高》为压卷（潘德舆《养一斋诗话》卷一）。沈佺期、杜甫诗照录如下：

卢家少妇郁金堂，海燕双栖玳瑁梁。

九月寒砧催木叶，十年征戍忆辽阳。

白狼河北音书断，丹凤城南秋夜长。

谁为含愁独不见，更教明月照流黄？

（沈佺期《古意呈补阙乔知之》）

风急天高猿啸哀，渚清沙白鸟飞回。

无边落木萧萧下，不尽长江滚滚来。

万里悲秋常作客，百年多病独登台。

艰难苦恨繁霜鬓，潦倒新停浊酒杯。

（杜甫《登高》）

都是不错的诗。至于哪一首更好呢？读者朋友自己去判断好了。

说了半天，正题，即崔颢《黄鹤楼》究竟好在哪里，几乎被遗忘了。这里补说几句。关于崔颢《黄鹤楼》的好处，前人主要有这样一些说法：滔滔莽莽有疏宕之气（宋·刘辰翁）；宽然有余，无所不写（明·谭元春）；意境宽然有余（清·纪昀）；意在象先，神行语外（清·沈德潜）。总而言之，就是说，崔颢的诗写得大气。我们最欣赏的有三点：一是对于道家追求飞升不死神话的彻底否定，富有直面现实的勇气；二是旖旎、高亮度的景物，竟然蕴含着浓浓的乡愁；三是"悠悠""历历""萋萋"等叠音词语（重言）以及首联的歌行句式等，构成了铿锵回旋、余音绕梁的音韵之美。

●● 李白 ●●

李白长啥模样？

读其诗，想见其为人。可是，昔人已乘黄鹤去，音容笑貌渺难求。对于自己喜爱的诗人相貌的那份好奇之心，便永远没有一个着落，怅惘之情挥之不去。

有一天，一位素昧平生的出版社编辑朋友忽然出了这个"李白长啥样"的题目，要我谈谈。其实，我自己心中又何尝不是被这个问题久久地困扰着？何尝不是想要探究一番呢？

李白长啥样的问题，早就有人谈过。七八十年前，著名文学史家李长之先生就曾经在他的著作里，用饱含感情的文字给李白画过素描。照录如下：

> 李白最特别的是两只眼睛，这一点给人印象很深。对李白很崇拜的诗人魏万（颢），曾经跑了三千多里，就为的去找李白。据他的记载是"眸子炯然，哆如饿虎"（眼珠剔亮，大得像饿虎的眼睛似的）。李白另一位朋友崔宗之也有诗道："双眸光照人"。可见这一点是公认的了。

李白最喜欢清谈。在崔宗之的同一诗里就说："清论既抵掌，玄谈又绝倒；分明楚汉事，历历王霸道。"这是说他爱发议论，能谈哲学，熟悉汉高祖楚霸王那样的历史故事，又能谈一套政治理论。据李白自己的记载，他一个本家弟弟李令问曾经醉中问他："哥哥的五脏都是绣花缎吗？要不，为什么开口就说得那样漂亮，下笔就那样哗哗不止呢？"他也大笑，自己承认了。

李白喜欢穿紫袍子。他曾经在金陵（现在的南京），把自己的紫皮袍拿去换酒，"解我紫绮裘，且换金陵酒，酒来笑复歌，兴酣乐事多"。他也曾穿着这紫皮袍去看望朋友，"草裹乌纱巾，倒披紫绮裘，两岸拍手笑，疑是王子猷"，这是说他潦潦草草地把黑纱在头上一缠，紫皮袍随便一穿，人们见了，是一阵哄笑，竟以为是晋朝那位爱看雪景又最有豪兴去访友的王子猷呢。这两处都是他自己的记载。

李白常常带着刀子。这是因为他会武术，也杀过人。恐怕还在过下层社会组织。崔宗之的诗里就说他"袖有匕首剑"。

又因为李白曾经长期学过"道"——中国道士那一套的"道"，所以他有一套道士的制服……

这就是我们对他的几点可靠的具体印象：大眼睛，挺精神，喜欢穿紫，带着短刀，有道士服装，也有道士的书和药，各地游荡，爱好谈论，人们看去，仿佛是仙人。

（李长之《李白传》，百花文艺出版社2004年版，第2—6页）

李长之先生的素描可谓传神，但是也不无疏漏之处。这里，我们来做一点儿补充。

魏颢、崔宗之是李白生前的朋友，都亲眼见过李白，他们的形容自然是可靠的。据陈寅恪先生考证，李白应是胡人后裔。按照这个观点推测，李白的眼珠很可能不是黑色的，而是褐黄色之类。或许魏颢、崔宗之都是在李白年轻、得意的时候见的他，因此，他们只感觉到李白眼睛的大而亮。读过李白诗集的人都知道，李白的眼睛更引人注意的是常常含着深情和现出迷茫之色。好朋友孟浩然从黄鹤楼登船，离开武汉前往扬州，"孤帆远影碧空尽，惟见长江天际流"；有朋友离开山东去长安，分别之际，李白一直目送他远去，"望望不见君，连山起烟雾"（《金乡送韦八之西京》）；对李白有知遇之恩的贺知章去世之后，李白曾经路过贺知章老家，睹物思人，"金龟换酒处，却忆泪沾巾"（《对酒忆贺监二首》其一）；他乡客舍，乡愁顿起，夜不能寐，于是披衣起身，"举头望明月，低头思故乡"……透过这些诗句，我们分明看到了李白双眸饱含的深情。而宴会之上，面对山珍海味，李白忽然"停杯投箸不能食，拔剑四顾心茫然"；安徽敬亭山，李白在那里独坐，"相看两不厌，只有敬亭山"；一次照镜子，又看见两鬓斑白，"不知明镜里，何处得秋霜"（《秋浦歌》）；登上金陵凤凰台，观景怀古，归结于"总为浮云能蔽日，长安不见使人愁"，读着这些诗句，谁能不感觉到李白无法排遣的迷茫、惆怅呢？

比起谈论来，李白应该是更加喜欢饮酒。早年在襄阳，他效法晋朝名士山涛，"一日须倾三百杯"，经常醉烂如泥；初次到山东枣庄一带游玩，喝到兰陵美酒，便发出"但使主人能醉客，不知何处是他乡"（《客中行》）的宣言。在跟岑勋、元丹丘等朋友一起喝酒的时候，他提出了一个惊人的观点："古来圣贤皆寂寞，惟有饮者留其名。"（《将进酒》）有个朋友推辞着不肯喝酒，他就极尽嘲讽之能事，说这样的人不配做他的朋友……他的好朋友杜甫在《饮中八仙歌》一诗中生动描述了他流芳千古的饮酒风采，"李白一斗诗百篇，长安市上酒家眠，天子呼来不上船，自称臣是酒中仙"。

李白喜欢的紫皮裘是什么东西？大概就是身上所穿的宫锦袍之类的华丽服装。一次在采石矶至南京的路上，月夜乘舟之时，衣锦夜行的诗人李白，谈笑风生，旁若无人。这事新旧《唐书》都记载了，李白本人的一首诗，《玩月金陵城西孙楚酒楼，达曙歌吹，日晚乘醉著紫绮裘、乌纱巾，与酒客数人棹歌秦淮，往石头访崔四侍御》，也可以佐证。

李白不但带匕首，宝剑也是随身带的。因为他是剑客，年轻时学过多年的剑术。"停杯投箸不能食，拔剑四顾心茫然"（《行路难》），"顾余不及仕，学剑来山东"（《答汶上翁》），"拔剑击前柱，悲歌难重论"（《南奔书怀》）等等诗句都可以作证。

李白的坐骑，儿时有竹马，成人后有骏马，落魄的时候也骑毛驴。《唐才子传》记载，李白有一次去游华山，醉酒之后，骑着毛驴经过华山县衙门的大门口——按照当时礼制，经过县衙门口是要下马（驴）步行的。县令得知以后，很生气，命人抓住了李白。审问道："你是什么人，竟敢如此无礼？"李白在供状（检讨书）中也不写出自己的姓名，他这样写道："曾令龙巾拭吐，御手调羹，贵妃捧砚，力士脱靴。天子之门，尚容走马，华阴县里，不得骑驴！"县令一看，原来是李白，又惊喜又惭愧，脸上立即堆起灿烂笑容，准备好好巴结一下，李白却大笑而去。

李白的形象，当然随着年龄、境遇、心情的不同，也会有所变化。不同的读者，心里都可能有自己的勾勒。

李白杜甫谁是唐朝诗坛老大？

　　中国文学史上有不少对生前友好、死后齐名的诗人，李杜（李白、杜甫）、高岑（高适、岑参）、元白（元稹、白居易）、韩柳（韩愈、柳宗元）、皮陆（皮日休、陆龟蒙）等。李白、杜甫无疑是其中最耀眼的一对，人称"李杜"。齐名只是一个大概的说法，追根溯源可能跟国人"好事成双"的心理有关。凡事喜欢较真的人，往往会对齐名现象感到不满，总要分出一个高下优劣方才罢休。树大招风，李白杜甫高下优劣的讨论题目，便格外引人入胜。扬杜抑李的，扬李抑杜的，主张不分高下优劣的，正好构成一架跷跷板，此起彼伏，难得有宁静、平衡的时候。

　　李白杜甫，在两人生前和死后的二三十年时间里，大约都是李白的名声大过杜甫的。但是，到了跟韩愈齐名的张籍（约767—约830）和白居易的好友兼齐名诗人元稹（779—831）那里，情况开始发生变化。张籍特别推崇杜甫，有文献记载，张籍曾经把一册杜甫诗焚烧成灰，拌上油脂蜜糖，经常饮用，说是这样可以改换自己的肝肠（见《云仙杂记》）。元稹更是公开提出，杜甫的诗歌"尽得古今之体势，而兼文人之所独专"。也就是说，杜甫是集大成的诗人，李白除了一部分自由奔放的诗歌和乐府诗勉强能跟杜诗相埒之外，律诗尤其是长律排律，就远远不及杜甫了——他的原话大意是：这一类诗歌，李白离杜甫家的篱笆墙都还没有达到，更遑论登堂入室（元稹《唐故工部员外郎杜君墓系铭并序》）。

跟张籍、元稹不同，韩愈主张李杜之间不能分高下优劣。大概是张籍经常在韩愈面前扬杜抑李，韩愈不能苟同，于是以开玩笑的口吻，写了一首给张籍看的诗，其中有两句曰："李杜文章在，光焰万丈长。"（《调张籍》）

韩愈文章影响深远，这两句诗也很有名。宋代著名文学批评家严羽，更是详细阐述了不应该给李白杜甫分高下优劣的观点（见其《沧浪诗话》）。但是，正如跷跷板之难以保持平衡状态，人们一直没有结束李杜优劣高下的纷争。举其荦荦大者，宋人苏轼、黄庭坚等主张杜甫优于李白，明人杨慎则对杜甫颇有微词。现代学者闻一多推崇杜甫胜过推崇李白，他说，李白有杜甫的天才，没有杜甫的人格（《唐诗杂论·杜甫》）；郭沫若却明显是扬李抑杜，李白事事高明，他的《陪侍郎叔游洞庭醉后三首》其三诗，"划却君山好，平铺湘水流。巴陵无限酒，醉杀洞庭秋"，几乎开劈山造田的先河，杜甫则处处猥琐，他的《茅屋为秋风所破歌》，自始至终暴露的就是一个地主老财的丑恶嘴脸（见其《李白与杜甫》）。

中华人民共和国成立以来，几种影响较大的大学文学史教科书，态度也不尽相同。游国恩等主编的《中国文学史》，对李白杜甫一视同仁，都设专章进行介绍、阐述，而且篇幅相当；近年出版的两种文学史著作，复旦大学章培恒主编的《中国文学史新著》和北京大学袁行霈主编的《中国文学史》，表面上是同等对待李白杜甫，而实际上都藏着扬李抑杜的私心：李白有干净利落的专章阐述，杜甫一章却缀了介绍杜甫好友元结的内容。换言之，在他们的文学史宾馆里，李白住的是单人间，杜甫住的是双人房。

我从前也曾赞同李白杜甫不能分出高下优劣的理论，曾经服膺李杜双峰并峙、难分高下、"合之双美，离之两伤"以及"文无第一"等的调和高论。但是，近年以来却日益感觉到，这种调和高论是搭建在掩盖真性情、言不由衷沙地上的楼阁，是靠不住的。世上没有绝对相同、相等的两件事物，认为李白、杜甫各有长处，略有高下，合乎情理。世上之人，出身、处境、阅历、性情各不相同，有人喜欢李白，有人偏爱杜甫，无可厚非。我心里的李白杜甫有高下之分，不等于李白杜甫就一个伟大，另一个不伟大，因为别人心里的李白杜甫，高下可能跟我正好倒个个儿。

提倡说真话的时代，也应该提倡敢于不做"和事佬"的精神。

在李白杜甫问题上，我跟闻一多先生的态度一样：爱李白，更爱杜甫。

颜真卿怎样解决离婚率问题?

离婚现象古已有之。但是,还得加上一句:于今为烈。统计数字表明,我国二十世纪八十年代以来,离婚数量及比率几乎都呈直线上升趋势。

原因何在?我们使用两种著名的网络搜索引擎,输入"现代社会离婚率高的原因",随意浏览了一下。人们总结出来的种种原因,涉及道德观念、婚姻观念、相关法律、经济变化等等方面,相当全面。但是,一种古已有之、司空见惯的情形,似乎反而没有被注意到:男人是只会读书写字(包括写诗)、不会赚钱的书生,被女人嫌弃,屡教不改,终于离去。商朝的姜太公,汉朝的朱买臣,唐朝的李太白,都曾有过这种遭遇。

当代的事例,因为不胜枚举,所以只举一例。几年前曾听一位大学同学讲过她的一位中学同学的故事:这位中学同学,学习一向出色,在一所国内顶尖大学师从一位权威学者,得到了古文字学的博士学位,毕业后留在母校教书。在外人听来,这大约算是不错的一份工作。但是,与他同为大学同学的妻子对他每月千把元钱收入的财经状况极为不满，啧有烦言，不几年便另择高枝飞走了。受此沉重打击之后，这位先生吸取教训，改弦更张，拜托亲友帮他在老家找了一个农村姑娘结婚。他以为，农村女子总应该不会那么势利，他可以安心钻研古文字学了。不料，两三年的城市生活，就完全抹去了这位农村姑娘眼睛里对丈夫的崇拜和敬意，代之以种种不满、嫌弃乃至鄙夷。淳朴的农村姑娘，也变成了啧有烦言的妻子，婚姻再一次处于风雨飘摇之中，这位先生还是不能安心钻研他的古文字学。

男子读书受穷，女人不愿同甘共苦，离婚现象就出现了。男子读书受穷是古今规律，女人不愿同甘共苦是普遍现象。所以，离婚数量就很多，离婚率就很高。

遗憾的是，古往今来，似乎并没有人和组织对这个问题加以重视，承认为此事负责，愿意为减少、杜绝这种离婚现象做出努力。姜太公、朱买臣，都是因为个人运气好，得到君王的赏识，终于发达起来，终于有了扬眉吐气的一天。李白运气不算太好，但昙花一现，也曾风光了一把，接到进京做文学侍从的诏书，他曾喊出了"仰天大笑出门去，我辈岂是蓬蒿人"的豪言壮语，爽了一阵子。

暑假开始，既热且闲；竹席铺地，闲书乱翻。在唐人笔记《云溪友议》中读到一则故事，大致如下：颜真卿做临川（在今江西抚州）内史的时候，当地有一个叫杨志坚的人，家境贫穷，但是他酷爱读书钻研学问。他的妻子不愿意跟着他过饥一顿饱一顿的苦日子，要求离婚，让他给自己写一封休书。毕竟是诗歌国度唐朝人，杨志坚的休书是一首诗："平生志业在琴诗，头上如今有二丝。渔父尚知溪谷暗，山妻不信出身迟。荆钗任意撩新鬓，明镜从他别画眉。今日便同行路客，

●● 吵架的夫妻 ●●

相逢即是下山时。"大意是：我平生的志向爱好是弹琴吟诗，现在年岁已大，头发花白了。乡下妻子不相信我终有出头之日，提出离婚。那就让她由别人给她"把长发盘起"，由着她为别人另画新眉。从今天起，你我便是井水不犯河水的路人。日后相逢，我也只是你的前夫了。杨志坚妻子拿着这首诗到州衙门，要求衙门给盖上大印（公章），以便再嫁。不巧，管事者颜真卿是个爱惜读书人的官员。判案时，颜真卿说："杨志坚一向钻研儒学，读遍九经，所写的诗文，都很有文采。他愚蠢的妻子，看他没有发达起来，便要求离婚……这种女人是会败坏风俗的。如果不加惩罚，心存侥幸总想着攀高枝的人就会很多。判她棒打屁股二十下后，任由改嫁。至于杨志坚秀才，赠送棉布绢帛各二十匹，禄米二十石，并且让他从此在军队中担任参谋一职。此事须大力宣扬，务必让远近之人都知道。"此后十几年里，江左一带，再没有女人敢抛弃丈夫的。

以今人眼光看，颜真卿的做法并非尽善尽美。例如，没有表现出对女性应有的尊重。但是他的奖惩做法，的确是起了一定作用的。

李商隐跟谁"心有灵犀"？

昨夜星辰昨夜风，画楼西畔桂堂东。

身无彩凤双飞翼，心有灵犀一点通。

隔座送钩春酒暖，分曹射覆蜡灯红。

嗟余听鼓应官去，走马兰台类转蓬。

（李商隐《无题二首》之一）

李商隐的不少诗歌，因为语言隐晦，用典繁密，其中诗意往往难有确解，历来存在众说纷纭的局面。被诗评家们视为畏途的《锦瑟》不必说了，就是一般认为比较容易理解、因成语"心有灵犀"而妇孺皆知的这一首《无题》诗，其中李商隐跟谁心有灵犀的问题，已然让千百年来的诗人、学者们争论不休了。粗略统计，说法有八九种之多。请看：

一说是皇帝。吴乔《西昆发微》引杨孟载云："义山无题诗，皆寓君臣遇合，得其旨矣。"

一说是李商隐发小、后来子承父业做了宰相的令狐绹。吴乔《西昆发微》称"昨夜"二句"述绚宴接之地"，"身无"二句"言绚与己位地隔绝，不得同升，已而两心相照也"，结尾二句"结唯自恨，未怨令狐也"。

一说是某位少年得志的帅哥。姚培谦《李义山诗集笺注》根据同题另一首作品中的"闻道阊门绿萼华"一句，推测"其人必少俊而骧蹋清华者"。

一说是美貌的女道士。胡以梅《唐诗贯珠笺释》根据同题另一首作品中的"闻道阊门萼绿华"等诗句，认为"席上本有萼绿华其人"。

一说是于李商隐有知遇之恩。后来成为其岳父的王茂元家的女人。赵臣瑗《山满楼笺注唐诗七言律》认为这诗是"义山在王茂元家窃睹其闺人而为之"。

一说是令狐宰相家的女人。赵臣瑗《山满楼笺注唐诗七言律》有"或云在令狐相公家者，非也"的话。

一说是某达官贵人的后房姬妾。冯浩《玉谿生诗笺注》认为两首《无题》诗均属艳情诗，系"因窥见后房姬妾而作"。

一说来自吴地的某达官贵人家妓。王鸣盛云："其所怀者，吴人也，故云'阊门'，又云'吴王苑内花'。"（《玉谿生诗笺注》初刊本手批）

一说娼门妓女。据说，纪昀说过"二首直是狭邪之作，了无可取"的话（《瀛奎律髓刊误》引）。

其中是否有一种说法合乎李商隐的原意？如果有，是哪一种说法？如果没有，李商隐原意指谁何？这个世界上大概只有一个人知道标准答案，那就是李商隐本人。但是，李商隐已经死去一千多年了，他不可能来开个新闻发布会，向媒体披露究竟谁才是绯闻的另一个主角。其他人无非都是行使读者的猜测权，根据各自的学识、理解、需要，提出一种说法，或者赞同某种说法，反对其他说法。读者的这种权利，相当神圣，他人一概无从剥夺。但是，在目前已经有这么多说法的情况下，很难再提出一种新的说法。不过，我还是要说：李商隐心有灵犀的人，总应该是一个女人，是妓女、道姑，抑或是谁家的小姐、贵妇，倒在其次。至于说李商隐跟皇帝、令狐绚之类泥土做的男人心有灵犀，未免有些煞风景。

杜牧为何鄙视白居易？

一般而言，唐代诗人之间，相互推崇的很多，排斥鄙视的较少。像晚唐著名诗人杜牧那样，以晚辈身份鄙视比自己地位更高的诗人白居易的情况，实在不多。

杜牧不但不是目空一切、妒贤嫉能、心胸狭隘之辈，相反，他是一个头脑清醒、喜扬人善、心胸宽阔的人。无论是前辈诗人还是同龄诗人，都有多位曾经得到过杜牧的高度赞扬。例如，对前辈诗人杜甫、韩愈，他有"杜诗韩笔愁来读，似倩麻姑痒处搔"两句诗。对稍早于自己的李贺，同龄人李商隐、张祜等诗人，他都曾经毫不吝啬地加以赞美。年轻的时候，杜牧专门学习过李贺的诗。关于张祜，他写过"谁人得似张公子，千首诗轻万户侯"的诗句。但是，杜牧在《献诗启》一文中，表明自己创作诗歌的态度是："某苦心为诗，本求高绝，不务绮丽，不涉习俗，不今不古，处于中间。"明眼人不难看出，其中"习俗"指的是元稹、白居易的"元和体"。对于元稹、白居易，时人曾有"元浅白俗"的讥评。好友李戡病死之后，杜牧为其撰写墓志铭，其中转述李戡的观点："……痛自元和已来，有元、白诗者，纤艳不逞，非庄士雅人，多为其所破坏，流于民间，疏于屏壁，子父女母，交口教授，淫言媟语，冬寒夏热，入人肌骨，不可除去"。这种观点，既然被杜牧郑重其事地写进了墓志铭，就说明这不仅是亡友的观点，也是杜牧本人的观点。可见，杜牧对元稹、白居易的诗歌是很不感冒的。

如此不客气地鄙视比自己早出生二十余年、跟自己没有直接利害冲突的前辈，而且这位前辈还是跟自己一样都喜欢描写男女风情诗歌的著名诗人，这种做法实在有些匪夷所思。

其中必有原因。那么，原因何在呢？

有论者认为，可能是因为元稹、白居易反映民生疾苦、批判社会现实的诗歌在当时流传不广，杜牧没有看到。

这种说法是不可信的。以元稹、白居易当时的诗坛地位和影响力，他们的诗歌作品，应该是每写出一篇就会不胫而走，广为传播，绝不可能出现一大类作品没能得到传播的情况。元稹《上令狐相公诗启》中说自己的讽喻诗"固不敢陈露于人"，原因并非"罪尤是惧"（害怕被朝廷怪罪），而是自己觉得"词直气粗"，不好意思拿出来示人，是谦虚的说法。众所周知，唐朝的文艺政策十分自由，文艺环境十分宽松，对诗人的创作没有任何限制，不曾有一位诗人曾经因言获罪。再者，倘若元稹真的害怕这类诗歌会给自己惹出祸害，他也不会傻到要告诉宰相令狐楚自己写过这一类作品。另外，元稹其人，显然不是谨小慎微、明哲保身、噤若寒蝉的性格。白居易《与元九书》所说的"今仆之诗，人所爱者，悉不过杂律诗与《长恨歌》以下耳"，只能说明白居易反映民生疾苦、批判社会现实的作品，并没有受到当时人应有的重视，而不能证明这类作品没有得到较好的传播。可以肯定，杜牧是看到过元稹、白居易反映民生疾苦、批判社会现实的诗歌作品的。

杜牧之所以那样极力排斥元稹、白居易的诗歌，除了不欣赏他们过于浅显、通俗的语言风格之外，更重要的是对元稹、白居易为人处世的强烈不满。具体地说，主要是元稹、白居易曾经压抑过杜牧所欣赏的诗人张祜。

穆宗长庆年间（821—824），白居易做杭州刺史时，张祜到杭州，希望他能贡举自己去参加进士考试。不料，经过一番考试之后，白居易取另一个举子徐凝为解元，并没有取当时已经名满江南的张祜，以至于张祜日后未能考中进士。令狐楚十分欣赏张祜的文才，曾经亲自起草奏章，竭力举荐张祜，称赞其诗歌为"辈流所推，风格罕及"。但是，当皇帝想要启用张祜，征询元稹意见时，他回答说"张祜雕虫小巧，壮夫不为"，并以录用张祜可能导致天下"风教"沦丧而加以阻挠。但真实原因是元稹故意压制政敌令狐楚赏识的人。因此，张祜一无所获，黯然离开京城，过着寄人篱下的生活，一生都以白衣身份四处漂泊。

杜牧虽然直到做池州刺史时才跟张祜第一次会面，但是，他对张祜的诗歌才华早已心生敬佩。见面后，意气相投，很快成为好朋友。因此，杜牧对元稹、白居易非常不满，感情的天平始终向张祜一边倾斜。《登池州九峰楼寄张祜》诗，则就遭白居易压抑事对张祜进行安慰："睫在眼前长不见，道非身外更何求？谁人得似张公子，千首诗轻万户侯。"

当然，杜牧之所以为张祜打抱不平，除了他的确欣赏张祜的诗歌才华之外，也跟他与张祜有着相似的遭遇和命运有关。两人都遭人压抑，怀才不遇。他们的友情中，应该有惺惺相惜、同病相怜的成分。元稹、白居易这一对"情逾骨肉"的好朋友，竟然联手（或者是不约而同）紧紧扼住张祜命运的咽喉，我也为他们感到遗憾，为张祜感到不平。我愿意站在杜牧一边。

谁是大唐第一才女?

作为华夏五千年文明史上两个最为强盛的朝代之一（另一个是汉朝），唐代涌现出来的才女，不但数量多，水平也挺突出。其中的佼佼者徐贤妃、上官昭容（婉儿）、李季兰、薛涛、鱼玄机等人，不但受到了同时代人们的称赞，而且还有作品流传至今。

那么，从"状元病"的文化视角看，她们之中，谁堪称第一才女呢?

在作出判断之前，我们还是先来简单介绍一下她们的情况吧:

徐贤妃，本名惠，浙江湖州人。出生五个月就会说话，四岁通读《论语》，八岁会写诗做文章。一次，她父亲让她模仿屈原《离骚》写一篇题为徐贤妃《拟小山篇》的诗，诗中有这样的句子: "仰幽岩而流盼，抚桂枝以凝想。将千龄兮此遇，荃何为兮独往?"她父亲看后大惊，知道女儿的才华是掩盖不住的，干脆将其传播出去。唐太宗得知后，将这位江南才女征召进宫，先封才人，不久选为充容，死后追赠贤妃。《全唐诗》里存有徐惠的五首诗，从这些诗看，她既善哀怨，亦能壮丽。哀怨诗如《长门怨》:

旧爱柏梁台，新宠昭阳殿。

守分辞芳辇，含情泣团扇。

一朝歌舞荣，夙昔诗书贱。

颓恩诚已矣，覆水难重荐。

壮丽诗如《秋风函谷应诏》：

秋风起函谷，劲气动河山。

偃松千岭上，杂雨二陵间。

低云愁广隰，落日惨重关。

此时飘紫气，应验真人还。

她最为人称道的作品是《进太宗》，这是一首俏皮的小诗：

朝来临镜台，妆罢暂裴回。

千金始一笑，一召讵能来。

据说写这诗的背景是：有一次，唐太宗召见徐妃，她很久都没有
到来。于是，龙颜大怒。姗姗来迟的徐妃，不但没有认错道歉，反而
呈上了这一首小诗。可以想象，唐太宗在看到这首诗后，应该是转怒
为喜了的。这位徐惠不但做诗路数宽，眼光胸怀也不同寻常。她曾经
上疏唐太宗，请求息兵罢役。据说深得李世民的敬重。

上官昭容，本名婉儿，陕州陕县人，是唐高宗时宰相上官仪的孙
女。上官仪因替高宗起草废黜武则天的诏书，被武后所杀，家族籍没。

●● 上官婉儿 ●●

尚在襁褓之中的上官婉儿与母亲郑氏一道，沦为宫廷里的奴婢。因为她长大后相貌秀美，文采过人，武则天下令免其奴婢身份，并由其掌管宫中诏命。她不但经常替皇帝、皇后以及长宁、安乐两位公主作诗，还经常主持御前文人的赛诗活动。她所裁定的高下胜负，令众人心悦诚服。上官婉儿刻印过文集，著名宰相同时也是文章大手笔张说在序中盛赞她的政治才能的同时，认为她的文采堪比汉朝的班昭和晋代的左芬。《全唐诗》里保存了上官婉儿的六题诗，其中《驾幸新丰温泉宫献诗》包括三首诗，《游长宁公主流杯池》包括二十五首诗。以今天的眼光看，上官婉儿的诗大多属于馆阁体，艺术价值不高。但是，《彩书怨》一首还是不错的：

> 叶下洞庭初，思君万里余。
> 露浓香被冷，月落锦屏虚。
> 欲奏江南曲，贪封蓟北书。
> 书中无别意，惟怅久离居。

其中流露了女子对爱人的思念之情，挺真实。

李季兰，名冶，三峡一带人，后来长期居住在浙江湖州。六岁时所作的《蔷薇诗》有这样两句："经时不架却，心绪乱纵横。"他父亲看后，认为女儿太聪明，担心日后不能成为恪守礼制的良家妇女。果然，李季兰后来出家做了道姑，天天跟一帮风流文人厮混，应对之际，风情万种。李季兰的诗歌得到了其同代人的高度评价。唐玄宗听说她的诗名后，曾宣召她赴阙觐见，留她在宫中住了一个多月。李季兰离开京城返回家乡时，玄宗赏赐了她不少钱财。编辑《中兴间气集》

的评论家高仲武称赞李季兰"形气既雄，诗意亦荡"，是"自鲍照以下，罕有其伦"。计有功《唐诗纪事》里收录了李季兰的五首诗，其中《从萧叔子听弹琴赋得三峡流泉歌》堪称代表作：

　　妾家本住巫山云，巫山流水常自闻。

　　玉琴弹出转寥夐，直似当时梦中听。

　　三峡流泉几千里，一时流入深闺里。

　　巨石奔崖指下生，飞波走浪弦中起。

　　初疑喷涌含雷风，又似呜咽流不通。

　　回湍曲濑势将尽，时复滴沥平沙中。

　　忆昔阮公为此曲，能使仲容听不足。

　　一弹既罢复一弹，愿似流泉镇相续。

　　读过此诗，不难发现，高仲武的评价是中肯的。

　　薛涛，字洪度，成都著名歌妓。她喜欢写作短诗，觉得当时诗笺纸张过于阔大，未免浪费。于是制作了小幅的诗笺，颇受欢迎，当时四川一带人称之为"薛涛笺"。薛涛因为聪明伶俐，才思敏捷，慕名登门的诗人名流很多，门庭若市。诗人胡曾（一说王建）称赞薛涛诗才超过一般男性诗人，有"扫眉才子知多少，管领风骚总不如"之句。著名诗人元稹在成都接受过薛涛的服侍，回京之后，不能忘情，多次给她写信。其中的一封书信，这样描述她的文才："言语巧偷鹦鹉舌，文章分得凤凰毛。纷纷词客多停笔，个个公侯欲梦刀。"《全唐诗》中保存了薛涛的七十余首诗歌作品。多数是应酬之作，但是也有若干不错的作品。例如《罚赴边有怀上韦令公二首》其一：

闻道边城苦，今来到始知。

羞将门下曲，唱与陇头儿。

记述了她一次亲身经历，对边关将士的同情溢于言表。

鱼玄机，字幼微，长安人。鱼玄机为人聪慧，爱好读书。成年后被一个名叫李亿的朝廷官员（补阙）纳为妾室，颇受宠爱。因为大老婆嫉妒，不能相容，李亿只得将她送到一个道观栖身。鱼玄机当然怨恨不已，写下了"易求无价宝，难得有心郎"的诗句。鱼玄机广泛交往当时的文人墨客，跟著名诗人李郢、温庭筠等相互酬唱。《全唐诗》中保存了鱼玄机的四十余首作品，她的诗颇有男子阳刚之气。例如《游崇真观南楼睹新及第题名处》一诗：

云峰满目放春晴，历历银钩指下生。

自恨罗衣掩诗句，举头空羡榜中名。

正如《唐才子传》作者元人辛文房所说，这样的人，倘若生为男子，一定不是庸碌无为之辈。再举一首鱼玄机的诗《临江树》（《全唐诗》作《赋得江边柳》）：

翠色连荒岸，烟姿入远楼。

影铺秋水面，花落钓人头。

根老藏鱼窟，枝低系客舟。

萧萧风雨夜，惊梦复添愁。

诗意苍凉，语言遒劲，显然不是一般女性诗人所能相提并论的。

著者个人意见是：不论人品，但论文采，这些大唐才女中，李季兰、鱼玄机、薛涛可点为前三甲。

唐朝三流诗人贾岛
为何受后人顶礼膜拜？

中国古代诗人中，被后世推崇得最高的，不是屈原，不是陶渊明，不是李白，不是王维，也不是杜甫……而是一个对很多人而言比较陌生的名字：中唐诗人贾岛！

屈原，堪称中国浪漫主义诗歌之父；陶渊明，被称为隐逸诗人之宗；李白，有"诗仙"的美誉；王维，有人称其为"诗佛"；杜甫，是公认的"诗圣"……他们都是诗人中的诗人，是诗歌国度中殿堂级的人物。说三流诗人贾岛在后人心目中的地位凌驾于他们之上，估计得有不少人表示难以置信，心理上无法接受。

唐宋时期的许多著作，《唐摭言》《唐才子传》《唐诗纪事》《郡斋读书志》《北梦琐言》等，都记载了这样的事情：唐末诗人李洞，因为酷爱贾岛其人其诗，遂将其铸为铜像，加以膜拜。《唐才子传》卷九是这样说的："（李洞）酷慕贾长江，遂铜写岛像，戴之巾中。常持数珠念贾岛佛，一日千遍。人有喜岛者，洞必手录岛诗赠之，叮咛再四，曰：'此无异佛经，归，焚香拜之。'"《郡斋读书志》卷十八也有南唐人孙晟"尝画贾岛像，置于屋壁，晨夕事之"的记载。杰出诗人生前历经坎坷，死后追捧者众多，尽享尊荣，文学史上的例子很多，屈原、陶渊明、李白、杜甫等人莫不如此。但是，他们在后代人心目中的地位，基本上都限于人间层面，没有高升到神界——杜甫的"诗圣"相当于素王，已是人间之登峰造极。王维的"诗佛"称号和李白的"诗仙"荣誉，指的都是他们思想深受佛、道影响，诗歌中多言佛、道，并非说他们在诗界的地位如佛，如仙。只有贾岛，升入神界，被后世同行李洞、孙晟等人尊奉如佛。

看到这里，可能会有人提出质疑：李洞、孙晟不是神经病吧？

李洞不是神经病，他是李唐诸王之孙，皇族后裔。自然是家道已然衰落的王孙，也是个刻苦钻研诗歌艺术的人，受到同时代诗人吴融的赏识，《全唐诗》里保存了他的三卷诗。孙晟也不是神经病，少年时代做过道士，后入仕历任中书舍人、翰林学士、中书侍郎，一直做到宰相，颇有政绩。做官之余，孙晟著有文集三卷，有《文献通考》流传于世。

李洞、孙晟酷爱贾岛，不是个别现象。历代诗人中，喜爱、推崇贾岛者不在少数。晚唐至五代，学习贾岛的诗人，不计其数。闻一多先生称这一时代为"贾岛时代"。从那以后，几乎每个时代的末叶，诗坛都有效法贾岛的人，宋末的"四灵诗派"，明末"竟陵诗派"的钟惺、谭元春，清末的"同光派"，无不如此。

一个文化人物，受后人推崇、景仰的程度，还可以从真假坟墓的数量上体现出来。我们有个观点：死去一百年之后，还能有两座坟墓为人所知者，都不是凡人；倘若这个人生前是非富非贵之人，那就更加了得。而贾岛，一个生前吃饭活命都成问题的诗人，死后的坟墓，竟然多达四座！第一座位于北京房山区石楼镇二站村，贾岛出生地。衣冠冢，整个墓园包括祠堂（贾公祠）、坟墓（宝顶）、碑亭三个部分。明清两朝先后修葺立碑，明碑所镌七律诗，为著名文学家李东阳所作；第二座位于四川安岳县城南郊安泉山，贾岛死葬地。其生前好友苏绛《贾司仓墓志铭》云："（贾岛）于会昌癸亥岁七月二十八日终于郡官舍，春秋六十有四……葬于普南安泉山。"墓前建有瘦诗亭，亭内碑碣林立，镌刻历代题咏；第三座位于四川遂州蓬溪县郪口乡长江坝明月山。蓬溪为唐朝遂州长江县故地，贾岛曾于此县任主簿一职。唐末郑谷有《长江县经贾岛墓》诗，可见此墓乃唐代所建造。宋清两代先后重修，有贾公祠，祠内有塑像、匾额、楹联、历代题咏；第四座位于安徽当涂青山。清人吴省钦《瘦诗亭记》亦称"当涂青山之北，有李白墓，南即贾岛墓"。可见，贾岛不但坟墓多，坟墓的规格也高。中国古代诗人中，只有杜甫差可并论。

我们所熟悉的文学史著作中，贾岛的地位，在他的同代人中，不但无法跟李白、杜甫、王维、李商隐等人相提并论，也不能跟韩愈、柳宗元、孟浩然、白居易、杜牧等人并列，就是元稹、张籍、孟郊、张祜等人，他也有所不及。充其量，他只能算个三流诗人。

这样的一个诗人，为什么会有那么多人喜爱他，把他推崇到佛的高度，加以顶礼膜拜呢？个中原因，不由人不好奇。

闻一多先生曾经试图解答这个问题。他认为，贾岛之所以受到人们的欢迎，是因为他的思想和他的诗歌让人们感到轻松，可以休息一下。闻一多先生的原话充满激情，富有诗意：

> ……初唐的华贵，盛唐的壮丽，以及最近十才子的秀媚，都已腻味了，而且容易引起一种幻灭感。他们需要一点清凉，甚至一点酸涩来换换口味。在多年的热情与感伤中，他们的感情也疲乏了。现在他们要休息。他们所熟习的禅宗与老庄思想也这样开导他们。孟郊、白居易鼓励他们再前进。眼看见前进也是枉然，不要说他们早已声嘶力竭。况且有时在理论上就释道二家的立场说，他们还觉得"退"才是正当办法。正在苦闷中，贾岛来了，他们得救了，他们惊喜得像发现了一个新天地，真的，这整个人生的半面，犹如一日之中有夜，四时中有秋冬……这确乎是一个理想的休息场所，让感情与思想都睡去，只感官张着眼睛往有清凉色调的地带涉猎去。
>
> （闻一多《贾岛》，见其《唐诗杂论》）

闻一多先生当然是非常优秀的学者，但是他这里的解释，是典型的诗人的解释。有道理，但不够全面。精神层面的需要，固然是人类一种重要的需要，但要让人们像对待佛一样地敬仰他，膜拜他，一定还得有社会层面的需求。

因此我们认为，除了贾岛兼容佛（他做过多年的和尚，法名无本）、儒的思想和他注重色调的诗歌语言艺术特色之外，他的情感立场和人生命运的阶层代表性，也是不可忽略的一方面原因。换言之，应该还有一系列的社会原因。

贾岛并非完全脱离现实社会之人，他的诗歌有着丰富的现实内容，打着鲜明的阶层烙印。贾岛研究专家齐文榜先生认为，贾岛咏唱穷困的诗歌，"是中唐下层士子困苦生活的典型反映"，并非只是他个人生活的反映（《贾岛集校注·前言》）。诚哉斯言！"下第只空囊，如何住帝乡"（《下第》），"羁旅复经冬，瓢空盎亦空"（《冬夜》），"井底有甘泉，釜中乃空燃"（《朝饥》），"鬓边虽有丝，不堪织寒衣"（《客喜》），都很好地写出了下层士子的困苦景况；"灯下南华卷，祛愁当酒杯"（《病起》），"十年走尘土，负我汗漫期"（《纪汤泉》），道出了士子心中普遍存在的游侠梦想；"流星透疏木，走月逆行云"（《宿山寺》），"秋风生渭水，落叶满长安"（《忆江上吴处士》），"池开菡萏香，门闭莓苔秋"（《题岸上人郡内闲居》），"山过春草寺，磬度落花潭"（《送宣皎上人游太白》），"远道擎空钵，深山蹋落花"（《送贺兰上人》），都符合士子尤其是下层士子的审美口味。

　　除了思想、感情、立场的代表性以外，贾岛为人诚恳朴实、社交广泛兼容（佛儒两界都有大量的朋友）以及人生道路坎坷潦倒，也都是成就他真正的偶像地位的重要原因。众多原因，成就一尊偶像。这才可以解释为什么不是张籍，不是孟郊，不是柳宗元，不是韩愈，只能是贾岛。

　　贾岛跟杜甫不同，他的作品中多反映下层士子的困苦生活，而杜甫则多反映比士子还要低贱的穷苦百姓的困苦生活。穷苦百姓不是杜甫诗歌的读者，他们也没有能力抄写杜甫诗、铸造杜甫像，去膜拜，去赠送他人。而贾岛的读者，能做这些事情。

"锄禾日当午"中的
"锄禾"指什么劳作?

锄禾日当午，汗滴禾下土。

谁知盘中餐，粒粒皆辛苦。

唐人李绅的这一首《悯农》诗，在当今可谓家喻户晓，妇幼皆知。论知名度，在全部唐诗中应该是排在前十名之内的。它之所以能有这么高的知名度，除了思想健康、感情美好之外，还有一个原因：语言浅显明白，朗朗上口，容易记住。估计大多数人会觉得，这是一首不需要做任何词语注释的古代诗歌。

而实际上，对于诗中的一个词语，人们的理解是有分歧的，那便是"锄禾"二字。我一直以为，人们都会把"锄禾"理解为在庄稼（禾苗）地里松土和除去杂草。但是，不久前得知，有一些人是把它理解为收割庄稼（例如稻子）的。

唐诗里的"锄禾"究竟是什么意思呢？

这得从"锄"字说起。锄，用作名词，很好理解，就是锄头。荷锄，扛着锄头。例如：王维《渭川田家》"田夫荷锄至，相见语依依。"杜甫《无家别》"方春独荷锄，日暮还灌畦。"白居易《题座隅》"手不任执殳，肩不能荷锄。"

"锄"用作动词，情况就有点复杂。意思较为明确的，有如下三种：

其一，松土。例如：韦应物《答冯鲁秀才》"薄田失锄耨，生苗安可任？"戴叔伦《屯田词》"麦苗渐长天苦晴，土干确确锄不得。"王建《励学》"良田少锄理，兰焦香亦薄。"

其二，铲除。李白《赠从弟南平太守之遥二首》"兰生谷底人不锄，云在高山空卷舒。"韦应物《新理西斋》"养条刊朽枿，护药锄秽芜。"孟郊《湘弦怨》"昧者理芳草，蒿兰同一锄。"白居易《问友》"锄艾恐伤兰，溉兰恐滋艾。"卢仝《寄男抱孙》"下学偷功夫，新宅锄藜莠。"施肩吾《山中得刘秀才京书》"自笑家贫客到疏，满庭烟草不能锄。"薛能《和曹侍御除夜有怀》"叶多庭不扫，根在径新锄。"贾岛《寄武功姚主簿》"锄草留丛药，寻山上石梯。"

其三，掘取。例如：徐凝《柬白丈人》"昔时丈人鬓发白，千年松下锄茯苓。"

但是，下边两种情况，究竟是松土、铲除杂草，还是间苗（除去多余的禾苗）、收割，意思不明确：

其一，"锄"字不带宾语的。例如：韦应物《种瓜》"直以春窘迫，过时不得锄。"储光羲《同王十三维偶然作十首》"野老本贫贱，冒暑锄瓜田。"李德裕《郊外即事寄侍郎大尹》"老农争席坐，稚子带经锄。"

其二，"锄"字带宾语的。例如：王维《瓜园诗》"余适欲锄瓜，倚锄听叩门。"（锄瓜）白居易《归田三首》"四十为野夫，田中学锄谷。"（锄谷）刘长卿《过鹦鹉洲王处士别业》"古柳依沙发，春苗带雨锄。"（锄春苗）杜荀鹤《钓叟》"田不曾耕地不锄，谁人闲散得如渠。"（锄地）

既然指代是不明确的，按理说，怎么理解都可以。反正诗歌语言不同于科技语言，不需要搞得很清楚，弄得很精确。但是，李绅这首《悯农》诗还有另一种版本。如下：

> 锄田当日午，汗滴禾下土。
> 谁念盘中餐，粒粒皆辛苦。

根据这个版本，"锄禾"就是"锄田"，可以排除收割义项。今天如果的确有方言管收割叫"锄禾"，那应该是后起的义项。

最后，补充一点意思。其实，对农家而言，"锄田当日午，汗滴禾下土"并非最苦的事情——更苦的是，流了无数的汗水之后，那成果却并不属于自己。请看下边两首唐诗：

> 父耕原上田，子劚山下荒。
> 六月禾未秀，官家已修仓。
> （聂夷中《田家二首》之一）

> 种田望雨多，雨多长蓬蒿。
> 亦念官赋急，宁知荷锄劳。

亭午霁日明，邻翁醉陶陶。

乡吏不到门，禾黍苗自高。

独有辛苦者，屡为州县徭。

罢锄田又废，恋乡不忍逃。

出门吏相促，邻家满仓谷。

邻翁不可告，尽日向田哭。

（司马扎《锄草怨》）

饭桌之上，识文断字的城里人为了教育自家孩子从小懂得节约粮食，在背诵"锄禾日当午，汗滴禾下土……"之余，倘若能够再讲一讲这两首诗，教育意义就更加深远了。

51

"冰心玉壶"究竟是什么意思?

寒雨连江夜入吴，平明送客楚山孤。

洛阳亲友如相问，一片冰心在玉壶。

唐代诗人王昌龄的这一首《芙蓉楼送辛渐》，是脍炙人口的名诗，后两句"洛阳亲友如相问，一片冰心在玉壶"堪称家喻户晓。然而，历来注家对其中"一片冰心在玉壶"中"冰心"的解释，大多是不够准确的，至少是不够全面的。

关于"冰心玉壶"，历来主要有两种解释，一种可以说是"辩诬"，一种可以说是"明志"。

所谓"辩诬"，即言王昌龄在向亲友表明自己的清白、廉洁。这种说法流布最广，影响最大。清代学者提出之后，今天的不少唐诗选本、鉴赏文章都沿袭此说。清人黄生《唐诗摘抄》卷四云"此自喻其志行之洁"；黄叔灿《唐诗笺注》卷八云"……下二句托寄之言，自述心地莹洁，无尘可滓。本传言少伯'不护细行'，或有所为而云"。中国社会科学院文学研究所《唐诗选》注释说，王昌龄概括前人"玉壶""冰心"的意思，"用以表示自己的清廉"。上海辞书出版社《唐诗鉴赏辞典》也说王昌龄托辛渐给洛阳亲友带去的口信，是"传达自己依然冰清玉洁、坚持操守的信念"。

所谓"明志"，即言王昌龄在向亲友表示自己已然无意仕进，下决心过隐居生活了。这种说法，早在明代就有人提出来了。唐汝询《唐诗解》卷二十六云："……倘亲友问我之行藏，当言心如冰冷，日就清虚，不复为宦情所牵矣。"清人沈德潜《唐诗别裁》卷十九也是这种观点，"言己之不牵于宦情也"。

自然，两种说法各有道理，也都能举出若干佐证。例如，"辩诬"说，可以联系到《河岳英灵集》《唐才子传》记载的王昌龄形迹，即曾因为不拘小节"谤议腾沸，两窜遐荒"。就是说，王昌龄有被人误解、需要辩解的事情。前人也的确有以冰比拟心的纯洁、清廉的。陆机《汉高祖功臣颂》"心若怀冰"，鲍照《代白头吟》"清如玉壶冰"，都是这种用法。姚崇《冰壶诫》中则明白地把冰壶比作君子为人处世的清廉之德，序言曰："夫洞澈无瑕，澄空见底，当官明白者，有类乎是。故内怀冰清，外涵玉润，此君子冰壶之德也。"卢纶《清如玉壶冰》更是直接把玉壶冰跟做官联系在一起，"玉壶冰始结，循吏政初成。既有虚心鉴，还如照胆清"。王维、崔颢、李白等人也曾用冰壶自励，推崇磊落澄澈的品格。"明志"说虽然未见举证，但是，我们也不妨为其列举一二。王昌龄好友常建《宿王昌龄隐居》诗"清溪深不测，隐处唯孤云。松际露微月，清光犹为君"等句，说明王昌龄的确有过隐居的念头和行为。而且，他的隐居很可能就是在遭受贬斥之后，多少带有牢骚愤懑成分。王昌龄《九江口作》"明时无弃才，谪去随孤舟"，便是很好的证明。此外，白居易《醉后戏题》用玉壶冰指心灰意冷、清心寡欲，"自知清冷似冬凌，每被人呼作律僧。今夜酒醺罗绮暖，被君融尽玉壶冰"。白居易的玉壶中冰，特点是"清冷"，可以被他人理解为近"僧"，显然不是一般的纯洁清澈的意思。

相比之下，"明志"说比"辩诬"说更合情理，也更合诗意。洛阳亲友倘若出于关心、慰问而有所探询，你就告诉他们，我王昌龄是纯洁、清白的。如此直白、急切地为自己辩白，语言突兀，了无韵味。这不像是出自"诗家夫子"，七言绝句写得不比李白差的王昌龄之手的诗句。洛阳亲友倘若有出于关心、慰问而有所探询，你就告诉他们，王昌龄现在心情已经较为平和宁静，不再汲汲于仕进，不再牢骚满腹，请他们放心。这样理解，就既合乎人之常情，也符合语境，问答相应。

其实，除了上述两种理解之外，还可以有第三种理解：王昌龄在表示自己对洛阳亲友契合不渝的感情。

在王昌龄之前之后，唐代诗人都有用玉壶冰表示友情的。骆宾王在跟朋友李峤分别之际，作了《别李峤得胜字》一诗，诗的末二句为"离心何以赠，自有玉壶冰"。大约是取玉壶与冰两者品性相似，比喻两人情投意合。王维《赋得清如玉壶冰》"玉壶何用好，偏许素冰居"，王季友《玉壶冰》"坚白能虚受，清寒得自凝"，无名氏《玉壶冰》"素质情方苟，孤明道岂殊"，都可作佐证。王维《清如玉壶冰》、王季友《玉壶冰》和无名氏《玉壶冰》，都是讲两情契合的作品。

我们认为，把玉壶冰心理解为两情相契，更能体会这诗深厚的感情和丰富的意蕴。明人陆时雍《唐诗镜》卷十二言"后二句别有深情"，大约也是这样理解的。

52

李白《静夜思》的"思"字
是什么意思?

随便问了一些人,李白《静夜思》的"思"字什么意思,那些人不是对我提出这个问题表示奇怪——奇怪于我竟然提出如此小儿科的问题——就是或漫不经心或斩钉截铁地答以"思念""想念"。大概,今天绝大多数读诗人都认为《静夜思》的"思"就是"思念""想念"的意思吧。

这个"思"字,与其理解成"思念""想念",不如理解成"忧""愁""悲""哀"更贴近诗意。

古汉语中,"思"除了思考、思慕之外,还常用于表示忧愁悲哀的意思。

《诗经·大序》:"亡国之音哀以思,其民困。"《文选》卷十九张华《励志诗》"吉士思秋",李善的注释是:"思,悲也。"《淮南子·缪称训》:"春女思,秋士悲。""思""悲"对文,可见"思"跟"悲"是同义词。

《文选》卷十八成公绥《啸赋》："情既思而能反，心虽哀而不伤。""思""哀"对文，可见"思"跟"哀"是同义词。

陈子昂《宿空舲峡青树村浦》："客思浩方乱，洲浦寂无喧。""思"一作"愁"（《全唐诗》第二册，中华书局1960年版，第912页）。张说《南中别陈七李十》："画鹢愁南海，离驹思北风。"（《全唐诗》第二册，第952页）"愁""思"对文。李群玉《长沙紫极宫雨夜愁坐》："春灯含思静相伴，夜雨滴愁更向深。""思""愁"对文，可见"思"跟"愁"是同义词。

李白《天马歌》："愿逢田子方，恻然为我悲。""悲"一作"思"（《全唐诗》第三册，第1684页）。可见"思"有"悲"义。

《洛阳伽蓝记》卷一引北魏孝庄帝五言诗："思鸟吟青松，哀风吹白杨。""思""哀"对文，可见"思"跟"哀"是同义词。

因此，著名训诂学家郭在贻先生认为，白居易的《琵琶行》"弦弦掩抑声声思，似诉平生不得志"，其中的"思"也应该解释为"悲哀"，而不是"情思"（郭在贻《训诂学》，中华书局2005年版，第19-20页）。

我们把郭在贻先生的意见稍加推广，提出：《静夜思》的"思"也是忧愁悲哀的意思，而不是"思念""想念"的意思。

清代大学者俞樾认为，李白的《静夜思》跟王昌龄的《闺怨》（闺中少妇不知愁）诗意相似（原话是"意实相准"，见其《湖楼笔谈》卷六）。俞樾所言甚是。所不同者，身份景物而已，触景生情的情节是一样的：一个看见原野中杨柳枝头的绿色而想起了自己在边塞从军的丈夫，哀怨顿起。一个看见窗前月光而起了乡愁，惆怅满怀。王昌龄诗题用"怨"

字，李白诗题用"思"字，其实也是同义词，都是忧愁悲哀的意思。

把《静夜思》的"思"字解作"思念""想念"，似乎也讲得通。但是，比起忧愁悲哀来，就不免太轻描淡写了一点，犹如隔靴搔痒，尚未读到诗人李白的内心深处去。

张志和的西塞山在哪里？

西塞山前白鹭飞，桃花流水鳜鱼肥。青箬笠，绿蓑衣，斜风细雨不须归。

（张志和《渔歌子》）

唐人张志和的这一首小词，不但是各种唐宋词选本中的常客，更被选入中学语文课本。因此，说它是家喻户晓的名作，一点也不为过。我相信，读过这首作品的不少人会跟我一样，产生一种好奇心理：拥有白鹭翻飞、桃花流水、斜风细雨美景的西塞山在哪里呢？

关于西塞山在哪里，历来有两种说法：一说在湖北（大冶县），一说在浙江（吴兴等）。

根据手边书籍一时翻检所及，说在湖北大冶县的，有陆游的《入蜀记》和吴熊和、萧瑞峰编选的《唐宋词精选》。《入蜀记》卷四："十六日，过新野……晚过道士矶，石壁数百尺，色正青，了无窍穴，而竹树迸根，交络其上，苍翠可爱。自过小孤，临江峰嶂，无出其右。矶一名西塞山，即玄真子《渔父辞》所谓'西塞山前白鹭飞'者。"

吴熊和、萧瑞峰在《渔歌子》下的注释显然承袭了陆游的说法，"西塞山，即道士矶，在湖北大冶县长江边"。

说在浙江吴兴的，见于俞平伯的《唐宋词选释》。俞平伯在张志和这首词下注释道："西塞山在浙江吴兴县西。"

有意思的是，《大冶县志》编撰者也对张志和《渔歌子》西塞山在大冶的说法表示了怀疑："颜鲁公作《玄真子传》，但言钓于会稽山水，不言入楚也。而《李文饶文集》和《渔父词》五首，多称越溪诸水。其云西塞山、青草湖，相去绝远，似属寄意。今观西塞惊涛骇浪，安得桃花流水，鼓枻投纶？钓台岖侧，险不可登。又青草湖在云梦，无缘溯回至彼，即寄意可知矣。抑或越中有西塞山，如太湖之有洞庭耶？"就是说，《大冶县志》编撰者认为张志和的西塞山是在浙江境内的。

具体在哪里，《大冶县志》没有说，实际上也许不在吴兴。颜真卿《浪迹先生元真子张志和碑铭》、《新唐书》本传、辛文房《唐才子传》等文献均记载，张志和之兄张鹤龄担心他出家为僧道，永远离家人而去，为他在"越州东郭"建造了几间尽量不着斧凿痕迹、接近自然的草堂。张志和于是就住在那里，经常到溪流边垂钓。当然，张志和钓的不是鱼（鳜鱼），而是寂寞，是悠闲自在。这些文献都说，张志和钓鱼的时候是不用诱饵的，因为他"志不在得鱼"。多年前见过香港的一种国文教科书给这篇文章配的插图，钓竿扬起，鳜鱼在钩上，过于写实，大煞风景。根据张志和哥哥张鹤龄在浦阳（唐时为婺州属县）做县尉的史实，张志和的西塞山，可能在浦阳县的东边，即今天浙江萧山东边的某一座小山。

那么，哪种说法更有道理呢？

陆游说张志和《渔歌子》的西塞山即新野（陆游用的是古地名，即三国魏时荆州治所，在今河南新野）道士矶，也许他不是创始者，而只是袭用前人或时人说法。这种说法的理由，大约只有一个，就是山名，大冶县有一座西塞山。《大冶县志》记载："西塞山去县九十里，高一百六十丈，周三十七里。"

相比之下，《大冶县志》怀疑张志和《渔歌子》的西塞山不是大冶县的西塞山，理由有三条：一是颜真卿所作的《玄真子传》（即《浪迹先生元真子张志和碑铭》）只说张志和在会稽垂钓，没说他到过湖北一带；二是《李文饶文集》中和张志和《渔歌子》的五首作品中说的多是越溪诸水；三是大冶西塞山边的江水没有桃花流水之景。这三条理由，无论是逻辑，还是情理，都比较可信。

但是，根据这些理由，也无法得出绝对的结论。毕竟，曾经款待过张志和、对张志和生平应该十分熟悉的颜真卿，在《浪迹先生元真子张志和碑铭》中，也有关于张志和在因故被贬为南浦（今江西南昌）县尉，遇赦后无心仕进，"遂扁舟垂纶，浮三江，泛五湖，自谓'烟波钓徒'"的记载。就是说，张志和有过一番浪迹江湖的经历，他是有可能到过大冶县西塞山一带的。此外，有如人们常说的，诗词中的地名可能是借用，是虚指，是杜撰，不一定都能坐实某处。对阅读者而言，理解诗词含意，也往往不必坐实地名。

比起西塞山到底在哪里这个问题，我们认为，《大冶县志》编撰者的态度更加值得关注。在我们这个历来有争着把名人诞生地、人文胜景揽入自己家乡传统的国度，他（他们）却能够如此理性客观，"胳膊肘往外拐"，得出词中胜景另指他乡的结论，实属难得。

唐诗中的"捣衣"究竟指什么?

读唐诗,常常能读到"捣衣"以及"捣衣声""捣衣砧""捣衣裳"之类的词语。例如,王勃《秋夜长》"鸣环曳履出长廊,为君秋夜捣衣裳",张若虚《春江花月夜》"玉户帘中卷不去,捣衣砧上拂还来",李白《秋歌》"长安一片月,万户捣衣声",岑参《杨固店》"客舍梨叶赤,邻家闻捣衣",等等。唐代的大诗人几乎都有诗篇写到"捣衣"这个事情。因此,说正确理解唐诗,绕不过"捣衣"一词,并不是夸张。

那么,"捣衣"是指什么呢?

有位台湾学者,根据宋人牟益的《捣衣图》,断言"捣衣"是"梼生丝为熟丝"。近现代一些画家所绘《捣衣图》,其实是浣衣、洗衣图。估计也有一些读者把唐诗中的"捣衣"理解成洗衣裳时捶打脏衣裳这一动作。

其实,这两种理解都不准确。

生丝跟熟丝的区别,主要在于有无丝胶。从生丝到熟丝,就是一个精炼、脱胶、润滑的过程。脱胶,传统的做法是水煮,加适量的碱,通过高温脱去生丝上的胶。宋人牟益的《捣衣图》中，我们并没有看到上述工艺与过程。我们看到的是几个女子在剪裁已经织好的布帛。

唐诗中的"捣衣"，发生时间通常在秋天月夜。月夜洗衣裳，不合生活常理：一是月光下洗不干净衣裳；二是夜晚到水流边洗衣裳不安全。我在农村生活过十几年，所见村妇洗衣裳，都是在白天。倒是如今都市中人，包括笔者本人，常有夜间在家里洗衣裳的——用洗衣机洗好后，晾晒于阳台上。可是，唐代不但没有发明洗衣机，自来水也是没有的。更重要的是没有发明电灯之前，夜间洗衣照明也无法解决。所以，唐代不大可能有夜间在家里洗衣裳的事情。

那么，"捣衣"究竟是指什么呢？其实，答案就在唐诗中。

首先，"捣衣"的基本工具，有杵，有砧。《春江花月夜》"捣衣砧上拂还来"，刘希夷《捣衣篇》"盼青砧兮怅盘桓"，王昌龄《长信秋词五首》之二"高殿秋砧响夜阑"，杜甫《捣衣》"秋至拭清砧"，其中有"捣衣砧"；王勃《秋夜长》"调砧乱杵思自伤"，沈宇《捣衣》"砧杵夜泠泠"，杨凝《秋夜听捣衣》"砧杵闻秋夜"，徐铉《赋得捣衣》"拂砧知露滴，促杵恐霜飞"，有砧有杵。这说明，唐人"捣衣"，是有捶打动作的。根据白居易《雪中即事答微之》"捣衣砧上练新铺"，可知捶打方法是，将布帛铺于砧石上，用杵捶打；根据杜甫《捣衣》"用尽闺中力，君听空外音"，可知这是一件需要体力的事情。唯其如此，捣衣声才会传得很远，才会有李白"万户捣衣声"的诗句。

其次，除了杵、砧，捣衣还有用到熨斗的。杜甫《捣衣》诗"宁辞捣熨倦"，出现了"熨"字，提示我们"捣"跟"熨"相关。王建《捣衣曲》（一作《送衣曲》）"重烧熨斗帖两头"，则更明白告诉我们，捣衣过程中需要用到熨斗。也就是说，熨烫、平整，也是捣衣的组成部分。

再次，"捣衣"诗中，有"裁缝"等字样。刘希夷《捣衣篇》"为许裁缝改昔时"，王昌龄《长信秋词五首》之二"银灯青琐裁缝歇"，杨凝《秋夜听捣衣》"砧杵闻秋夜，裁缝寄远方"，徐铉《赋得捣衣》"裁缝依梦见，腰带定应非"。这些诗句都说明，裁缝（缝制）也是捣衣的组成部分。

综上可见，唐诗中的"捣衣"，其实就是裁缝衣裳（主要指寒衣）的整个过程，包括捶打布料（古时候用生丝织布，比较粗硬，捶打可以使其柔软，便于裁缝，穿着更舒服）、熨烫、缝制等工序。声闻悠远的"捣衣"，只是其中捶打的一道工序。

其实，有几首诗对整个捣衣过程都进行了描写。例如刘希夷《捣衣篇》，我们只要连缀其中的"欲向楼中萦楚练，还来机上裂齐纨。揽红袖兮愁徙倚，盼青砧兮怅盘桓""攒眉缉缕思纷纷，对影穿针魂悄悄""梦见形容亦旧日，为许裁缝改昔时"等诗句，就不难看到从织布机上取下布料、拿到砧上捶打、穿针引线、缝制成衣的全过程。当然，描写最完整生动、最有声有色的，当推王建的《捣衣曲》，全诗如下：

> 月明中庭捣衣石，掩帷下堂来捣帛。
> 妇姑相对神力生，双揎白腕调杵声。
> 高楼敲玉节会成，家家不睡皆起听。
> 秋天丁丁复冻冻，玉钗低昂衣带动。

夜深月落冷如刀，湿著一双纤手痛。

回编易裂看生熟，鸳鸯纹成水波曲。

重烧熨斗帖两头，与郎裁作迎寒袭。

这一首诗，就是最好的文字版的《唐人秋夜捣衣图》。

宋诗为什么赶不上唐诗？

  钱钟书先生不太赞同"诗分唐宋"这种以时代划分诗歌的论文方法，他认为，"就诗论诗，正当本体裁以划时期，不必尽与朝政国事之治乱盛衰吻合"。钱先生当然也是承认中国诗歌是有唐诗、宋诗之分的，"唐诗多以丰神情韵擅长，宋诗多以筋骨思理见胜"。但是，他认为这种分别，"非仅朝代之别，乃体格性分之殊"。具体地说，"夫人禀性，各有偏至。发为声诗，高明者近唐，沈潜者近宋，有不期而然者"（《谈艺录·诗分唐宋》）。

  其实，这是一个两可的问题，就是说，两种说法各有道理。对于关心社会、跟现实联系密切的诗人，他们的诗歌创作、诗歌风格必然烙上朝代的印记；而对于那些不太关心社会、游离于现实之外的诗人而言，影响他们诗歌创作和风格的主要因素则是钱钟书先生所说的禀性。纵观文学史，那些艺术造诣精深、影响深远的诗人，多数是关注社会、跟现实有着密切联系的。因此，我们认为诗分唐宋的传统说法仍然是有意义的。

  时代影响诗人及其创作，有各种途径。仅以唐宋而论，赵宋朝廷在政策上对士人相当优待：太祖赵匡胤在即位的第三年就秘密镌刻了一块誓言碑，告诫后来的继位者，要遵守三条立国方针，其中一条就是"不得杀士大夫及上书言事人"，使得士人的生命有了安全保障；宋代的科举选士制度也向士人敞开大门，使他们有比唐代士子更为广阔通畅的进身之路；对已经步入仕途者所提供的优越的物质生活条件，也是唐代士人望尘莫及的——仕途较为顺利、最后官拜二品尚书的白居易，在诗歌中记录了自己不同时期的俸禄数额，满足之情溢于言表。宋人洪迈对此不以为然，仍然说白居易"立身廉清，家无余积"（见洪迈《容斋五笔》卷八《白公说俸禄》）。

但是，宋代有一点是无法跟唐代相比的：唐代几乎没有任何言禁，文艺创作完全处于自由发挥状态。

这就是洪迈所说的"唐诗无讳避"："唐人诗歌，其于先世及当时事，直辞咏寄，略无避隐。至宫禁嬖昵，非外间所应知者，皆反复极言，而上之人亦不以为罪。"

为此，洪迈列举了很多例子。如白居易《长恨歌》等讽喻诗、元稹《连昌宫词》，都围绕着唐明皇展开叙述、议论；杜甫更甚，《兵车行》、前后《出塞》、"三吏""三别"、《哀王孙》《悲陈陶》《哀江头》《丽人行》《悲青坂》《观公孙大娘弟子舞剑器行》，整篇都是这类内容。杜甫诗歌中涉及这类内容的散句更多："忆昨狼狈初，事与古先别。""不闻夏殷衰，中自诛褒妲。""是时妃嫔戮，连为粪土丛。""中宵焚九庙，云汉为之红。""先帝正好武，寰海未凋枯。""拓境功未已，元和辞大炉。""内人红袖泣，王子白衣行。""毁庙天飞雨，焚宫火彻明。""南内开元曲，常时弟子传。""法歌声变转，满座泣潺湲。""御气云楼敞，含风彩仗高。""仙人张内乐，王母献宫桃。""须为下殿走，不可好楼居。""固无牵白马，几至著青衣。""夺马悲公主，登车泣贵嫔。""反气凌行在，妖星下直庐。""落日留王母，微风倚少儿。""能画毛延寿，投壶郭舍人。""斗鸡初赐锦，舞马既登床。""骊山绝望幸，花萼罢登临。""殿瓦鸳鸯坼，宫帘翡翠虚。""关中小儿坏纪纲，张后不乐上为忙。""天子不在咸阳宫……得不哀痛尘再蒙。""曾貌先帝照夜白，龙池十日飞霹雳。""要路何日罢长戟，战自青羌连白蛮。""岂谓尽烦回纥马，翻然远救朔方兵。"等等，难以尽举。其他的，如张祜的《连昌宫》《元日仗》《千秋乐》《大酺乐》《十五夜灯》《热戏乐》《上巳乐》《邠王小管》《李谟笛》《退宫人》《玉环琵琶》《春莺啭》《宁哥来》《容儿钵头》《邠娘羯鼓》《耍娘歌》《悖拏儿舞》《华清宫》《长门怨》《集灵台》《阿鸹汤》《马嵬归》《香囊子》《散花楼》《雨霖铃》等三十篇，李义山的《华清宫》《马嵬》《骊山》《龙池》等诗，写的也都是开元天宝年间之事。

白居易、元稹、杜甫、张祜、李义山等诗人的那些作品，那些诗句，用今天老百姓的话来说，都是哪壶不开提哪壶，哪儿有伤口偏往哪儿撒盐。匪夷所思的是，这些唐朝诗人，没有一个曾经因此受到过任何责难与惩罚。

洪迈在列举了上述诗人、诗作之后，来了一句画龙点睛的结束语："今之诗人不敢也。"（见其《容斋续笔》卷二）宋代诗人之所以不敢，是因为不允许，朝廷不允许。唐诗之不可企及，其根本原因正在这里。

宋四家"苏黄米蔡"中的
"蔡"是蔡襄还是蔡京?

　　跟唐代一样,宋代也是一个书法家辈出的朝代。历史上有"四家"的说法。宋四家的排序是"苏黄米蔡"。其中,"苏黄米"分别指苏轼(1037—1101)、黄庭坚(1045—1105)、米芾(1051—1107),历来没有异议。但是,"蔡"究竟是指蔡襄(1012—1067)还是蔡京(1047—1126),却出现了分歧。

　　现知最早记载"四家"这个说法的是元朝南宋遗民王存。他在《跋蔡襄洮河石砚铭》墨迹中称蔡襄书法"笔力疏纵,自为一体,当时谓之为四家。窃尝评之,东坡浑灏流转,神色最壮,涪翁瘦硬通神,襄阳纵横变化,然皆须纵笔为佳。若君谟作,以视拘牵绳尺者,虽亦自纵,而以视三家,则中正不倚矣"。可见,最早的宋四家中的"蔡"是蔡襄,而非蔡京。

　　但是,到了明清时期,开始有人对此提出质疑。质疑的主要依据有两条:一是"苏黄米蔡"四个姓氏的排列顺序,二是蔡襄蔡京书法

X   ✓

•● 蔡京和蔡襄 ●•

的优劣。明代书画鉴赏家张丑在《清河书画舫》云："宋人书例称苏、黄、米、蔡者，谓京也。后人恶其为人，乃斥去之而进君谟书耳。君谟在苏、黄前，不应列元章（按：米芾字）后，其为京无疑矣。京笔法姿媚，非君谟可比也。"明代孙鑛说："宋四大家其蔡是蔡京，今易以君谟，则前后辈倒置……"（《书画跋》）清代著名学者杭世骏《订讹类编·续补》，也将"苏黄米蔡非蔡襄"作为"人讹"的一个事例。

自此以后，这两种说法各有追随者，不时会有人站出来论证、重复、强调一下各自的观点。

主张蔡襄者提出的较为有力的补充证据，主要是宋代人对蔡襄书法的普遍推崇。例如，宋仁宗非常喜欢蔡襄的书法，曾下令让他书写自己撰写的《元舅陇西王碑》，又曾经命令他书写《温成皇后碑》。四家中人黄庭坚曾说："苏子美、蔡君谟皆翰墨之豪杰也。"欧阳修曾说："君谟独步当世，然谦让不肯主盟。"苏轼同样对蔡襄的书法艺术推崇备至："独蔡君谟天资既高，积学深至，心手相应，变态无穷，遂为本朝第一。"现代一般论者也说，蔡襄的书法取法晋唐，讲究古意与法度，其正楷端庄沉着，行书淳淡婉美，草书参用飞白法，卓然能自成一体。此外，对于"苏黄米蔡"的排序问题，现代收藏大家张伯驹先生曾在《宋四家书》一文中提出了一种解释："按次序应是蔡、苏、米、黄，普遍读为苏、黄、米、蔡，以阴阳平上去顺口，遂成习惯。"

赞成蔡京的论者，则主要从蔡京书法更有新意方面立说。

可见，从史实、文献角度看，蔡襄的说法更加有说服力。

明清以来主张应该是蔡京而不是蔡襄的论者，表面上看是一种学术上的新观点，这其中隐含着一种不便于明说出来的意思：为人品有污点者鸣不平。我们十分愿意捍卫他人表达自己观点的权利，但是，我们也愿意坚持自己的一贯看法：对历史上公认的人品道德有严重缺陷的人的艺术作品，为了所谓的学术创新进行重新评价，需要慎之又慎，不可随意赞誉。理由很简单，艺术是追求美的，而美跟真、善是密不可分的。像蔡京这样的奸佞之人，是没有真善可言的。他的书法固然有一定的造诣，但是，这其中也多少会透露出他性情的虚伪、狡诈、歹毒，"姿媚""飘逸"，何尝不是一种流露呢？反对"因人废艺"的人，很可能在实际上只起了替卑鄙者翻案的作用。

宋四家书法各有特点。正如有人所说，苏轼丰腴跌宕、天真烂漫，黄庭坚纵横拗崛、昂藏郁拔，米芾俊迈豪放、沉着痛快，而蔡襄，则是浑厚端庄、雄伟遒丽。蔡襄书法的这个特点，跟他的师承渊源有关系，蔡襄书学王羲之、颜真卿、柳公权，他的风格明显融合了"颜筋柳骨"，这跟他为人的忠厚正直也是互为表里的。宋人推崇蔡襄，无可厚非。

当然，蔡京一类坏蛋的书法作品，能多保存一些下来，偶尔看一看，也不是坏事。毕竟，字如其人，却并非其人，不会从发黄的古宣纸上走下来祸国殃民。但是，岁月的流逝是无情的，一切历史文献，必将在岁月的流逝中逐渐漫漶、散失，乃至湮灭。在这种情况下，我们希望蔡京一类奸佞的书法，先于蔡襄这样的忠厚正直之士的书法作品漫漶、散失、湮灭，而不是相反的情况。"不因人废艺"之类的高论，倘若悄悄地包含着"宁愿废掉好人的艺术"的意思，我们是要坚决予以反对的。几个奸佞的书法作品因为遭到冷遇而湮灭，并不足惜，毕竟我们还能看到那么多忠鲠之士的优秀作品！

苏东坡为何力挺蔡襄书法?

读《东坡题跋》，看到东坡先生关于蔡襄（1012—1067）书法的题跋有十数通之多，而且每一通题跋，不是推崇备至，便是饱含深情。这里举出七通作为例子，为了方便阅读，我们把它们都翻译成了白话。原文附在译文之后。

一、《题蔡君谟帖》：慈雅在北方游历十七年后回到杭州，居住在孤山脚下，已经有十八个年头了。他平生交往的朋友，基本上都已不在人世。有一次拿出蔡襄老先生的书法作品观赏，他反复悲叹。德行高尚的老人死去，举世为之惋惜。慈雅的感叹，是有缘故的。（原文：慈雅游北方十七年而归，退老于孤山下，盖十八年矣。平生所与往还，略无在者。偶出蔡公书简观之，反复悲叹。耆老凋丧，举世所惜。慈雅之叹，盖有以也。）

二、《跋蔡君谟书海会寺记》：蔡襄先生写这幅字的时候是二十八岁。此后三十二年，即熙宁七年（1074），我从杭州来临安，借看此帖，这时距离君谟去世已有六年。明师傅虽然已经七十四岁，但是他更加耳聪目明，寺庙也更加完善雄壮。竹林桥上，暮山依旧，真是令人感慨。因为明师傅要远行，又想到竹林桥观赏暮山是人间一大胜景，不禁心向往之。（原文：君谟写此时，年二十八。其后三十二年，当熙宁甲寅，轼自杭来临安借观，而君谟之没已六年矣。明师之齿七十有四，耳益聪，目益明，寺益完壮。竹林桥上，暮山依然，有足感叹者。因师之行，又念竹林桥看暮山，乃人间绝胜之处，自驰想耳。）

三、《论君谟书》：欧阳修先生论书法道：蔡襄独步当世。这是最正确的观点。他说蔡襄行书最好，小楷次之，草书再次之。鸡蛋里边挑骨头的话，大字稍微差一点。天资极高，加上刻苦学习，独步当世是理所当然的事情。近年谈论蔡襄先生书法的，有一些异议，因此这里特地说明这个情况。（原文：欧阳文忠公论书云："蔡君谟独步当世。"此为至论。言：君谟行书第一，小楷第二，草书第三。就其所长而求其所短，大字为小疏也。天资既高，辅以笃学，其独步当世，宜哉！近岁论君谟书者，颇有异论，故特明之。）

四、《跋君谟飞白》：当今世上的书法，写篆字的不会隶书，写行书的不会草书，这都是由于没有贯通书法之意。像蔡襄先生楷书、行书、草书、隶书，无不信手拈来。剩余之力，未尽之意，再变化出飞白，可以喜爱而无法学习。不是贯通书法之道的人，能做到这样吗？（原文：世之书，篆不兼隶，行不及草，殆未能通其意者也。如君谟真行草隶，无不如意。其遗力余意，变为飞白，可爱而不可学。非通其意，能如是乎？）

五、《跋君谟书赋》：我评价近年书法，把蔡襄排在第一，但是有人却不认同我的说法，真是无法跟不懂行的人讨论书法啊。书法应当从小楷开始，哪里有不会正楷却能以草书知名的呢？蔡襄先生二十九岁时楷书已有如此造诣，他的根基可想而知。（原文：余评近岁书，以君谟为第一，而论者或不然，殆未易与不知者言也。书法当自小楷出，岂有未能正书而以行草称也？君谟年二十九而楷法如此，知其本末矣。）

六、《跋君谟书》：我评论书法，把蔡襄先生作为当时第一人，但是很多人不同意。尽管如此，我还是坚持这个观点。（原文：仆论书以君谟为当世第一，多以为不然，然仆终守此说也。）

七、《评杨氏所藏欧蔡书》：只有蔡襄先生的书法，天资高，学识又深厚，得心应手，变化无穷，于是成为本朝首屈一指的书法家。但是，他的书法各体之间也有参差，行书最好，小楷次之，草书又次之，大字又次之，八分书隶书稍有缺点。他又曾经创造性地发明了飞白，自己觉得有翔龙舞凤的态势，懂行的人也认可了他的说法……（原文：独蔡君谟书，天资既高，积学深至，心手相应，变态无穷，遂为本朝第一。然行书最胜，小楷次之，草书又次之，大字又次之，分、隶小劣。又尝出意作飞白，自言有翔龙舞凤之势，识者不以为过……）

苏东坡是随和、洒脱之人，但是他推崇蔡襄书法，态度之坚决、坚定、执着，实在有些出人意表。从上述题跋可以看出，苏东坡之所以推崇蔡襄书法，原因有这样几个：一是蔡襄书法造诣全面，楷书、行书、草书、隶书，无不信手拈来。剩余之力未尽之意，再变化出飞白，令人喜爱却无从学习；二是蔡襄天资高爽，学习刻苦；三是蔡襄先生德行高尚；四是老师欧阳修对蔡襄书法推崇备至——欧阳修曾说："君谟独步当世，然谦让不肯主盟。"

但是，从他题跋文字中反复出现的"近岁论君谟书者，颇有异论""……论者或不然，殆未易与不知者言也""多以为不然"等话看，苏轼推崇蔡襄书法态度之所以这般坚决、坚定、执着，当另有不便明说的深层原因。那么是什么原因呢？我们的推测是：苏轼可能是为了抵制当时社会上一些人掀起的肉麻吹捧蔡京书法的风气。

晚苏轼十年出生、曾学蔡襄笔法的蔡京飞黄腾达之后，书法的名声也随之鹊起。据说，宋哲宗绍圣（1094—1100）年间已经有"天下号能书无出鲁公（蔡京封爵）之右"的说法（蔡京儿子蔡絛《铁围山丛谈》）。不难想象，当时一定有不少人为了拍蔡京马屁，竭力吹捧蔡京书法造诣如何了得，如何超越了早期书法老师蔡襄（蔡京后来又相继师法徐浩、沈传师、欧阳询、"二王"）。假如当时舆论已经有宋代四大书法名家"苏黄米蔡"的说法，对于权倾朝野的当朝司空、太师蔡京的吹鼓手而言，贬低蔡襄就更是势在必行。上述四、五条题跋中，苏东坡强调书法必须兼善真行草隶、必须从小字正楷开始，或许是针对蔡京书法的缺点而发的。由此可见，苏东坡的骨头是挺硬的。蔡京儿子说苏东坡"以高才狎侮诸公卿"（《铁围山丛谈》），应该是有所根据的。

明清时期泛滥宋四家"苏黄米蔡"的蔡不是蔡襄而是蔡京之说，实在是不足为训。

苏东坡为何只给司马光留面子?

蔡京儿子蔡絛所著《铁围山丛谈》称,苏东坡元祐年间(1086—1094)做了翰林学士后,"以高才狎侮诸公卿",对当朝公卿各有评骘,只对司马光不敢有所褒贬。某日,跟司马光讨论政事,意见不合。回到家里,脱帽解带之时,苏东坡这才发作出来,连声高喊"司马牛!司马牛!"旧题苏轼撰《调谑编》的记载有所不同,苏东坡在跟司马光发生政见分歧时,说:"相公此论,故为鳖厮踢。"司马光不明白"鳖厮踢"什么意思,说:"鳖怎么能厮踢(脚踢)?"苏东坡回答道:"所以说你是鳖厮踢。"跟司马光争论,气急之时,苏东坡也还是比较委婉的。

苏东坡之所以独对司马光网开一面、尊敬有加,除了司马光是其长辈、政见相近之外,还有更重要的原因,那就是,司马光的人品道德。

司马光砸缸救小伙伴的故事,妇孺皆知。除了从小聪明机敏,司马光也是淳朴仁厚之人。有一次,司马光问著名学者邵雍,自己是个什么样的人,邵雍回答说:"你是个脚踏实地的人。"司马光认可邵雍的这个评价,觉得邵雍很了解自己。(朱熹、李幼武编《宋名臣言行录》)

举几个事例:

司马光的夫人是龙图阁学士张存之女,通情达理,很贤惠。但是,司马光三十多岁了,还没有儿子。连襟庞元鲁和他夫人刘氏给司马光张罗纳妾之事。刘氏跟张夫人说知此事,张夫人欣然同意。不久,果然物色了一个。但是,司马光从未瞧过她一眼。庞、刘得知后,以为是因为司马光夫人在跟前,他有意避嫌。于是一天,故意召张夫人出去赏花,让司马光留在家里。饭菜准备好之后,女子一番精心打扮,到书房给司马光上茶。不料,司马光非常生气,斥责道:"你这个下人,今天夫人不在家,你出来做什么?"(北宋张舜民《画墁录》)因此有人说,司马光像司马相如爱卓文君一样,一夫一妻,终身相守。

司马光家曾经有一个珍贵的琉璃盏,被一位官奴不小心打碎了。洛阳尹大怒,下令逮捕官奴,听候司马光发落。不料,司马光的判词是这样的:"玉爵弗挥,典礼虽闻于往记;彩云易散,过差宜恕于斯人。"(《许彦周诗话》)就是说,不予追究。

司马光闲居长安期间,因为缺钱,让一个老兵把自己平时骑的马牵到市场上去卖了,嘱咐老兵:"这马夏季有肺病,出售时要先告诉买马的人。"(宋·朱彧《萍洲可谈》)

司马光没有孩子,也没有姬妾。裴夫人(应为"张夫人"之误)死后,他总是闷闷不乐,经常去他自己修建的独乐园,在读书堂里一坐就是一整天。他曾经写过一首小诗,用隶书体写了贴在梁上,其中有两句:"暂来还似客,归去不成家。"(《道山清话》)司马光对妻子的爱,一往情深,始终不渝。

司马光有一个仆人,一直称呼主人"君实秀才"(司马光字君实)。

司马光做了宰相，他还是这么称呼。苏东坡教他改口叫"君实相公"。司马光听后很奇怪，问仆人为什么改口，他回答说："苏学士教我的。"司马光感叹道："我有一仆，被苏子瞻教坏了。"（清·余怀《东山谈苑》）

元丰（1078—1085）末年，司马光回到京城汴梁（开封）。京城百姓夹道欢迎，把他看作宰相的最佳人选，道路为之拥挤不堪，司马光的马无法前行。司马光到当时一位宰相的私宅拜见宰相，京城百姓为了看司马光一眼，爬上墙头屋顶。宰相家有人出来制止，百姓回答说："我们不是为了看你家相公，我们只是想见识一下司马相公的风采！"（宋·王明清《挥麈后录》）怎么喝斥，百姓也不走。结果，这位当朝宰相家就惨了：屋上瓦片被踩碎，树上枝条被弄断。

司马光执政后，大刀阔斧更改法令。傅尧俞（钦之）、苏东坡悄悄提醒司马光，应该考虑一下后果。司马光一听这话，起立拱手，大声说道："天若祚宋，必无此事。"（宋·孙升《孙公谈圃》）傅尧俞、苏东坡两人无言以对，讪讪离去。病重之时，司马光仍然让人用小轿抬去找吕公著，商量政事。临终之时，他的屋子里除了一张床，枕边有一卷书，别无长物。

……

这样一位同时代的长者，正直率性的苏东坡对其敬重有加，是情理中事。

其实，像司马光这样的人，这样的官，除了仇敌、政敌和别有用心的小人，人们大约都是会敬之爱之的。司马光死时，京城百姓罢市去吊唁，卖了衣服买祭品去祭奠。街巷中如同死了自家亲人、哭着送丧的百姓成千上万。下葬的地方，汇聚了来自四面八方的人，有好几万。京城有人画了司马光的像，刻印后出售，各地人纷纷前往购买，画工有因此赚得盆满钵满、发财致富的。（宋·孙升《孙公谈圃》）

其实，像司马光这样的人，无论在什么时代，都会受到大众欢迎的。人们也会像宋朝百姓那样，敬之爱之，哭之悼之。

苏东坡晚年为何没有女人相伴?

几年前在海南儋州参加一个文化旅游活动，一次席上，我信口说了一句"苏东坡在儋州期间似乎没有什么绯闻"。结果，引发了一位当地作家的一番感慨，大意是：这是他们儋州的莫大遗憾。他说，倘若当年儋州有一位大胆追求爱情的美丽女性能够走进晚年苏东坡的生活，照顾他的饮食起居，慰藉他的寂寞乡愁，激发他的创作灵感，那将是千古佳话。

从苏轼本人的诗文看，他在儋州的三年，确实没有跟任何女性发生过情感故事。一首题为《和陶和刘柴桑》诗中，以"自笑四壁空，无妻老相如"自嘲；在写给侄孙苏元老（字子廷）的一封信中，他说自己跟儿子苏过在儋州过的日子是"相对如两苦行僧尔"。

众所周知，苏轼不是正襟危坐的道学家，而是激情四溢、风流倜傥的大诗人。他曾经在有官私妓女助兴的社交场合才情横溢，如鱼得水；他先后有过王弗、王润之、王朝云三位妻妾。

不错，苏轼到儋州时，已经年过花甲，但也只是刚过花甲而已。我们知道，他的忘年交朋友、著名诗人张先（子野）八十五岁时还买了个小妾（为此，苏轼曾有赠张先诗）。

上述种种情况，使得"苏东坡在儋州期间为什么没有找个女人一起生活"，成为不妨一说的话题。说这个话题，并非为了讲述花边新闻吸引眼球，为的是更好地理解我们所喜爱的文学家。

苏轼在儋州期间没有找个女人一起生活，猜测有如下四个可能的原因：

一是病。苏轼晚年，在离开惠州前往儋州之时，已经患有严重的痔疮。后来经过治疗和饮食节制，有所好转。但是，从他热心研究医药、注重养生等情况看，人生遭际上向来乐观旷达、随遇而安的苏东坡，对于自己的生命却是非常重视、绝不马虎的。苏东坡的养生理论中，有节欲一条。写于儋州时期的《续养生论》中，有"肾无不邪者，虽上智之肾亦邪。然上智常不淫者，心之官正而肾听命也"等语。这说明，他主张以理智控制性欲。

二是穷。苏东坡在儋州，得到了若干地方长官的敬重和照顾，但是物质生活仍然十分艰苦。在给初谪惠州时结识的朋友程全父的一封信中说，他在儋州的情况是，"资养所给，求辄无有"。刚到儋州时，租了几间官屋住着，但是很快就被催逼着搬走。于是，他只好买了一块地，跟小儿子苏过一道，在十几个学生的帮助下，草草盖了几间房子，也仅仅是遮风挡雨免于露宿而已。盖房之后，"囊为一空"。在给程全父的儿子程儒的一封信中，他用了一连串的"无"字描述自己在儋州的生活："此间食无肉，病无药，居无室，出无友，冬无炭，夏无寒泉。然亦未易悉数，大率皆无耳。"后来，在给侄孙苏元老的信中也说，由于海南连年无收，广州、泉州等地的商船又不再开往海南，药物、鱼类食品等都严重缺乏，他只能感叹道："厄穷至此，委命而已！"元符二年（1099），儋州闹粮荒，米价高涨。苏东坡担心绝粮，想跟儿子苏过一起学习龟息之法，不吃东西也不会饿死（见其《学龟息法》一）。

三是伤。苏东坡对于逝去的三位妻妾，都是怀有深情的。对原配王弗，有《江城子》词"十年生死两茫茫，不思量，自难忘……"为证。千里相随的爱妾朝云在惠州病死，对苏东坡的打击最大，他一连写了多首悼亡诗词。继室王润之，跟苏轼生活最久，诗文中却很少流露感情。但是，这一时期所作的《上元夜过赴儋守召，独坐有感》诗中，也深情地缅怀了一番，"搔首凄凉十年事，传柑归遗满朝衣"。可以说，苏轼对于女人的感情，在三位妻妾身上几乎用尽了。

四是空。被贬到惠州以后，可能是朝云的影响，苏东坡在精神上已然皈依佛教，帮人抄写佛经，修造放生池，购买鱼鳖等活物到江河边放生，俨然佛教信徒。不用说，他或多或少接受了戒色、色空之类的戒律与说教，对男女之事少了兴致。

原因不少，苏东坡的茕独以终老，似乎是顺理成章之事。但是，作为他曾经生活过并且大大提高了文化教育水平的那一片土地上的后人，为之感到遗憾，也是人之常情。

苏东坡为何憎恶曹操？

　　曹操自生前开始，就是一个备受争议的人物。但是，宋代以前，固然已有若干毁曹人士，而誉曹派的势力也很强大。例如，写《三国志》的历史学家陈寿就称赞曹操能"总御皇机，克成洪业"，称其为"非常之人，超世之杰"。至于文论家当中，推崇曹操诗赋者，更是代不乏人。较有代表性的，南朝梁钟嵘有"曹公古直，甚有悲凉之句"的话（《诗品》卷下）；唐朝元稹称赞曹操能"横槊赋诗""尤极于古"（《唐故工部员外郎杜君墓系铭并序》）。到了宋代，形势大变，毁曹派俨然成为舆论主流，其中以理学家朱熹诋毁最为着力，口口声声骂曹操为贼。曹操诗歌中几次以周公自拟，朱熹便忿然道："他也是做得个贼起，不惟窃国之柄，和圣人之法也窃了"，"如曹操虽作酒令，亦说到周公上去，可见是贼"。（《朱子语类》卷一百四十《论文下》）

　　其实，比朱熹早出生将近一百年、思想兼取儒道释三家、诗文书画样样精通、为人处世以旷达著称的大文豪苏东坡，评价曹操时已经是典型的宋代观点了。《东坡志林》卷一"途巷小儿听说三国语"条，记载了当时人王彭的如下一番话："途巷中小儿薄劣，其家所厌苦，辄与钱，令聚坐听说古话。至说三国事，闻刘玄德败，颦蹙有出涕者，闻曹操败，即喜唱快。以是知君子小人之泽，百世不斩。"《东坡题跋》卷一"记王彭论曹刘之泽"，意思完全一样，只是文字略有不同。从这个记载中，我们可以读出如下两个信息：一是宋代民间说书（"说古话"）艺人在说三国时已经采取"拥刘反曹"的立场了；二是苏轼是赞同王彭指刘备为君子、曹操为小人的说法的。王彭死后，苏轼为他写过哀悼词，对这位"颇知文章"的武吏，欣赏之情溢于言表。

那么，聪明绝顶、自称满肚子不合时宜的苏东坡，为什么会如此憎恨曹操呢？他的思想根源在哪里呢？

苏轼在《论武王》一文中，十分清楚地道出了其中的缘故。

苏轼认为，周武王不配称为圣人。因为，他武力伐纣是错误的。他不应该"……以兵取之""放之""杀之"，而应该等待纣王年老自然死亡，或者死于祸乱，然后，殷人去投奔他、拥戴他的时候，他再接受天下。他甚至认为，武王伐纣，倘若遇到董狐那样秉笔直书的历史学家，就会用"叛""弑"之类的字眼描写他的行为。苏轼认为，武王之所以没有得到"弑君"的恶谥，被历代学者尊为圣人，原因在于孟子曾经替他辩解说："吾闻武王诛独夫纣，未闻弑君也。"为此，苏轼对孟子大为不满。他认为，孟子背叛了孔子的思想，是"孔氏之罪人"。苏轼认为，孔子曾多次委婉地对商汤、武王表示不满。孔子说过如下一些话："大哉，巍巍乎，尧、舜也。禹，吾无间然。""武尽美矣，未尽善也。""三分天下有其二，以服事殷，周之德，其可谓至德也已矣。"这些话，都被苏轼解读为孔子在批评乃至谴责周武王。在《论武王》一文中，苏轼也提到了死后被汉献帝赐谥"武王"的曹操。

·● 苏轼憎恶曹操 ●·

他认为，荀彧是圣人，他开始时之所以出来辅佐曹操，是因为他以为当时只有曹操可以统一天下。荀彧辅佐曹操，原本是遵循王道即周文王之道的，即"以仁义救天下，天下既平，神器自至，将不得已而受之，不至，不取也"，而不是曹操的主动谋取。苏轼认为，曹操"谋九锡"是造反行为。很显然，苏轼谴责周武王，就等于谴责曹操。

可见，苏轼之所以憎恶曹操，根源于他的忠君思想，这个思想的理论依据则是孔子的学说。结合苏轼称赞杜甫的"一饭未尝忘君"之类言论，也可以说明，舒亶、李定、何正臣等御史摘录苏轼诗文句子，说苏轼对皇帝有不忠之心，最终酿成"乌台诗案"，的确是对苏轼的诬陷。苏轼在忠君上是一点儿也不含糊的。

苏东坡为何把西湖比西施？

水光潋滟晴方好，山色空蒙雨亦奇。

欲把西湖比西子，淡妆浓抹总相宜。

（苏轼《饮湖上初晴后雨》）

杭州西湖，原本别有名字，汉代有"武林水""时圣湖"等，唐代有"龙川""钱源""钱塘湖""上湖"等。"西湖"之名，始于唐代。白居易的诗歌中，每每使用"西湖"这个名字。白氏有《西湖晚归回望孤山寺赠诸客》《湖上醉中代诸妓寄严郎中》《早春西湖闲游，怅然兴怀，忆与微之同赏，因思在越官重事殷，镜湖之游或恐未暇，偶成十八韵寄微之》《西湖留别》《杭州回舫》等多首作品，或直接在题目上用"西湖"二字，或在诗句中用"西湖"二字。白居易有可能是"西湖"的真正命名者。宋代苏轼"欲把西湖比西子"诗句出来之后，"西湖"（西子化身之湖）一名顿时变得美妙无比，从此无可移易。谁若是胆敢提议给它换个名字，不啻是冒天下之大不韪，必将遭到全天下人的反对。

苏东坡用西施（西子）比西湖，可谓妙想天成。这个妙想，大家都能看得出，它来源于苏东坡的文学修养和语言造诣。"潋滟""空蒙"对应"淡妆""浓抹"，天地景色对应美女妆容，诗歌传统中"比"的手法，语言修辞中"比喻"的修辞格，都得到了恰当的运用，形象、生动地表现出了杭州西湖山水景色的美丽、丰富、层次、动感。

苏东坡能创造出这个妙喻，当然跟他的审美思想有很大关系。苏东坡既非不食人间烟火的山林隐士，亦非仙风道骨的世外高人，他是积极入世有血有肉的一介书生，他是充满生活情趣和热情的一个诗人。在他的诗歌中，拿美人比喻山水景物，也不是只此一回。"在他的眼里、心里，江山、佳茗、花果，一切美好的事物都是女性的化身，一切事物的美，都是女性美。"（拙作《诗意人间·苏轼：诗酒趁年华》）"西湖真西子，烟树点眉目。"（《次韵刘景文登介亭》）在他眼里，西湖不只是像西子，而简直就是西子。庐山一处开满鲜花的山谷，好比佳人，"亭下佳人锦绣衣，满身璎珞缀明玑。"（《和文与可洋川园池三十首·露香亭》）在苏东坡眼里，春风是美人，"美人如春风，著物物未知"（《答李邦直》）；佳茗是美人，"戏作小诗君一笑，从来佳茗似佳人"（《次韵曹辅寄壑源试焙新芽》）；水果是美人，他称赞荔枝"骨细肌香，恰似当年十八娘"（《减字木兰花·荔枝》）；花卉是美人，"瘦竹如幽人，幽花如处女"（《书鄢陵王主簿所画折枝二首》其二），等等。

但是，苏东坡把西湖说成"西施之湖"，对"西"字进行了创造性的阐释——如同他移花接木把黄州赤壁（文赤壁）当作三国赤壁（武赤壁）进行抒情写意。苏东坡之所以能这样阐释，跟白居易有相当的关系。主要理由是：苏东坡很欣赏白居易其人其诗。他自号"东坡居士"，就是因为白居易在做忠州（今天重庆市忠县）刺史的时候，曾经在城东山坡上栽种树木，并且经常到那里散步赋诗——如《东坡种花》："持钱买花树，城东坡上栽。""东坡春向暮，树木今何如？"《步东坡》："朝上东坡步，夕上东坡步。东坡何所爱，爱此新成树。"《别"东坡花树"》："何处殷勤重回首？东坡桃李新种成。"等等——苏轼景慕白居易其人其事，人到中年被贬黄州凑巧又居住在城东山坡上，所以取此雅号，并且一直使用。这个事情，宋人洪迈和周必大均言之凿凿，相信是合乎事实的。洪迈《容斋随笔》："（苏轼自称东坡居士），详考其意，盖专慕白乐天而然。"周必大《二老堂诗话》："（苏轼）谪居黄州，始号东坡，其原必起于乐天忠州之作也。"

这真是一桩有趣的事情：苏轼雅号"东坡居士"因白居易曾于忠州东坡栽树、漫步、赋诗而来，苏轼创造性阐释杭州西湖又因白居易在诗作中屡次出现的"西湖"字样。苏轼的"一东一西"或曰"东西"，皆可溯源至白居易。

苏东坡没做宰相是他的幸运吗？

《宋史》撰写苏轼传"论曰"的史官，就苏轼先后得到仁宗赵祯、神宗赵顼两位皇帝的激赏，却终于没能得到大用——没有被任命为宰相，执掌朝政——发表感慨说："……相不相有命焉。呜呼！轼不得相，又岂非幸欤？"

史官认为，没做成宰相是苏轼的幸运。摆出来的理由有两条：一条是，因为欧阳修的赏识，苏轼得以与欧阳修齐名，他的才华得到了发挥，并没有遭到掩盖与抑制；另一条是，假如苏轼因为自我约束、韬光养晦，免去入狱、贬谪的灾祸，人生轨迹、所言所行发生改变，就不成其为苏轼了。

相信有不少人会赞同这种说法。

但这种说法不过是一种精神胜利法，它唯一的价值是安慰，安慰苏轼在天之灵，也安慰古往今来像苏轼那样的怀才不遇之人。

苏轼与欧阳修齐名，跟后来苏轼曾否被任用为宰相，曾否因"乌台诗案"被投入大理寺监狱，曾否被贬谪到黄州、惠州、儋州，没有关系。

早在那之前，苏轼已经写出了许多足以使他名扬天下的诗文佳作。即使没有遭受那些坎坷、灾祸，以苏轼卓越的文艺天赋和融会释道儒三家思想的人生观和心胸襟抱，他也一定还能不断写出优秀的诗文篇章。苏东坡的文艺风格与创作路数，跟屈原不同，跟庾信不同，跟杜甫也不同，并非磨难越多，就越能写出名篇佳作。"诗穷而后工"，苏东坡的情况有些例外。苏东坡的文思，不论其人生境遇是顺利还是坎坷，都有如万斛泉源，无需择地而出。

苏东坡能否做宰相，执掌朝政，能否避免一系列灾祸，自我约束、韬光养晦并非充要条件。王安石不是自我约束、韬光养晦之人，但是他曾两度拜相，推行新政。苏东坡因其高才狎侮诸公卿，固然不足为训，但这也不见得是导致他没能做成宰相、屡遭贬谪的主要原因。苏东坡一生坎坷的主要原因是没有站对队列，卡在新旧两党之间，两面不讨好。再者，以苏东坡的禀性，即使后半生仕途通达，甚至做到宰相，他也未必会"易其所为"，变成另外一个人。

说史论世，感慨作文，不能没有一点儿理想主义成分。希望苏东坡和古往今来像苏东坡那样有才能、有品位的人，一生顺利，位居津要，有更大更多为社稷黎民做事的机会，有什么不好呢？信守"历史不能假设"的教条，对信而见疑、忠而被谤、贤士遭逐、小人得志之类社会现实一概逆来顺受，照单全收，窃以为，绝不是明智正确的态度。

苏东坡为什么那么幽默？

中国历史上，于日常生活言行之间制造笑话和幽默故事最多的人，当数苏东坡。

明代著名学者王世贞在编辑《苏长公外纪》时，专门辑录苏轼的幽默语录为《调谑编》。精选几则如下：

七分读

秦少章尝云："郭功甫过杭州，出诗一轴示东坡，先自吟诵，声振左右。既罢，谓坡曰：'祥正此诗几分？'坡曰：'十分。'祥正喜，问之，坡曰：'七分来是读，三分来是诗，岂不是十分也？'"

吾从众

坡公在维扬，一日设客，十余人皆名士。米元章亦在座。酒半，元章忽起自赞曰："世人皆以芾为颠（癫），愿质之子瞻。"公笑曰："吾从众。"

字说

东坡闻荆公《字说》新成，戏曰："以'竹'鞭'马'为'笃'，不知以'竹'鞭'犬'，有何可'笑'？"公又问曰："'鸠'字从'九'从'鸟'，亦有证据乎？"坡云："《诗》曰：'鸤鸠在桑，其子七分。'和爷和娘，恰是九个。"公欣然而听，久之，始悟其谑也。

不留诗

先生在黄（黄州）日，每有宴集，醉墨淋漓，不惜与人。至于营妓供侍，扇书带画，亦时有之。有李琪者，小慧而颇知书札，坡亦每顾之喜。终未尝获公之赐。至公移汝郡，将祖行，酒酣奉觞，再拜取领巾乞书。公顾视久之，令琪磨砚，墨浓取笔大书："东坡四年黄州住，何事无言及李琪？"即掷笔袖手，与客笑谈。坐客相谓："语似凡易，又不终篇，何也？"至将撤具，琪复拜请。坡大笑曰："几忘出场。"继书云："恰似西川杜工部，海棠虽好不留诗。"一坐击节，尽欢而散。

苏东坡这一类的谈笑戏谑，宋人著作中记载了很多。明清以来，苏东坡更是被小说家当成了幽默的渊薮，他的名下被虚构、演绎、附会了许多故事。苏东坡与刘攽、与苏小妹、与僧人佛印之间，调笑取乐，笑话段子相当之多。

可以肯定，后来流传的一些笑话段子，未必都是苏东坡原创、原型。但是，从苏东坡本人的诗文著作尤其是《东坡志林》看，他的确是一个非常幽默的人。论诙谐百出、妙语连珠，古往今来文人之中，罕有其匹。

那么，我们不禁要问：苏东坡为什么能那么幽默呢？

或许有人会说：这个问题很简单，是因为苏东坡天分高，性格开朗。

天分和性格当然是最重要的，但除此之外，至少还有如下三个原因：

一是勇敢。宋朝的科举考试，措辞、用典都有极为严格的规定。但是，苏轼竟然胆敢在考卷中虚构上古圣贤对话（"皋陶曰'杀之'三，尧曰'宥之'三"）。要知道，倘若被考官发现不是出自经典著作，他的结局只有一个，那便是：黜落。有一个考生因为在卷子中使用了"运筹帷帐"，而不是"运筹帷幄"，差一点被只知有"运筹帷幄"出自《汉书》、不知有"运筹帷帐"出自《史记》的考官判了不合格。可见，苏轼年轻时代在语言上的大胆，已非常人所能比拟。后来，苏轼更因为在诗歌中讥讽权贵，被人罗织罪名，蹲过皇家监狱——大理寺狱。蔡京儿子蔡絛在《铁围山丛谈》一书中也说苏轼中进士、进入朝廷做官之后，喜欢"以高才狎侮诸公卿"，喜欢给他们起外号。勇敢，加上他喜欢有自己的想法，有一肚皮的不合时宜，苏轼自然就会说出许多讥讽达官贵人的话语。

二是敏感。苏轼曾经写过一首《洗儿戏作》的诗："人皆养子望聪明，我被聪明误一生。惟愿孩儿愚且鲁，无灾无难到公卿。"诗里的"聪明"，除了"天资聪颖"的意思外，应该也有"敏感"的意思。毫无疑问，苏轼是一个极为敏感的人。不然，他也不可能在诗、词、散文、书法、绘画各方面都取得如此杰出的成就。惟其敏感，他才有满肚皮的不合时宜，才会满嘴巴的嬉笑怒骂。苏轼本人对此是有所认识的，但是，秉性如此，加上他又有自己的处世原则，始终无法改变。他曾说："窃怀忧国爱民之意，自为小官，即好僭议朝政，屡以此获罪，然受性于天，不能尽改。"（《辩贾易弹奏待罪劄子》）又曾说："轼平生以言语文字见知于世，亦以此取疾于人……以此常欲焚弃笔砚，为喑默人，而习气宿业，未能尽去。"（《答刘沔都曹书》）幽默诙谐，大概也是苏轼化解一生坎坷、磨难的灵丹妙药，有显著的麻醉作用。

三是热情。苏轼从年轻时代起，就是宋朝熠熠生辉的文坛明星，所到之处，都有一批爱好诗文的人簇拥，追随。苏轼有着超乎常人的应对热情。《东坡志林》记他游览庐山时的情形，有这么一句话："已而，见山中僧俗皆云：'苏子瞻来矣！'"那种被簇拥的热闹场面，不亚于今天的一线偶像派演艺明星。苏轼是一个对俗世生活充满热情的人，也是一个随遇而安的人。无论在官场还是在欢场，他都能够谈笑风生，怡然自得。尽管苏轼一生仕途十分坎坷，尝尽了颠沛流离之苦，但是，他始终生活在人群之中。用今天的话说，苏轼是"社牛"——社交牛人。对苏东坡而言，幽默既是一种广受欢迎的美德，也是一项无往不利的技能。

说了三条，都是苏轼本身的原因。如果把视野放大一些，我们就不能不说：苏轼之所以能那么幽默诙谐、嬉笑怒骂，跟宋朝言论的相对自由及其不滥杀文人的皇家祖训有直接关系。若是生活在明清两朝，苏轼恐怕是不能那样口没遮拦的。

川菜跟苏东坡有啥关系？

我国有不少拿苏东坡做招牌的川菜饭馆，苏轼酒楼、东坡饭店之类，不一而足。在北京，最有名的大概是"眉州东坡酒楼"。2003年成立的北京眉州酒店管理有限公司的"眉州东坡酒楼"，目前已经在北京开设了五十余家连锁店。其实，现在我们所熟悉的川菜，大多跟苏东坡没有什么关系。

有人考证，川菜菜系萌芽于春秋战国时期，形成于秦统一天下至三国时期。主要依据是：公元四世纪成书的《华阳国志》记载，古代巴蜀已经开始种植五谷，豢养六畜，出产鱼盐茶蜜，瓜果蔬菜更是四季不断。巴蜀地区使用的调味品已有卤水、岩盐、川椒（花椒）等。战国古墓的出土文物中，已有各种青铜器和陶器食具。秦始皇统一中国至三国鼎立时期，巴蜀地区烹饪原料的获取、调味品的使用、刀工火候的讲究等，均已初具规模，出现了菜系的雏形。到了汉代，该地区经济更加富庶，张骞出使西域引进的胡瓜、胡豆、胡桃、大豆、大蒜等物种，增加了川菜的烹饪原料和调料。

用这样的考证方法去考证，川菜菜系的历史当然会很悠久。可以说，苏东坡小时候吃的就已经是川菜了。按照一般人无论日后在哪里居住，自己家乡的菜肴都会终生难忘的规律，美食家苏东坡理应是川菜的爱好者。

但是，有两个事实不能忽视：第一，现在我们所说的川菜，以辣、麻为主要特色；第二，现代四川人口中，有大量的明清时期"湖广填四川"运动的移民后裔。这两个事实都提示我们，现在大家所熟知的川菜，跟形成于秦汉时期的巴蜀地区的菜系，并非简单、明确的一脉相承关系，中间可能发生过巨变，产生过断裂。众所周知，辣椒是由欧洲传入中国的，传入时间大约在明朝末年，即十六世纪末期。就是说，苏东坡在眉州老家度过童年少年时代时，吃过的家乡菜不可能是辣的——苏东坡一生都不可能吃到辣椒烹制的菜肴。苏东坡在老家的时候，菜肴里的麻可能是有的，因为当时已经使用花椒作为调料了。只麻不辣的菜，跟今天的川菜大有径庭。从湖广地区移民到四川的人，有可能在某种程度上受到当地菜系的影响。但是，以其人口规模之大，他们不可能不带去湖广一带的饮食传统和烹饪方法。不难想象，湖广移民对于原住民菜系的影响应该是很大的，甚至有可能是颠覆性的。

从苏东坡这方面讲，他虽然是著名的美食家，但他基本上是走到哪里吃到哪里的杂食者，他的口味驳杂不纯。苏东坡大肚能吃，吃天下一切能吃之物，并不偏嗜家乡菜肴。难得有一次在诗歌里提到家乡食物，也只是关于原材料的，就是他家乡春天出产的香菇、葛根、苦笋、江豚之类，并没有指出家乡特别的烹饪方法（苏轼《春菜》诗）。给人的印象是，苏东坡只是对这些食材感兴趣，对烹饪方法、调料并无特别的要求。此外，民间传说和他本人诗文中所说的他发明菜式的故事，全部发生在苏东坡被贬官外乡时。例如黄州时期发明的东坡肉，惠州时期发明的"东坡羹"（苏轼《狄韶州煮蔓菁、芦菔羹》诗），海南儋州时期发明的"东坡玉糁羹"（苏轼《过子忽出新意，以山芋作玉糁羹，色香味皆奇绝……》诗）。在家乡的青少年时代，苏轼还不是美食家。可以说，在美食口味方面，苏东坡与其说属于四川眉州，倒不如说属于杭州、黄州、惠州、儋州乃至全国。如果要选举一个历史名人作为中国饮食文化的代言人，苏东坡肯定是一个强有力的候选人。

当然，四川人拿苏东坡做他们的饭馆、菜肴的招牌，可以说明，今天的四川人对自己家乡诞生的大文豪是非常推崇和敬仰的。推崇、敬仰、纪念历史文化名人，四川人做得特别好。有一个非常有力的例子：杜甫只在成都住了四年左右的时间，但是，今天全国最有人气的杜甫纪念地是成都的杜甫草堂。既不是他的出生地巩义市，也不是他的归葬地偃师市，更不是他住过十几年的西安市。成都杜甫草堂不但有重修的故居，有博物馆，有园林，还有研究机构以及定期出版的学术杂志《杜甫研究学刊》。

有一个事情，让今天的四川人很难用苏东坡作为川菜的招牌：苏东坡的父亲苏洵，嘉祐年间（1056—1063）游历京城开封，路过洛阳，被嵩山下、洛水边的景色深深吸引，想要在那里买地造房，定居下来。但是因为财力不济，终于没能如愿。关于此事，苏轼《题别子由诗后》、苏辙的《卜居赋》、宋葛立方的《韵语阳秋》均有记述，可见是真有其事。事实上，定居之志虽然未能如愿，但苏洵、苏轼、苏辙父子三人都没能叶落归根，回到老家眉山。最终，他们都埋葬在今天河南省平顶山市山水景致略似眉山的郏县。客死异地，埋骨他乡，说起来也是一件令人遗憾、感伤的事情。

苏东坡是怎样替儿孙求婚的？

　　苏东坡其人，思想性情，融释道儒三教于一身，随遇而安，百折不挠。文艺创作，诗词散文，样样杰出，书法绘画，墨妙天下。手工艺术，制笔造墨，植蔬调羹，皆有心得；人生阅历，大官、罪臣全都经历过，做官流放，天涯海角，处处为家。毋庸置疑，大文豪苏东坡，是古今中外历史上罕有其匹的多才多艺、旷达率性、妙趣横生之人。

　　这么一个人，他是如何对待人生大事的呢？相信不少人对此怀有浓厚的兴趣。

　　这里要说的，不是苏东坡如何对待自己的人生大事，而是如何对待儿孙的人生大事。

　　苏轼的文集里保存了三封他替儿孙求婚的书信，信都不长，措辞典雅。但是，我们仍然可以从中感受到东坡先生特有的性情与妙趣。

　　第一封，是替长子苏迈求婚的信。如下：

　　　　里闬之游，笃于早岁。交朋之分，重以世姻。某长子迈，

> 天资朴鲁，近凭游艺之师传；贤小娘子，姆训凤成，远有万
>
> 石之家法。聊伸不腆之币，愿结无穷之欢。

前四句是套话，可能含有这样的意思：苏家跟这位准亲家是世交，苏迈跟准亲家的小女儿是青梅竹马。套话之后切入正题，苏东坡采取低调的抑己扬人之法，介绍自己儿子时用了"天资朴鲁"四个字，交代苏迈当时还只是一个正在努力求取科举功名的学生，而把对方的女儿夸成了一朵花，一位家教非常好的大家闺秀。万石，即汉朝的万石君，姓石名奋，以忠厚朴实之道为汉高祖刘邦效劳，并以此教育子弟。结果，石家父子皆飞黄腾达，享尽高官厚禄之福。可见，苏东坡这位准亲家是一位忠厚老实之人。最后两句也是套话，从中可知，替儿子求婚的时候，是要纳币——赠送礼金的。

第二封，是替三儿子苏过求婚的信。这封信的写法、措辞，都跟上一封不大一样，如下：

> 敢议婚姻，盖恃乡间之末；随忘门阀，亦缘声气之同。
>
> 龟筮既从，祖考咸喜。伏承令子第二小娘子，庆闲擢秀，岂
>
> 独卫公之五长；而某第三子某，驽质少文，庶几南容之三复。
>
> 恭驰不腆之币，永结无穷之欢。悚怍于怀，敷述罔既。

从开头四句看，苏过的准岳丈跟苏东坡关系更为亲近。既是同乡，又是性情相投之人，因此接着的话也更加直截了当，"龟筮既从，祖考咸喜"，说明算过卦、测过生辰八字，而且征求过两家长辈的意见了。这封求婚书，不是走过场，就是苏东坡胜券在握，志在必得。这封信

• ● 苏轼与孙子孙媳 ● •

改变了介绍双方儿女的顺序，先夸对方二小姐，再低调推出自家三公子。庆闱应该是积善人家的意思，卫公五长未详待考，当指古时一位名人五位出色的女儿；南容，孔子弟子，又作南宫适，由于为人可靠，孔子把自己的侄女嫁给了他。可见，苏东坡嘴上说苏过缺少文采，实际上还是非常喜欢这个儿子的。末四句也是套话，其中最后两句表示诚惶诚恐的意思。综合整封书信，苏东坡这是故意跟准亲家耍一回文辞的花枪，以典雅的方式娱乐一下。

苏东坡不但替儿子求婚，还替孙子求婚。第三封求婚信就是为长子苏迈的第二个儿子苏符向人求婚的。如下：

结缡早岁，已联昆弟之姻亲；垂白南荒，尚念子孙之嫁娶。敢凭良妁，往款高闳。

轼长子某之第二子符，天质下中，生有蓬麻之陋。祖风绵邈，庶几弓冶之馀。伏承故令弟子立先辈之爱女第十四小娘子，禀粹德门，教成家庙。中郎坟典之付，岂在他人；太真姑舅之婚，复见今日。仰缘凤契，祗听俞音。

这封信的求婚对象，早年已经跟苏轼弟弟苏辙结为亲家。可见这一次求婚倘若成功，便是亲上加亲。写这封信的时候，苏东坡已经被流放到岭南地区。炎方（编者按：泛指南方炎热地区），乃瘴疠之地，北去之人容易水土不服，苏东坡的爱妾朝云就病死在惠州。总之，当时苏东坡处境艰难，自身难保。但是，他仍然记挂孙子的婚姻大事，并且亲自出面写信向人家求婚。这一回他介绍自己的孙子、长子苏迈第二子苏符时，采取了不卑不亢的态度。孙子天资虽然只是中下水平，但是毕竟生长在书香门第，"蓬生麻中，不扶自直"，因为继承了祖先遗风、遗业，颇有文采。"弓冶之馀"，典出《礼记·学记》："良冶之子，必学为裘；良弓之子，必学为箕。"当然，按照惯例，苏东坡也没有忘记夸赞对方人家的女子是个有德的人。"中郎坟典之付，岂在他人"，可知对方也是一介书生，苏东坡顺便夸了一下他的学问。"太真姑舅之婚，复见今日"，说明他们这一次结的是姑表之亲。这一回求婚，似乎未经事先磋商，苏东坡也不太有把握。因此，最后表示听任对方定夺，自己愿意静候佳音。

需要说明一点，苏东坡说自己儿孙鲁愚，其实是牢骚话，并非实录。他曾有一首《洗儿诗》云："人皆养子望聪明，我被聪明误一生。惟愿孩儿愚且鲁，无灾无难到公卿。"

读苏东坡为儿孙求婚的这三封书信，很容易联想起鲁迅的四句诗："无情未必真豪杰，怜子如何不丈夫。""横眉冷对千夫指，俯首甘为孺子牛。"既有在残酷的政治斗争中表现出的倔强一面，也有对家人、儿孙关怀备至的温情一面，这正是大文豪苏东坡的可爱之处！

东坡肉是苏东坡发明的吗？

东坡肉，望文生义，可以指苏东坡身上的肉；顾名思义，则是苏东坡发明的烹饪方法烹制的肉。其实，无论是望文生义，还是顾名思义，可能都是不符合历史事实的。

大文豪苏东坡的文章影响深远，当时就有"苏文生，吃菜羹；苏文熟，吃羊肉"的说法，可见宋代某一个时期，不少举子得其嘉惠不菲。宋代以后，受苏东坡诗文益处者，更是不计其数。总而言之，精神的苏东坡，的确养活了千千万万的人。但是，肉身的苏东坡是老病而死的，他的肉一点也不鲜嫩，大约是没有人愿意吃的。望文生义之大谬不然，乃是显而易见之事。

那么，顾名思义对不对呢？颇为可疑。从甲骨文字和历史文献记载看，中国驯养、食用家猪的历史至少已经有三四千年。换言之，在苏东坡出生之前的两三千年时间里，中华民族，即使是最孤陋寡闻的人，也都是"没有见过猪跑，也吃过猪肉"的。吃了两三千年的猪肉，却不懂得少放水、用文火炖的烹调方法，这太匪夷所思了。我认为，"东坡肉"的做法，即使是于苏东坡生前的某一天，站在黄州街头说话，也应该是能用"古已有之"这个成语的。

实际上，那首描写"东坡肉"具体做法的诗歌《猪肉颂》（还有作《煮猪肉羹颂》的），也有两个问题。考虑到可能有读者还不会背诵这首非著名的诗歌，照录如下：

净洗锅（一作铛），少着水，柴头罨烟焰不起。

待他自熟莫催他，火候足时他自美。

黄州好猪肉，价贱如泥土。

贵者不肯吃，贫者不解煮。

早晨起来打两碗，饱得自家君莫管。

哪两个问题？第一个是诗的真伪问题，有人怀疑这诗是后人伪托的，并不是苏东坡本人的作品。第二个是诗的内容中，诗人并没有觉得是自己发明了这种烹制猪肉方法。在这首诗中，诗人表达的重点是最后两句，即有肉吃就是大幸福，大自在。诗中丝毫没有自矜发现之功的意思，充其量只是说"贫者不解煮"，并没有讲所有人都不解煮。我们知道，倘若是他自己的发明创造，东坡先生一定会隆重地用自己的名字加以命名，并引为自豪。凡是他自己和他家人发明的菜肴，他都一律冠以自己的名字。一次，苏轼在田野间架一口断了腿的破鼎，就地取材，拿蔓菁和芦菔（就是萝卜）煮了一锅汤，自以为美味，于是就写了一首诗（《狄韶州煮蔓菁芦菔羹》），自诩"珍烹"，而且以"东坡羹"三字命名。这一款羹后来经过改良，材料多了，味道好了，他就作颂纪念。在颂文前边，郑重其事地写了一篇引言，引言的第一句就是："东坡羹，东坡先生所煮菜羹也。"（《东坡羹颂并引》）

有一天，他的儿子苏过突发奇想，用山芋作玉糁羹，色香味都不错。苏东坡就得意洋洋道："香似龙涎仍酽白，味如牛乳更全清。莫将南海金虀脍，轻比东坡玉糁羹！"（《过子忽出新意，以山芋作玉糁羹，色香味皆奇绝。天上酥陀则不可知，人间决无此味也》）还标出了这羹的名字：东坡玉糁羹！

人们之所以把一种文火炖猪肉的烹饪方法叫作"东坡肉"，既不是源于知识产权意识，也不是科学考据的结论。大概只是表达一下自己心中对一生坎坷、亲近百姓的天才诗人苏东坡的喜爱、尊敬与怀念之情。与此同时，可能也有利用苏轼名声为这道家常菜肴作宣传的用意。

苏轼为何取号东坡？

宋神宗元丰二年（1079）年底，从皇家监狱一出来，苏轼就被定为贬斥黄州（今湖北黄冈），挂的是"团练副使"这样一个没有实权、俸禄也很微薄的职位。次年正月初一，苏轼带着长子苏迈，从京城汴梁（今河南开封）出发，前往黄州。几个月后，全家在黄州团聚。黄州当时是个偏僻的小地方，阴湿多雨，物价不高。黄州太守（姓徐）敬重苏轼，相待以礼，经常邀请他出席酒宴。但是，毕竟人口多俸禄薄，苏轼一家人的生活相当拮据。苏轼在写给秦少游的一封信中说，全家老少每天可供花费的钱不到一百五十文。为了节省，苏轼模仿当时一个名人（贾收）的办法：每月初一，取出四千五百文钱，分为三十份，高挂在房梁上。每天早上用一个叉子取下一份，当天没有用完的钱就放进一个大竹筒里贮藏起来，用于招待客人。

到黄州之后的第一年，苏轼一家过的就是这种拮据清苦的日子。可能是人口增加，也可能是从前的积蓄告罄，这样的苦日子也渐渐地难以为继了。这个时候，追随苏轼二十年的马正卿到黄州看望他，目睹了苏轼一家的窘迫生活。巧的是，当时的黄州太守是马正卿的同学，于是他热心地替苏轼说情，让太守把一块从前是"营地"（可能是驿站）的闲置之地拨给苏轼一家耕种。这块有数十亩大的废墟，地处黄州城东山坡之上；苏轼所敬慕的唐代诗人白居易做忠州刺史的时候，曾经在城东山坡上栽种树木，经常到那里散步赋诗。因此，苏轼就给自己取了一个日后响彻天下的名号：东坡居士。从此，苏轼开始了为时三年的农夫生涯。

要把一块荒废了十年的地面变为可以长出树木庄稼的土地，辛苦不难想象；经过劳作，能够有所收获，改善一家人的生活，充满希望的快乐也在情理之中。这一段开垦东坡的日子，四十六七岁的苏轼一家辛苦并快乐着。这一段辛苦并快乐着的日子，被苏轼以生动的诗笔记录下来，这便是组诗《东坡八首》。为了方便读者朋友们了解距今九百二十多年前苏轼一家的这一段生活，这里根据《东坡八首》，转述如下：

废墟荒芜已久，断垣残壁，瓦砾成堆，荆棘丛生，清理起来十分费劲，用苏轼自己的话说是"垦辟之劳，筋力殆尽"。不幸的是，当年又是大旱之年，开出的土地也因过于干燥，缺少肥力，很难长出东西。干活累极了的时候，放下锄头，苏轼不禁叹息道：唉！什么时候能涨工资（那时候叫"廪""俸"）呢？

苏轼对这块草木丛生的荒地进行了规划，低洼湿润的地方种稻麦，高平之处种上枣树和栗子树。苏轼结识的居住在武昌的四川老乡王文甫，答应送给他桑树秧苗。苏轼喜欢竹子尽人皆知，他"宁可食无肉，不可居无竹"，因为无肉只是让人瘦下去，无竹却会让人变得庸俗。苏轼是很想栽种一些竹子的，但是，苏轼担心竹子会长到别人家的田地里去，即赞宁《笋谱》所言"东家种竹西家理"，所以这一次他决定不种竹子了。仆人在焚烧野草的时候，发现了一口隐藏着的老井，立即跑去报告了苏轼。苏轼听后十分高兴，打趣说，种出粮食填饱肚子的事还八字没一撇，拿着水瓢喝水已经不成问题了。

发现了水井，也发现了涓滴小泉。苏轼对这股泉水做了一次溯源考察。原来泉水来自远处山岭的那一边，穿过城镇村落，水流所过之处，野草茂盛地生长。有一段水流，形成了一个有十亩大的水塘，里边鱼虾成群。这是个季节性水塘，干旱季节，塘水也干涸了，只见干枯的萍草粘着在裂开的土块上。昨夜下了一场雨，雨水渗透到一犁深以下。苏轼前去寻觅水塘旧址，想为开垦荒地找一处水源。在水塘里，他看到水芹在泥土里的宿根有一寸来长，美食家苏轼于是就想：什么时候水芹长出嫩芽，我好拿它炒鸽肉吃呢？

清明前种下水稻，苏轼就开始设想着种种乐事：水稻开始生长，出针叶，分蘖，风中叶片高举，月下挂着露珠；到了秋天，稻穗沉重，压得植株东倒西歪，一垄垄的稻田里，蚱蜢翻飞，如刮风下雨……每一个阶段在苏轼看去，都是美妙无比的。最令苏轼高兴的是，刚刚收获的稻谷，舂米做成饭，一粒粒如同白玉，照亮盛饭的竹器。想起自己长久以来一直吃的都是发霉变红跟泥土似的官仓陈米，苏轼认为，被贬到黄州，能吃到这样新鲜的米饭，至少口福是满意的。

好的农夫懂得土地肥力的重要性，这块土地荒废十年了，肥力可以想象。桑树柘树不能很快长成，但是收成一茬麦子是可以指望的。投下种子还不到一个月，土块上已经是一片绿色了。有农夫告诉苏轼，不要让麦叶徒长，如果想要丰收的麦子做很多饼子饵块，就得让牛羊上去踩踏。苏轼对农夫的直言相告非常感谢，说自己吃上饱饭的时候，一定不会忘记他的恩情。

……

《东坡八首》的最后一首，苏轼以开玩笑的口吻，叙述马正卿跟自己的交往情形。苏东坡的诙谐、旷达，马正卿的执着、朴实，栩栩如生。诗如下：

> 马生本穷士，从我二十年。
> 日夜望我贵，求分买山钱。
> 我今反累君，借耕辍兹田。
> 刮毛龟背上，何时得成毡？
> 可怜马生痴，至今夸我贤。
> 众笑终不悔，施一当获千。

黄州四年，本是苏轼一生最为失意的时期之一。物质的匮乏，精神的沮丧，都非一般文人所能承受。但是，苏东坡却能随遇而安，苦中作乐。他的苦中作乐，留给我们的是一段佳话，一抹亮色。这佳话可以给我们平淡的岁月增添一点趣味，这亮色可以给我们坎坷的人生增添一份温暖。

苏小妹真有其人吗？

在我国的民间传说中，大文豪苏东坡有一个聪明慧黠的妹妹，人们称其为苏小妹。苏小妹以对对子（对联）、制谜语等方式，跟兄长苏东坡、才子秦观（字少游）、僧人佛印等逞才戏谑，留下许多有趣的故事。

而实际上，几乎没有任何历史文献可以证明苏东坡有过这么一位聪明慧黠的妹妹。相反，根据如下几个情况，基本可以确定苏东坡是没有胞妹的：其一，根据苏轼父亲苏洵《自尤》一诗所述，苏洵虽然有个叫"八娘"的女儿，从小喜欢读书学习，也颇有文采，但她并非苏轼的妹妹，而是苏轼的姐姐，比苏轼大一岁；其二，明冯梦龙《醒世恒言·苏小妹三难新郎》中，苏小妹是秦观的妻子。而实际上，秦观初遇苏轼时已经二十九岁，苏轼四十三岁。当时秦观已有婚约，妻子名叫徐文美；其三，苏轼是一个连生活琐事都会不厌其烦一一写进诗文的人，但是，他现存的所有诗文中，未见有关于苏小妹的只言片语。此外，据说苏氏族谱中也没有关于苏轼有个妹妹的记载。

那么，民间传说中的苏小妹是怎么来的呢？

苏小妹的形象，民间口头传说始于何时难以考证，我们现在所知道的最早讲述苏小妹传奇故事的文献是明代冯梦龙（1574—1646）编辑的短篇小说集《醒世恒言》中的《苏小妹三难新郎》。冯梦龙之前，集中记录苏东坡生活轶事的文献，例如王世贞（1526—1590）编辑的《苏长公外纪》（里边的《调谑编》专门记录跟苏轼有关的玩笑故事），都还没有苏小妹的影子。我们认为，苏小妹应该是晚明笑话大流行时期被创造出来的一个才女形象。晚明时期，由于市民阶层的出现，作为市民阶层代表的文人，对充满束缚的人生强烈不满，倡导性灵，主张个性解放。他们的宣泄方式之一就是编撰笑话。关于这一点，江盈科在给一位同乡整理的笑话书《笑林》所作的序言中有很好的说明：

> 人生大块中，百年耳，才谢乳哺，入家塾，即受蒙师约束；长而为民，则官法束之；为士，则学政束之；为官，则朝议束之。终其身处乎利害毁誉之途，无由解脱。庄子所谓，一月之间，开口而笑者，不能数日。嘻！亦苦矣。

为了破除这人生的束缚之苦，晚明士人开始搜集、编撰、传播笑话，因此出现了大量的笑话集。今人王利器先生编选的《历代笑话集》中，一半多笑话都是明代人编撰的，涉及的有关笑话文献，多达三十余种。

冯梦龙《醒世恒言》之后，关于苏小妹的故事广为流传。到清代，又有无名氏编撰的《东坡诗话》。《东坡诗话》中有关苏小妹的内容，基本上蹈袭《醒世恒言·苏小妹三难新郎》。后来，雅谑渐渐变俗，演绎出了不少颇有色情意味的"三难佛印"、苏氏兄妹联句互嘲的故事。

为什么人们会杜撰出苏小妹这么一个专供谈笑的女性形象呢？

我们看到的说法有这么两个：一个是，苏轼虽然没有胞妹，但是他有一个堂妹，即苏轼二伯父苏涣的幼女小二娘，据说这位堂妹跟苏轼曾经情同手足；还有一个是，苏小妹即"女苏轼"，所谓苏小妹乃内心单纯的苏轼的另一个化身，或者说影子。

这两个说法都似是而非。苏轼尽管有个堂妹，但是，文献中没有任何关于这个堂妹玩笑事迹的记载。至于化身、影子说，这是今人的一种好意拔高，民间传说、笑话可没有这种崇高、庄严的心理。我认为，晚明人之所以创造出苏小妹这个形象，主要有如下几个原因：

首先，这是对文人雅士戏谑传统的一种继承。风流倜傥的文人雅士之间，历来有逞才戏谑的爱好。比如，唐代男女诗人之间就有过这一类的故事。唐人高仲武《中兴间气集》、元人辛文房《唐才子传》等文献记载，女诗人李季兰有一次跟一帮才子在乌程开元寺聚会，著名诗人刘长卿有疝气病（阴囊肿大），李季兰用陶渊明的诗句嘲笑他"山气（疝气）日夕佳"。刘长卿也不示弱，当即答以"众鸟欣有托"，用的也是陶渊明的诗句。

其次，这是对名人效应的一种利用。苏轼不但是一位卓有成就的文学家，更是一个深受历代民众欢迎的明星人物。冯梦龙编辑故事，是为了刻书出售，有经济效益的追求。利用苏轼这样一个知名度极高的明星人物编撰故事，容易引起读者的兴趣，符合市场经济规律。

再次，苏轼身边有一个风流倜傥、妙于情词的门生，即才子秦观，他无疑是编撰才子佳人斗智、结缘故事的不二原型。

再次，苏轼的娱乐形象与此有着密切关系。宋代很多文献中，苏轼有爱讲笑话、取笑他人的特点。他跟好友刘攽、文与可、黄庭坚、秦观等人之间开过的玩笑，取笑王安石的文字学理论（王安石有《字说》一书，专以主观臆想讲解汉字结构），都早已成为人们茶余饭后喜闻乐听的谈资。爱开他人玩笑，他人自然也不妨拿他开一下玩笑。这是所谓的"笑人者，人恒笑之"，或者，用相声术语讲：他砸别人的挂，别人也砸他的挂。苏轼是人们喜爱的历史人物，因此所有的取笑都是善意的，只限于取笑他的相貌。奇人奇相，也算不得贬低。倘若拿不苟言笑的历史人物开玩笑，那叫恶搞，不伦不类的，就很难为大众所接受。

最后，苏小妹这个虚构的人物，更适合故事编撰者发挥想象力。其实，从苏轼的诗文来看，他的爱妾朝云就是一个聪明慧黠的女子，曾说过一些俏皮、巧妙的话语。明清传奇故事中，也有讲到朝云的。但是，朝云是真有其人的，是苏轼深爱的女子，她本人虽然出身微贱，但是品格不俗，深受后人尊敬。此外，她的英年早逝，也很令人同情。种种原因，使得朝云难以成为民间笑谈中的主角。因此也不妨说，苏小妹就是笑谈版的王朝云。

陆游对表妹唐琬有多痴情？

> 红酥手，黄藤酒，满城春色宫墙柳。东风恶，欢情薄，
> 一怀愁绪，几年离索。错，错，错！
>
> 春如旧，人空瘦，泪痕红浥鲛绡透。桃花落，闲池阁。
> 山盟虽在，锦书难托。莫，莫，莫！
>
> （陆游《钗头凤·红酥手》）

潘岳、苏轼、贺铸、纳兰成（性）德都留下了深情动人的悼亡诗词，据此，我们曾将他们戏称为中国古代"四大痴情丈夫"。有一些读者提出各种异议，其中有几位，因为宋代诗人陆游作有《钗头凤》一词，认为陆游应该名列"痴情丈夫"榜中，乃至位居榜首。

这种意见，不但跟我们那篇据悼亡诗词立论的文章思路不一致，也可能跟史实有出入。

陆游当然是一直深爱着他的表妹唐琬的。

江陵人唐意（不是绍兴唐闳）之女唐琬，是陆游的表妹。亲上加亲，成为陆游的原配妻子。因为婆媳关系不睦，被迫与陆游离婚，后改嫁陆游表亲赵士程。陆游、唐琬结婚之后，曾有过一段恩爱的生活。陆游心中难忘这一段情缘，前后写过多首诗歌，表达怀念之情。保存至今（陆游晚年编辑《剑南诗稿》的时候，曾大量删除自己早年诗作）的就有《禹迹寺南有沈氏小园》《十二月二日夜梦游沈氏园亭二首》《沈园》《城南》等。其中《城南》一诗作于八十一岁那年。可见，陆游一辈子都没有忘记唐琬。这些诗中，最有名的是《沈园》绝句二首，诗如下：

> 城上斜阳画角哀，沈园无复旧池台。
> 伤心桥下春波绿，曾是惊鸿照影来！
> 梦断香销四十年，沈园柳老不飞绵。
> 此身行作稽山土，犹吊遗踪一泫然。

怀恋之情，十分真挚。可见，陆游对这位原配妻子是一往情深、终生惦记的。据记载，唐琬在跟陆游离婚之后五年，就因心情抑郁病死了。因此，陆游的这些诗歌可以看作是悼亡之作，他完全可以名列"痴情丈夫"之列。我们之所以没有将其列入痴情丈夫名单，主要是考虑到唐琬已经再醮，是他人的妻子了。

陆游的《钗头凤》一词，历来被当作陆、唐爱情的写照，自宋迄今，大部分文献记载都言之凿凿，认定这是陆游为唐琬而作的。但是，我们更愿意相信另一种少数专家学者主张的观点：《钗头凤》不是为唐琬而作。

提出、赞同《钗头凤》不是为唐琬而作的现当代专家学者，先后有夏承焘、吴熊和、周本淳、黄世中、陈祖美等。他们认为，《钗头凤》应该写于成都期间，是陆游在成都五年间的赠妓之作。当然，在他们之前，宋代以降，刘克庄、马端临、张宗橚、吴骞等人，对《钗头凤》为陆游写自己与唐琬感情的"本事"，未予深信，或者曾予质疑。

综合专家学者们的论著，认为《钗头凤》不是陆游写自己与唐琬情事的论据主要有如下一些：

《钗头凤》一词，用语过于香艳，有失持重，不符合唐琬的身份；

"宫墙柳"一语，不符合山阴（绍兴）环境。绍兴不曾有过"宫墙"，"宫墙"系指成都故蜀王宫。《钗头凤》调本名《撷芳词》，此调名乃陆游取原词"可怜孤似钗头凤"一语而另立之新名，词调当时流行于成都；

陆游用"东风恶"指自己母亲，可疑；

《钗头凤》一词，在陆游词中，前后几首都是他在蜀赠妓之作。陆游在成都，跟妓女有染，屡见载籍；

最早记载《钗头凤》为题于绍兴沈园壁间、言陆唐情事的宋人陈鹄、周密两家（著作分别为《耆旧续闻》《齐东野语》），说法有抵牾之处。陈鹄说写于"辛未三月"，周密说写于"绍兴乙亥岁"，前后相距四年；

《齐东野语》记载陆唐情事，说唐琬被逐出陆家之后，陆游曾措别馆予以安置，秘密来往。被陆母发现后，才断绝了往来。这种情况更可能发生在对妓女出身的妾身上，不大可能发生在唐琬这样有家庭、有背景的人身上；

《齐东野语》说陆游作《钗头凤》并将其题写于沈园壁间的时候，

陆游三十一岁，唐婉跟赵士程结婚不久。这种做法有悖于情理，不但唐婉情无以堪，赵士程情无以堪，给陆游生过三个儿子的第二任妻子王氏情无以堪，他们的家族也都是无法承受的。他们都是书香仕宦之家，而且，陆、唐、赵三家都有亲戚关系。

历史往事，往往难以论定孰是孰非。取舍之间，会因为学识、阅历、性情的不同而出现分歧。我们捃拾前人论述，写作此文，绝不敢有强求读者全体赞同我所认可之观点的企图。仅供参考云尔。

李清照什么情况下"寻寻觅觅"？

寻寻觅觅，冷冷清清，凄凄惨惨戚戚。乍暖还寒时候，最难将息。三杯两盏淡酒，怎敌他、晓来风急！雁过也，正伤心，却是旧时相识。

满地黄花堆积，憔悴损，如今有谁堪摘？守着窗儿，独自怎生得黑！梧桐更兼细雨，到黄昏、点点滴滴。这次第，怎一个愁字了得！

（李清照《声声慢·寻寻觅觅》

李清照这一首《声声慢》，稍微读过点词的人，大约都不会感到陌生。它可以说是李清照的代表作之一。这一首词，大家都耳熟能详，但理解上却有着不少分歧。其中最大的分歧就是：词的创作时间。

历来绝大多数著作，都将这首词列为李清照晚年的作品，即创作于她丈夫赵明诚因病去世之后，认为这是一首悼亡之作。例如，沈祖棻先生就曾说："从词意看，当作于赵明诚死后。"她认为，这首写愁的词，不同于早年写愁词的生离之愁、暂时之愁、个人之愁，它所写的是死别之愁、永恒之愁、个人遭遇与国家兴亡交织在一处之愁，"所以使人读后，感受更为深切"（见其《宋词赏析》）。如今较有影响的文学史教科书，基本都持这种说法。

但也有少数学者认为，这首词是李清照早年的作品，作于南渡之前。清人俞正燮《易安居士事辑》针对他人说这首《声声慢》"是晚年作"，断言那种说法是错误的。今人陈祖美先生也力主这首词非晚年悼亡之作，认为应作于词人在青州、莱州的中年时期。详细阐述可以参看其所评注的《李清照词选》（人民文学出版社 2005 年版）。

双方分歧的根本原因，在于对词中悲愁之情的认识。主张晚年之作的研究者，大概都认为，词中的悲愁之情，只有在经历了丧夫、亡国之类的重大变故之后才会如此深刻；而主张非晚年作品的研究者则认为，李清照丈夫赵明诚也不像大家所想象的对李清照专心深情，他俩一直过着比较幸福的生活。陈祖美先生的主要依据就是，李清照早年也遭受了"痛苦中最痛苦的爱情的痛苦"。具体地说，就是"被疏"与"无嗣"的痛苦。

我们倾向于赞同后一种观点，即不作于晚年，不是悼亡之作。除了认同陈祖美先生的部分论据之外，还有如下两点依据：

一是，这一首《声声慢》表现感情太缠绵、太华丽了，不像是历经沧桑的人的口吻。可以肯定，李清照作于赵明诚死后的作品，在表现悼亡感情的时候，并没有这么缠绵、华丽。比如，《武陵春·春晚》是"物是人非事事休，欲语泪先流"；《孤雁儿·藤床纸帐朝眠起》是"吹箫人去玉楼空，肠断与谁同倚"。

二是，其中的词语，有好几处可以跟公认作于前期的《念奴娇·萧条庭院》联系在一起。"三杯两盏淡酒"，是早酒，可以对应《念奴娇》"扶头酒醒"中的"扶头酒"；"雁过也"，可以对应《念奴娇》中的"征鸿过尽"；这首词下片"黑"字入韵，属于不常见用法，宋人甚至有"不许第二人押"的夸张说法，这可以对应《念奴娇》中的"险韵诗成"（这些对应的说法，受到俞平伯先生《唐宋词选释》的启发。但是，俞先生是把《声声慢》作为李清照晚年作品的）。如果这种推测能够成立，那么，这首《声声慢》跟那首《念奴娇》就是同一天乃至同一时辰所作的了。当然是《声声慢》在前，《念奴娇》在后。

这首词还有一个次要的分歧：有的版本是"晚来风急"，有的版本是"晓来风急"。我倾向于后者，理由如俞平伯先生所说："其词写一整天，非一晚的事，若云'晚来风急'，则反而重复。"（《唐宋词选释》）

另外还有一个不大不小的问题，也附带说一下。几乎所有的注释，对于"独自怎生得黑"一句，都没有很好的说明，大多只是说：怎生，怎么。"自己一个人怎么得黑"，还是不通。其实，在宋词里，"怎生得"是一个惯用的短语。现在索性把宋词中李清照这首词以外的"怎生得"的用例罗列如下：

怎生得依前，似恁偎香倚暖，抱著日高犹睡。（柳永《慢卷袖·闲窗烛暗》）

怎生得伊来，今夜里、银蟾满。（张先《迎春乐》）

雪月风花，不醉怎生得。（黄庭坚《醉落魄》）

●● 李清照 ●●

怎生得、今宵梦还家，又譬如秉烛，夜阑相对。（晁端礼《洞仙歌》）

那佳人、怎生得见。（史浩《粉蝶儿》）

末后殷勤，一著怎生得。（沈瀛《醉落魄》）

怎生得、夜来一笑。（程垓《雨中花令》）

怎生得、梦儿成。（刘仙伦《系裙腰》）

细看重咏，怎生得足。（无名氏《秦楼月》）

李清照之外的九个用例，"怎生得"都是"怎么能够（使得）"的意思。唯独李清照的词不能这样解释，她是"怎么能够（到，或者'度过'）"。各种版本在这个字上没有分歧，我们也不便怀疑它有刻印错讹的问题，但确实有些可疑。

假设它没有刻印错讹的问题，我们是这样理解的：独自一人怎么能够（从早上）一直熬到天黑呢！

由此，我们进而大胆推断，这首词很可能作于青、莱期间的某一天。李赵久别后相会，赵明诚外出办事（例如寻访碑帖古董，例如会见外室），需要一整日的时间，李清照独自一人在旅舍里等他归来。于闲极无聊之中，李清照连作数首词，以排遣心中不满。因而，字面极尽缠绵、华丽，多少带有夸张、游戏、撒娇成分。

71

试问卷帘是何人？

　　昨夜雨疏风骤。浓睡不消残酒。试问卷帘人，却道海棠依旧。知否，知否？应是绿肥红瘦。

（李清照《如梦令·昨夜雨疏风骤》）

　　李清照这一首著名的《如梦令》小词，其中"卷帘人"所指究竟为何人，历来有两种说法：一说是侍女，一说是词人丈夫。历来谈论到这首词的论者，似乎均一致认为是侍女，只有今人吴小如先生别出心裁，认为"卷帘人"是指词人的丈夫赵明诚（见其《诗词札丛》，北京出版社1988年版）。

　　我以前也一直认为"卷帘人"是侍女，2005年出版的拙著《诗意人间》一书（外语教学与研究出版社2005年版）里，还猜测那是"一位略有些迟钝的丫鬟"。现在，我要修改这个说法。依我的最新考察、解读，侍女、词人丈夫两种说法都有问题，我们还可以有第三种理解："卷帘人"是词人自己，也就是李清照本人。

提出这个全新的观点，主要依据有如下几点：

其一，唐诗里的卷帘者通常都是诗人或者诗歌故事中的主人公自己，没有指侍女或者诗人爱人的。指诗人自己的最多，例如：

卷帘残月影，高枕远江声。（杜甫《客夜》）

卷帘还照客，倚杖更随人。（杜甫《十七夜对月》）

卷帘唯白水，隐几亦青山。（杜甫《闷》）

闲时驻马望，高处卷帘看。（刘禹锡《终南秋雪》）

卷帘睡初觉，欹枕看未足。（白居易《东楼竹》）

夜深明月卷帘愁，日暮青山望乡泣。（白居易《长安早春旅怀》）

指诗歌故事主人公的比较少，主要见于描写闺情的作品，例如：

妆成卷帘坐，愁思懒缝衣。（孟浩然《赋得盈盈楼上女》）

唐诗虽然不同于宋词，但是，其间词语使用的手法，往往一脉相承，有着一致的传统。

其二，现存宋词中，"卷帘人"一共用了七次，李清照这一首《如梦令》姑且不论，其他六首均应该理解为指词人自己。请看例子：

帘外东风吹断梦，卷帘人探春还。一枝疏影动檐间。（王

庭珪《临江仙·帘外东风吹梦断》）

今年燕子来，谁听呢喃语。不见卷帘人，一阵黄昏雨。
（辛弃疾《生查子·去年燕子来》）

卷帘人出身如燕。烛底粉妆明艳。羯鼓初催按六么。无
限春娇都上、舞裙腰。（黄时龙《虞美人》）

卷帘人睡起。放燕子归来，商量春事。风光又能几？（张
枢《瑞鹤仙》）

情脉脉，思纷纷。绕窗吟咏理馀薰。卷帘人在西风里，
知是新来瘦几分。（陈德武《鹧鸪天·咏菊》）

被谁家，数声弦管，惊回好梦难省。起来无语疏雨过，
芳草嫩苔侵径。春昼永。迟日暮，碧沼浪浸红楼影。卷帘人静。
被风触，一叶两叶，杏花零乱对残景。（无名氏《摸鱼儿》）

同时代的词都指词人或者故事主人公，只有李清照一首不指自己，
孤例可疑。

其三，李清照《如梦令》可能系化用唐韩偓《懒起》一诗的最后
四句诗意而来，而韩偓《懒起》中完成卷帘动作的是诗歌故事中的主
人公。《懒起》全诗如下：

百舌唤朝眠，春心动几般。
枕痕霞黯澹，泪粉玉阑珊。
笼绣香烟歇，屏山烛焰残。

暖嫌罗袜窄，瘦觉锦衣宽。

昨夜三更雨，今朝一阵寒。

海棠花在否，侧卧卷帘看。

　　诗中的"侧卧卷帘看"，实际意思是"起身卷了帘，再回到床上，侧卧而看"。假如化用关系属实，那么"卷帘"的用法也应该是相似的。

　　其四，也是最为重要的，将"卷帘人"解读成词人自己，完全讲得通。这首《如梦令》可以理解为李清照的自问自答之词，是一位宿醉未醒的闺中人在半睡半醒状态下的自我问答。昨夜雨疏风骤，她是记得的；早上醒来的时候，她也知道牵挂海棠花是否仍在枝头。但是，是谁卷起了帘子，海棠花到底情形如何，她的记忆又有些模糊了，眼神发虚，也没看清楚海棠花到底是否在一夜风雨之后有了凋谢之迹。自己一身，也于恍惚之间一分为二，相互问答起来。这首词所表现出来的词人的一切可爱俏皮情态，都从"浓睡不消残酒"而来。如此理解，不但词义贯通，韵味上也更加浑然一体，更加生动有情趣。

　　提出"卷帘人"为词人丈夫的吴小如先生，他的主要根据是，"词中所写悉为闺房昵语，所谓有甚于画眉者也，所以绝对不允许第三人介入。"吴先生进而把这首词理解为"隐兼比兴"之作，说"惜花之意，正是恋人之心"，"丈夫对妻子说'海棠依旧'者，正隐喻妻子容貌依然姣好，是温存体贴之辞。但妻子却说，不见得吧，她该是'绿肥红瘦'，叶茂花残，只怕青春即将消失了。"为了使"绿肥红瘦"的比喻显得更合理一些，吴先生拉来杜牧的"绿叶成阴子满枝"，并且认为李清照跟杜牧是"雅俗之间判若霄壤"，说这正是李清照的过人之处。表面上看，吴先生似乎是把这首小词讲解得更加深刻了，但实际上，他是把这首清新淡雅的词讲复杂了，讲庸俗了。这首词字面上化用韩偓《懒起》一诗的最后四句，但整首词的情景意蕴却是跟唐代诗人孟浩然的《春晓》（春眠不觉晓，处处闻啼鸟。夜来风雨声，花落知多少）一脉相承的，是刻画"睡起懒散"的生活片断，表现一点简单情思的。吴先生把它讲成夫妻之间关于容颜的隐喻对话，不惟使作品风雅尽失，也不符合情理：早上睡起、宿醉未醒的人，怎么可能一下子清醒机灵到做那样的隐喻游戏呢？此外，赵明诚、李清照夫妇是没有生育孩子的，她的词中不可能有与杜牧的"绿叶成阴子满枝"相联系的语意。另外，这一首小词历来都被认为是奠定李清照"词女"地位的作品，作于她跟赵明诚结婚之前（陈祖美《李清照词选》，人民文学出版社 2005 年版）。

尽管吴先生的"丈夫"说是难以令人信服的，但其"闺房昵语""不允许第三人介入"的说法，仍然有启发意义。只是我们认为，这是词人独白，不但第三人不允许介入，就连第二人也是不允许介入的。以"独角戏"或者独白形式，表现清愁、闲愁一类主题，这是诗词的一个传统，字数有限的小词就更是如此。从敦煌曲子词《菩萨蛮·枕前发尽千般愿》，到李白的《菩萨蛮·平林漠漠烟如织》，温庭筠的《菩萨蛮·小山重叠金明灭》，李煜的《相见欢·无言独上西楼》，欧阳修的《蝶恋花·庭院深深深几许》，都是只出现一个人物的。其中最为有意思的是敦煌曲子词《菩萨蛮·枕前发尽千般愿》，推测场景，那是有主人公的爱人在场的。但是，一旦作词，那个爱人就被隐去了，只成为一个听众。李清照的词自然也不例外，不要说事不关他人的《声声慢·寻寻觅觅》，就是《武陵春晚》事关他人，也用"闻说"二字（闻说双溪春尚好）巧妙地将他人隐去了。

72

杀害岳飞的罪魁祸首究竟是谁？

许多人，包括一些历史学专家，都以为主张宋高宗赵构是杀害岳飞的罪魁祸首，是一种远比谴责宰相秦桧高明的见解，其实未必。

把杀害主战派名将岳飞的元凶定为宋高宗赵构，并无确凿可靠的史料，依据的主要是如下的推理：如果岳飞真的直捣黄龙，迎回徽钦二帝，作为他们儿子、兄弟的高宗赵构的宝座就可能得交出去。因此，他得想办法除掉岳飞。自然，身居相位的秦桧，就成了他对岳飞行刑的刽子手、替罪羊。

这种推理，听起来挺像那么回事，很容易为缺乏历史知识的人们所接受。但是，稍微冷静地想一下，不难发现，这跟秦桧杀害岳飞的"其事体莫须有"的推论，没有任何本质上的区别。从史学研究的角度讲，这是不严谨、不负责任的推论。要想让这种推论具有说服力，至少得证明如下一些命题："国无二日"，即迎回徽钦二帝，赵构就必须让出皇帝宝座；赵构及其父兄徽钦二帝都是极度迷恋皇帝宝座的人，同在南宋，必定出现你争我夺甚至你死我活的局面；高宗在位期间，政治格局是相权绝对服从于皇权；赵构是一个英明且心狠手辣的皇帝，完全能够操纵宰相秦桧，或者说，秦桧对赵构是言听计从的。诸如此类。否则，听起来像回事的推理，难脱"己心度他腹"的嫌疑。

我并没有深入研究过宋史，没有研究过高宗朝的政治风云。但是，我知道如下一些情况：国是可以有"二日"的，即当朝皇帝跟太上皇和平共处的。距离宋朝不远的唐朝，李渊、李隆基就都能退居二线，让儿子做了皇帝。就是赵构本人，最后也让位给儿子赵昚，做了太上皇。徽宗、高宗，都是"多有才艺"之君，是文艺范儿的皇帝，他们在书法绘画上的造诣，都不亚于专业的书画家。他们对于书画艺术的兴趣，似乎都要比做皇帝大一些——不然，也可能不会亡国，落下昏庸之名。秦桧为人老谋深算，心毒手狠，但表面上又给了赵构一个"忠朴过人"的印象，深得赵构的信任。到杀害岳飞时，秦桧居相位执朝政已超过五六年时间，早就树大根深，权倾朝野了，他完全没有必要对赵构言听计从。再者，在朝廷的政治地位上，岳飞跟秦桧根本不是一个级别的，秦桧无需担心岳飞对他的荣华富贵有任何妨碍。我更愿意相信，秦桧杀害岳飞，就是他献给金国的一份大礼。金军有言："撼山易，撼岳家军难。"秦桧替金人铲除了一支劲旅，一个心腹大患。因此，也可以说，金人是杀害岳飞的幕后主子。

撇开错综复杂的杀害岳飞问题，说一下宰相应该、可以怎么做的问题。即使赵构接受他老祖宗赵匡胤的遗训，对军事将领严加提防，有心除掉英勇善战的岳飞，以防贻患将来，那么，假如秦桧不是卖国求荣的奸佞，不是潜伏的金国奸细，职责所在，他也应该为了大宋江山保护一下岳飞，这至少可以为赵宋王朝在跟金人谈判时多一个筹码。做宰相，不见得就要一味地迎合官家（皇帝）的意思。

举一个轻松一点的例子。赵构退居二线之后，一年过生日，发现进奉之物比往年减少了好几种，于是大怒。孝宗赵昚慌了手脚，赶忙把宰相虞允文找去商量对策。虞允文要求亲自去跟赵构解释。虞允文进德寿宫，觐见太上皇赵构。赵构怒气冲冲地说："朕老不死，为人所厌。"显然有抱怨赵昚的意思。只见虞允文不慌不忙，解释道："皇帝圣孝，本不欲如此，罪在小臣。谓陛下圣寿无疆，生民膏血有限，减生民有限之膏血，益陛下无疆之圣寿。"赵构听后大喜，请虞允文饮了一杯御酒，并将金酒杯赏赐给了他。虞允文回去向孝宗皇帝汇报后，也得到了一杯御酒和金酒杯的赏赐。请看，皇帝面前，宰相不是只有阿谀逢迎一种办法的。这位虞允文，虽然是文士出身，但是很有军事谋略，曾在采石（今安徽省当涂县境内）以犒劳军使者身份，毅然越职督战，大破金军。同样是宋朝宰相，差别就是这么大。

评价一个人，不能脱离他的身份职位。身居相位的秦桧，在国难当头、大兵压境之际，杀害爱国将军岳飞，就是永远不可饶恕的罪孽。一味顺从、逢迎皇帝的宰相，不管他多么聪明，多么有才艺，多么善施小恩小惠，都不是一个好宰相。好宰相至少要像虞允文这样，最好是像魏征那样。

宋体字是秦桧创造的吗？

有一种替宋代著名奸相秦桧鸣不平的意见，说秦桧发明了宋体字，是有功劳的。

这种意见，值得商榷。

宋体字并非秦桧发明的。这可以从书法传承和文献记载两个方面加以证明。

从书法传承上说，"宋体字"的基本笔画、结构特点，出现时间早于宋代。众所周知，宋体字横轻竖重，横细竖粗，横平竖直，撇尖细如柳叶，捺粗重如刀片，笔画横笔两头各有一个位于横线下和横线上三角形的顿笔墨点，所有这些特点，早在宋代以前就已经出现了。法书（正楷）家辈出的唐代，欧阳询、褚遂良、柳公权、颜真卿等著名的楷书大师那里，或多或少都有了这些特点。可以肯定，宋体字的笔画、结构，系取法于唐代的楷书。

根据文献记载，刻印书籍的工匠们广泛采用的"宋体字"，出现时间晚于宋代。"宋体字"，很容易令人望文生义，以为是一种产生于宋代的字体。其实，我们所熟悉的"宋体字"产生于明代。清代著名学者、藏书家钱泰吉《曝书杂记》云"……宋书滥觞于明季"，"明季始有书工专写肤廓字样，谓之宋体"。他经过考查，得出结论：宋体字成熟于明宪宗成化（1465—1487）以后，此前刊本所谓宋体，"从未有今所谓宋字者"。钱泰吉根据他自己所见，指出宋代所刊刻的书籍"字画活脱"，不同于宋体字的"拘板不灵"。

可见，宋体字是明代才兴起的一种印刷字体，其发明者的姓名，史书阙记。究其原因，无非两个：一是无名刻字工匠所为，二是这字体并未得到士大夫阶层的赏识。

作为印刷字体，宋体字是有其优点的，主要有：笔画规范，容易模仿，齐整清晰，容易辨认。因此，数百年来，这种字体广泛应用于书籍、报刊印刷。但是，从审美的角度衡量，它也有明显的缺点：笔画变化少，缺少视觉美感。我国博大精深的书法艺术，讲究笔势、笔意的汉字之美，宋体字体现不多。相比之下，楷体字就优于宋体。古时候，稍微讲究些的学者，在刻印著作的时候都不愿意用宋体字，而愿意高价聘请好的刻工，用楷体刻板。《曝书杂记》中，就有"国初（按指清朝初年）刻书多有倩名手楷写者"的记载。宋体字在很长时间里，被称为"匠体字"，其地位之低下，显而易见。宋体字有多种变体，老宋、长宋、仿宋等等，大约也是为了弥补宋体字不够美观的缺憾。

秦桧写字不差是事实，毕竟是状元出身。但是书法上，宋代有著名的"苏（轼）黄（庭坚）米（芾）蔡（襄）"四大家，秦桧的影响没法跟这四位相比。秦氏书法即使有些影响，肯定也是非常有限的。论生前书法名气，秦桧不如另一个著名奸相蔡京；论创造字体，自成一派，应用广泛，影响深远，宋代书家首推宋徽宗赵佶发明的"瘦金体"。无论从哪一方面讲，秦桧都不太可能是宋代有影响的字体发明人。

替历史人物翻案，当然是可以的。但是，替像秦桧这样大量史书记载其众多劣迹、已经成为符号化（奸佞、阴险、投降）的历史人物翻案，需要格外严谨、慎重。没有确凿的证据，最好不要做翻案文章。对历史人物的评价，倘若可以随便改变，那么，忠奸是非的概念势必产生混乱，邪恶横行。人类失去是非、善恶评判，后果不堪设想。

关汉卿是哪个村的?

我念本科的时候，中国古代文学史讲到元代那一段的那个学期，期末考试，老师出了这样一道填空题: 关汉卿相传出生于大都（　）村。考试结束，班级里一片哗然。对于这道题，同学们的试卷基本都空白了，没能填上答案。我侥幸答上了，老师讲课时提到过。因为这位老师讲课的信息量大，这事又只是一句话带过，所以同学们大多没有注意到。

这不能完全怪同学们粗心。我们的文学史教材，介绍一个作家哪怕是一流大作家时，籍贯和出生地从来都是只说到县一级行政单位的。例如: 陶渊明，寻阳柴桑（今江西九江）人; 杜甫，京兆杜陵（今陕西西安市西南）人，出生于河南巩县（今巩义市）; 苏轼，眉州眉山（今属四川）人; 李清照，济南章丘（今属山东）人; 辛弃疾，山东历城（今山东省济南市历下区）人。按照这个惯例，关汉卿自然只能说"大都（今北京）人"。知道有这个惯例，同学们学文学史，记作家籍贯、出生地，县以下行政单位当然就不会去理睬它。具体到关汉卿，记住"大都"就万事大吉了。

其实，文学史的这个惯例，是有不妥之处的。

首先，古代作家中，许多人并非出生于县城内，而是出生于乡村。对于这些作家而言，具体的乡村，其意义往往是非同寻常的。他们生活了十几甚至几十年的村子，是他们思想、情感形成的最直接的外部环境。村边的山岗溪流，丰草长林，田地庄稼，村里的男女老少，风土人情，鸡鸣狗吠，都是他们最熟悉的事物，跟他们发生过密切的联系。他们日后的文学创作，或多或少都会受其影响。事实上，一个人，尤其是童年、少年时代，活动范围是非常有限的，通常就是一两个村子。一两个村子之外，基本上都是陌生的世界，跟他没有多少关系，对他没有多少影响。对一个生长于乡村的作家而言，县、县城不一定产生过多少实际影响。像陶渊明这样的作家，不但出生于乡村，一生的绝大部分时间也都生活在乡村。用今天的话说，陶渊明是一个宅男，他对外出旅游没有多大兴趣，他的诗文基本上都是描写那里的生活和景物的。理解、研究陶渊明的诗文，只知道他是柴桑人，而不知道他的出生地江州豫章郡康乐县义钧乡七里山安成村（今江西省宜丰县澄塘镇新安村安成自然村）以及后来的迁居地陶家园、南山陶家坪等，是远远不够的。

其次，世界上的事物，总是越真切就越令人感到亲切的。后人知道一个自己喜欢的大作家是某个县的，在听到这个县的名字或路过该县时，一般情况下，可能会于刹那间在脑子里闪现出这样一个念头：我喜欢的这个作家是这个县的。仅此而已，不会再加深究。而一旦知道这个作家具体是哪个村的，则很可能会去寻访一番。对此我有切身体验。从前学文学史，只知道辛弃疾是济南历城的，因此在济南上学时参观过建于大明湖公园内的辛弃疾纪念馆之后，也就作罢了。倘若当时知道他的具体出生地是今天济南市历城区遥墙镇四风闸村，我非去寻访一番不可。即使没有像样的古迹，看一看那里的草木景物，亲近一下那里的水土，也是不错的。如今不少爱好旅游的朋友，不再满足于游览名山大川，历代名人故里也成了他们的旅游目的地。文学史著作只告诉人们作家的县级籍贯或出生地，显然不能满足人们的需要了。

相沿已久的惯例既然是不合理的，就应该予以改变。更何况，这种改变往往是轻而易举的事情。编撰文学史的时候，把作家的籍贯或出生地详细至街巷、村庄，是多不了几个字的，篇幅、纸张的消耗完全可以忽略不计。但是，这样做有一个极大的好处：由于地址详尽，几百几千年之后也不容易混淆。历史上这方面的教训实在是太多了，李白、罗贯中的籍贯、出生地，就是因为古人语焉不详，现在成了聚讼纷纭、难以定论的学术公案。

说了半天，还没有对文章题目的问题予以解答，现在来揭晓：有人考证，关汉卿是元代祁州伍仁村（今河北安国县伍仁桥镇伍仁村）人。今天的伍仁村东北五百米处，有一座规模不小的关汉卿墓，安国市内有一座关汉卿纪念馆。

马致远的"小桥流水人家"在哪里?

元人散曲中的名篇,马致远的《天净沙·秋思》表现了一个游子的所见所思:

枯藤老树昏鸦,小桥流水人家,古道西风瘦马。夕阳西下,断肠人在天涯。

十种景物(枯藤、老树、昏鸦、小桥、流水、人家、古道、西风、瘦马、夕阳),有动有静,由近及远,以景写情,有序排列,逐层推进,遂成千古绝唱,令所有读者过目难忘。

虽然知道,文学作品所写景物通常出于作家的美化乃至虚构,当不得真。但是,每次读到或想起写出令自己动心景物的诗词,总会产生出考证、寻访一番的念头。不知道为什么,这种情况,竟然呈逐年增强的趋势,跟白乐天所说的"老去心情逐日减",正好唱了个反调。不久前,想起陈子昂的《轩辕台》"北登蓟丘望,求古轩辕台。应龙已不见,牧马空黄埃。……"想起李白的《北风行》"……燕山雪花大如席，片片吹落轩辕台。……"尽管知道黄帝的真正埋葬处"桥山"可能是山西省襄陵、曲沃之间那一处（桥山还有两处，一处在陕西黄陵县，一处在河北涿鹿县，都有人认为是黄帝埋葬地），北京市平谷区东北渔子山上的轩辕台黄帝陵是后人附会，但还是很想约几个老友去那里盘桓半日——因为有人去过，有人嫌天热，终于没能成行。这会儿想起马致远的这首小令，脑子里又冒出了这样一串念头："小桥流水人家"究竟是何方景物？是江南还是河北？如今是否依旧存在？恨不得约上几个也喜欢寻景访古的朋友立即出发，去实地考察一番。

文学中的美景，固然有不少是作家于书斋中虚构出来的。但是，马致远的《秋思》不属于这一类，它应该是由实景触发的。因此，我更关心的是，这一处触动马致远内心深处最柔软部位因而产生"断肠人在天涯"伤感情怀的"小桥流水人家"，究竟是在南方还是北方，是在哪省哪县。

世间事，偶尔亦有凑巧遂人愿者。产生了上述念头，就去翻书，而且一翻就被我翻到了。孙楷第《元曲家考略·马致远》考证，马致远用《天净沙》曲调一口气作了三首小令，广泛流传的是第一首，第二、第三首如下：

平沙细草斑斑，曲溪流水潺潺，塞上清秋早寒。一声新雁，黄云红叶青山。

西风塞上胡笳，月明马上琵琶，那抵昭君恨多。李陵台下，淡烟衰草黄沙。

根据多种文献记载，第三首《天净沙》中的"李陵台"位于元大都（今北京）和上都（今内蒙古锡林郭勒盟正蓝旗东闪电河北岸）之间。

　　由此可见，"小桥流水人家"，虽然看起来像是江南景物，而实际上，它位于今天北京跟内蒙古之间的某处古驿道边。今天从北京到内蒙古正蓝旗的直线距离约一百八十公里，古时候的这一条驿路，肯定超过一百八十公里。李陵台距离内蒙古正蓝旗约一百里左右。假设马致远的三首作品写作时间很接近，我大胆推测一下：《天净沙·秋思》中"小桥流水人家"的原型，很可能在今天河北省张家口市辖区之内，比如坝上草原的某处。

　　"小桥流水人家"，有一种早期版本作"远山近水人家"。河北省张家口市张北县、沽源县等坝上地区，地处内蒙古高原的东南边缘，地势地貌有"远看有山，近看无山"以及多湖泊（蒙古语叫淖尔）湿地流水的特点，这种特点给予旅人的一个直观印象就是"远山流水人家"。

　　"小桥流水人家"还有另外一种可能：表现的是作者马致远家乡村庄的景象。马致远的家乡是北京市门头沟区王平乡韭园村，是一个小山村。村中央有一股山泉，水势不小，常年涌流。水流顺着山坡往下穿过大半个村子，中途经过相传为马致远故居的院子门前。泉水流经的人家，为了出入方便，修了小桥，构成一幅山村少见的"小桥流水人家"图。有人了解马致远家乡村庄的这种景象，但不了解马致远小令《天净沙》描写的是坝上地区的景物，于是将"远山近水人家"修改为"小桥流水人家"，也是合乎情理的推测。

元代文人为什么丑化刘邦形象？

元代杂剧作家睢景臣套曲《般涉调·哨遍·高祖还乡（社长排门告示）》，堪称中国文学史上戏谑帝王的杰作。

历史上，刘邦做了皇帝之后回到家乡，情形大约像他的《大风歌》里所描写的那样，"威加海内兮归故乡"，荣归故里，风光无限，志满意得。但是，到了睢景臣笔下，则完全是另一番情形：在一个虚构的孤陋寡闻的乡巴佬眼里，象征皇权尊贵的仪仗，成了莫名其妙的摆设；做了汉朝开国皇帝的刘邦，仍然不过是当年曾经跟他一块劳动的伙伴，不过是一个贪杯、贪小便宜、欠账不还的乡村无赖。

套曲篇幅较长，这里只介绍几个精彩片段。

先请看乡巴佬眼里的皇家仪仗队：

……一彪人马到庄门，匹头里几面旗舒：一面旗白胡阑套住个迎霜兔，一面旗红曲连打着个毕月乌，一面旗鸡学舞，一面旗狗生双翅，一面旗蛇缠葫芦。

仪仗中代表帝王尊贵威严的月旗、日旗、凤旗、飞虎旗、龙旗上的图形，在这个乡巴佬眼里，全都变成了乡村中习见的事物。

再来看一下，乡巴佬初见刘邦时的情形：

> ……那大汉觑得人如无物。众乡老展脚舒腰拜，那大汉挪身着手扶。猛可里抬头觑，觑多时认得，险气破我胸脯！

> 你须身姓刘，你妻须姓吕。把你两家儿根脚从头数。你本身做亭长耽几盏酒，你丈人教村学读几卷书……

开始的时候，这乡巴佬不知道对方是何等尊贵人物，当他认出是发小刘季（刘邦行四）的时候，简直气坏了，立即脱口揭出了刘邦和他老婆两家的老底。

最后，再来看一下，乡巴佬在认出刘邦并且揭完他老底之后，最惦记的是什么：

> 少我的钱，差发内旋拨还；欠我的粟，税粮中私准除。只道刘三，谁肯把你揪捽住，白甚么改了姓，更了名，唤做汉高祖！

"汉高祖"，是刘邦死后的谥号。作者故作不知，让乡巴佬以为刘邦被称作"汉高祖"是为了赖掉欠自己的几样农产品——桑叶、粟、一些大米麦子、几秤麻、几斛豆子。

显然，作者写这个套曲，除了有嘲谑乡下人少见多怪、不懂礼数的意思之外，更主要的用意，恐怕还是借乡巴佬这个人物取笑汉高祖刘邦，戏万乘如小儿。

睢景臣为什么要这般戏谑刘邦呢？我们认为主要有如下三个原因：

一是，秉承司马迁《史记》以文学手法刻画人物的传统。众所周知，司马迁笔下的刘邦，不同于其他正史里单调乏味的帝王形象，他是一个较为鲜活的人物，是一个多少沾染着乡村无赖习性之人。

二是，跟元代其他作家一样，睢景臣也玩世不恭，偏爱幽默艺术。因为蒙古人入主中原，大部分汉族知识分子失去了宋代有科举制度作为保障的学而优则仕的进身机会，流落市井。惆怅之余，难免产生玩世不恭的心理和游戏人间的生活态度。杜仁杰的套曲《般涉调·耍孩儿·庄家人不识勾栏》、王和卿的小令《仙吕·醉中天·咏大蝴蝶（弹破庄周梦）》和关汉卿的套数《南吕·一枝花·不伏老（攀出墙朵朵花）》等，都不妨看作是这种心态的表现。

三是，为了表现对异族统治者的不满情绪。元朝统治者颠覆了宋朝有利于知识分子的秩序，使他们从天堂跌入地狱。自然，他们是心怀愤懑的。张鸣善的《双调·水仙子·讥时》讽刺了元朝社会的贤愚颠倒，张可久《正宫·醉太平·刺世》不满于当时读书无用人人爱钱的社会风气。相比之下，睢景臣的《高祖还乡》更厉害，借古讽今，影射当时最高统治者的不学无术。

元曲，哪一支最诙谐？

中国文学史上历来有"唐诗宋词元曲"的说法，元曲是元代文学的代表样式，它的成就是多方面的。之所以决定写这个题目，是因为诙谐是元曲的一个重要艺术特色。元曲形成这个特色，跟元朝政权的特点有直接关系。蒙古人入主中原，破坏了已经沿袭数百年的科举考试制度，汉族知识分子最重要的进身途径——科举制度被废黜了，当时有"九儒十丐"之说。从前可以通过科举考试取得荣华富贵的知识分子失去了昔日的乐园，流落民间，沦为普通百姓，市井细民。元朝实行民族不平等制度，汉族人被排在蒙古人、色目人后边，身份低贱，汉族知识分子因此对新王朝满怀愤恨。两个方面的原因，使得从事文艺创作的一部分汉族知识分子将心中的愤恨通过玩世不恭、幽默诙谐的方式加以表现，加以折射，加以宣泄。

另外，也不能排除这样一种可能：马背民族的粗豪性格和作派，影响了原本细腻文雅的汉族知识分子，使他们的写作风格发生了变化，由雅变俗，由赞美变讥讽，由含蓄变诙谐。

下边我们将根据元曲作者的生卒年顺序，列举我们认为诙谐的作品六首（套），同时做些简单的介绍和说明。

其一，杜仁杰的《般涉调·耍孩儿·庄家不识勾栏》。曲文较长，不录。

这套曲子讲述的故事，是古代版的"陈奂生上城"：丰收之年，一个手头有点闲钱的乡下农民进城，原本打算买点彩纸香烛之类过节庆贺用的东西，却因为喜欢凑热闹，意外地被吸引进一个戏院（勾栏），看了一次戏。这个朴实、憨厚的庄稼人显然是平生第一次进戏院，对戏曲表演一无所知。因此，在他的眼里，戏院内的摆设、舞台上演员的表演、戏曲中人物的言行，全都变了形，走了样，笑话百出：戏院的演出广告，变成了"花碌碌纸榜"；戏院里的舞台，他看着就是"钟楼模样"；戏曲中小丑的妆扮物，在他看来尽是些莫名其妙之物；听到锣鼓声响，他马上想到农村常见的迎神赛社；看到装束奇特的小丑上场，他就断定那准是个"殃人货"（害人精）；戏中人说媒谈论"布绢纱罗"，他却自作聪明，认为女方要的是"豆谷米麦"，直替戏中人着急；戏中人用皮棒槌打人裂成两半，他以为是脑袋天灵盖破了，要吃官司；最后，这位庄稼汉因为憋不住一泡尿，离开了戏院。有专家认为，这套曲子是元代"俳谐体格势"戏曲的开山之作，开了滑稽风格的先河，其中庄稼汉的形象可能是《红楼梦》中刘姥姥的艺术源头。

其二，王和卿的《仙吕·醉中天·咏大蝴蝶》。这是一首小令，照录如下：

> 弹破庄周梦，两翅驾东风。三百座名园，一采一个空。
> 谁道风流种，唬杀寻芳的蜜蜂。轻轻飞动，把卖花人搧过桥东。

据说王和卿生前的年代，燕市（今北京市）曾经出现过一只巨大的蝴蝶。这位跟关汉卿同时而且相熟的作家，就根据这件事，创作了这首小令。经常讽刺嘲笑关汉卿、性格滑稽佻达的戏曲家，极尽夸张之能事，描写了一只硕大无朋的蝴蝶飞翔时的荒诞情景。这首散曲，有人说是嘲讽寻花问柳的风流浪子，也有人说是抨击仗势横行的花花太岁一类的人物。也就是说，它不是文字游戏。

其三，关汉卿《南吕·一枝花·不伏老》。曲文较长，摘录其中一节（尾）如下：

> 我是个蒸不烂、煮不熟、捶不匾、炒不爆、响珰珰一粒铜豌豆。恁子弟每谁教你钻入他锄不断、斫不下、解不开、顿不脱、慢腾腾千层锦套头？我玩的是梁园月，饮的是东京酒，赏的是洛阳花，攀的是章台柳。我也会围棋、会蹴鞠、会打围、会插科、会歌舞、会吹弹、会咽作（按指唱曲）、会吟诗、会双陆。你便是落了我牙，歪了我嘴，瘸了我腿，折了我手，天赐与我这几般儿歹症候，尚兀自不肯休。则除是阎王亲自唤，神鬼自来勾。三魂归地府，七魄丧冥幽。天哪！那其间才不向烟花路儿上走。

曲作者以浪子自居，运用一系列巧妙的比喻，活灵活现地展示了一个多才多艺、率性任情乃至玩世不恭的作家形象，生动，真实，字面的洒脱，其实内藏着愤懑，饱含萧飒苍凉之气。

其四，马致远《般涉调·耍孩儿·借马》。曲文较长，不录。

说到马致远三个字，可能很多人都会想到他的《天净沙·秋思》，"枯藤老树昏鸦，小桥流水人家……"这种联想没有错，马致远的确是一位斯文含蓄的作家。在元曲作家中，马致远以浓郁的文人气质著称。他的这首作品，风格虽然迥异于以《天净沙·秋思》为代表的其他作品，但仍然不属于粗放豪爽、玩世不恭一类。它不是辛辣的嘲讽，而是温和的诙谐。这套曲子讲述的是这样一个故事：主人公买了一匹好马，特别珍爱。经过日夜的精心饲养，他的马变得膘肥体壮。自然，他如命一般地爱惜自己的宝马。这个时候，有人向他提出借马的要求。于是，他的心里激起了一阵波澜：借还是不借？其矛盾冲突之激烈程度，丝毫不亚于丹麦王子哈姆莱特在得知杀父仇人便是正在跟母亲厮混的自己亲叔叔时的"to be or not to be"（生还是死）的抉择。他先是幻想着他人能了解自己的心事，改变借马的主意。当他明白那人不可能改变主意的时候，就在心里咒骂人家是蠢货，竟然不懂得"他人弓莫挽，他人马休骑"的道理。当然，他终于还是不愿意伤了兄弟情面，决定答应他人的要求，把马借给他。这个时候，他只得退而求其次，一方面要求借马者时时、处处按照自己的吩咐去做，骑马、喂马、洗马，都必须极其小心，不得有丝毫差错，叮咛复叮咛，喋喋不休；另一方面，在马就要被牵走的时候，他又开始了对自己爱马的叮咛、安慰。他跟马说："鞍心马户将伊打，刷子去刀莫作疑。"他还告诉爱马，他会盼望着它傍晚时平安归来。《一煞》："早晨间借与他，日平西盼望你。倚门专等来家内。柔肠寸寸因他断，侧耳频频听你嘶。道一声好去，早两泪双垂。"热恋中的男女分别，大约也不过如此吧。

　　其五，睢景臣《般涉调·哨遍·高祖还乡》。曲文较长，不录。

　　这套著名的曲子讲述的是刘邦做了皇帝之后衣锦还乡的故事。不过，它的讲述不是正说，而是戏说，是恶搞。曲子透过一位不谙世事的乡巴佬的眼睛，讽刺了皇家仪仗的种种虚张声势，将汉高祖刘邦还原为乡村无赖的嘴脸。下边我摘选几节精彩文字，略作串讲。

听说当朝皇帝要衣锦还乡，乡里出告示准备迎接。一众乡亲便忙碌开了："王乡老执定瓦台盘，赵忙郎抱着酒葫芦。新刷来的头巾，恰糨来的绸衫，畅好是妆么大户。"村人简直不知道怎么招待、打扮才好，隆重得可笑。村民们敲锣打鼓在村口迎接皇帝到来，皇帝的仪仗是："……匹头里几面旗舒。一面旗白胡阑套住个迎霜兔，一面旗红曲连打着个毕月乌。一面旗鸡学舞，一面旗狗生双翅，一面旗蛇缠葫芦。"皇家仪仗里代表尊贵威严的月旗、日旗、凤旗、飞虎旗、龙旗，其中的图案，在这位乡亲眼里都变成了白圈、红圈、兔子、乌鸦、狗、蛇之类农村习见的事物。皇帝下车，众乡亲向他行君臣大礼。这位乡亲自然也跟着行礼。但是，他突然抬头，盯住皇帝看了一会儿，发现皇帝原来是自己从小认识的人，便"险气破我胸脯"。于是就质问起对方来："你须身姓刘，你妻须姓吕。把你两家儿根脚从头数。你本身做亭长耽几盏酒，你丈人教村学读几卷书。曾在俺庄东住，也曾与我喂牛切草，拽坝扶锄。"一番质问，确认了对方真的是自己认识的刘邦之后，他就旧事重提，说刘邦年轻时曾经借过他不少东西，但是一直没有归还。更绝的是，他仍然保留着当年的字据。最后，这位乡亲获得了胜利，刘邦把当年欠他的钱和粮食，偿还的偿还，抵税的抵税。曲子的最后一句是："只道刘三，谁肯把你揪掭住，白甚么改了姓，更了名，唤做汉高祖！"这位可爱的乡巴佬，认定刘邦之所以叫汉高祖，是想通过改名换姓赖掉欠他的账。用今天的网络语言来说，这套散曲当然不过是底层百姓对皇帝的一次"意淫"。但是，在百姓被皇帝压

• • 元代人恶搞皇家仪仗队 • •

迫得难以自由呼吸的年代里，这种"意淫"还是能够满足人们的部分心理需求的。因此，读着这样的曲文，普通百姓大多会发出笑声乃至拍案叫绝——皇帝大约是不会觉得这种文字有什么好笑的。

其六，兰楚芳《南宫·四块玉·风情》。这是一首小令，曲文如下：

> 我事事村，他般般丑。丑则丑村则村意相投。则为他丑心儿真，博得我村情儿厚。似这般丑眷属，村配偶，只除天上有。

需要说明一点，这支散曲的作者，看名字像是女性，据说长得也是"容貌秀美"，但他却是一个男人，曾经做过江西元帅。对已经习惯于"郎才女貌"爱情模式的我等俗人来说，突然读到这一首曲子，当然会觉得有趣，甚至忍俊不禁。掩卷思之，曲文中这一对其貌不扬的男女，他们的直率、朴实，他们的般配、真情，实在是能让人感到温暖的。片时之内，世俗的美丑观念会变得模糊，会被颠覆，心灵也会得到升华。

明清文人为何力主李清照不曾再婚？

　　丈夫赵明诚去世之后，李清照曾经有过再婚经历，这事在宋人著作中多有暗示或明确记载。例如，王灼《碧鸡漫志》卷二："赵（明诚）死，（李清照）再婚某氏，讼而离之。"朱彧《萍洲可谈》卷中："本朝女妇之有文者，李易安为首称……然不终晚节，流落以死。"胡仔《苕溪渔隐丛话》前集卷六十："易安再婚张汝舟，未几反目，有《启事》与綦处厚云：'猥以桑榆之晚景，配兹驵侩之下材。'传者无不笑之。"洪适《隶释》卷二十六："赵君（赵明诚）无嗣，李又更嫁。"陈振孙《直斋书录解题》卷二十一："《漱玉集》一卷，易安居士李氏清照撰……嫁东武赵明诚德甫。晚岁颇失节。"李心传《建炎以来系年要录》卷五十八："右承奉郎监诸军审计司张汝舟属吏，以汝舟妻李氏讼其妄增举数入官也……李氏，格非女，能为歌词，自号易安居士。"赵彦卫《云麓漫钞》卷十四载李清照《投内翰綦公崇礼启》："……猥以桑榆之晚景，配兹驵侩之下材……友凶横者十旬，盖非天降。居囹圄者九日，岂是人为！"

　　在宋人著作中，我们不曾看到有谁对这种说法提出异议的。但是，到了明清两朝，情况发生了变化。明代开始有人对李清照曾经再婚张汝舟的说法提出异议，入清之后异议之声日益响亮。至晚清时期，李清照不曾再婚之说，赞同的人越来越多，口气越来越肯定，俨然已成定论。请看：

明人徐㶿《徐氏笔精》卷七："《渔隐丛话》云：'赵无嗣，李又更嫁非类。'且云：其《启》曰：'猥以桑榆之晚景，配兹驵侩之下材'。殊谬妄不足信……更嫁之说，不知起于何人，太诬贤媛也。"

清陈文述《颐道堂诗选》外集卷七《题查伯葵撰〈李易安〉论后》："李清照再适之说，向窃疑之……《云麓漫钞》所载《投綦处厚启》，殆好事者为之。盖宋人小说，往往污蔑贤者……尝欲制一文以雪其污，苦未得暇，今读伯葵所作，可谓先得我心。"

俞正燮《癸巳类稿·易安居士事辑》："……其时无学者不堪易安讥诮，改易安与綦学士启，以张飞卿为张汝舟，以玉壶为玉台，谓官文书使易安嫁汝舟，后结讼，又诏离之，有文案……余素恶易安改嫁张汝舟之说，雅雨堂刻《金石录序》，以情度易安不当有此事……赵彦卫、胡仔、李心传等，不明是非，至后人貌为正论。"

沈涛《瑟榭丛谈》卷下："《老学庵笔记》……放翁不曰'张汝舟妻'而曰'赵明诚妻'，可见易安无改适之事。"

吴衡照《莲子居词话》卷二："易安居士再适张汝舟，卒至对簿……反复推之，易安当不其然。"

黄友琴《国朝闺秀正始集·书雅雨堂重刊《金石录》后》："李易安作《金石录跋》，时年已五十有二。国朝雅雨卢公重梓是书，序中决其必无更嫁事，谓是好事者为之……数百年覆盆，遂得昭雪，自是易安可免被恶声矣。"

陆心源《仪顾堂题跋·〈癸巳类稿·易安居士事辑〉书后》："李易安改嫁，千古厚诬。"

李慈铭《越缦堂乙集·书陆刚甫观察〈仪顾堂题跋〉后》："……张汝舟妻李氏，或本易安一家，与夫不谐，讼讦离异，当时忌易安之才如学士秦楚材者，及被易安诮刺如张九成等者，因将此事移之易安……余申而辩之，补俞氏之阙，正陆氏之误，可为不易之定论矣。"

……

事实究竟如何姑且不论，看清代学者如此前赴后继、激情澎湃地进行否定的论证，不免令人好奇：他们为何如此不遗余力地主张李清照不曾再婚呢？原因有如下几种可能：

首先，明清时期的道德观念比前代更趋保守。人们对妇女尤其是像李清照那样有一定身份地位的妇女的再婚事实，很难认同和接受。像清人梁绍壬那样，有"其实改嫁本非圣贤所禁"（见其《两般秋雨庵随笔》卷二），这样见识通达的人不多，更多的是像明人江之淮那样无法接受曾经跟赵明诚"佳人才子，千古绝唱"的李清照，竟然在丈夫死后跟他人再婚，"文君忍耻，犹可以具眼相怜；易安更适，真逐水桃花之不若矣"。（见其《古今女史》卷一引）明人黄溥虽然并未反对李清照再婚说，但是他的一番话语，却颇能道出清代那些反对李清照再婚说者的心声："予叹易安，翁则清献，为世名臣，夫则明诚，官至郡守，亦景桑榆，何为而再适耶？"（《闲中今古录摘抄》）典型的士大夫阶层维护自身阶级利益动机。

其次，李清照的词在明清时期日益受到推崇。虽然李清照的诗词才华在年轻时代就已经得到了若干文坛前辈的肯定，宋代的文论家也对李清照的词赞赏有加，但是，评价大致只是：她是宋朝妇女中词写得最好的一位。例如，王灼《碧鸡漫志》云"若本朝妇人，当推文采第一"，朱彧《萍洲可谈》云"本朝女妇之有文者，李易安为首称"。到了明清时期，评价就不止这个高度了。大多认为李清照位于历史上少数优秀的词作者行列，有人说，李清照是李后主的后身，或者说，李煜、李清照是词人之正宗。

再次，明清一些有成就的文人对嫉贤风气深恶痛绝。不少人在申述李清照不曾再婚观点的时候，都有这样一种推论：李清照之所以"被再婚"，是因为她恃才自傲，曾经讥笑过当时的一些文人。上引俞正燮、李慈铭的观点，都是如此。

明清学者之所以力主李清照不曾再婚，除了一定成分的"科学探索"之外，也不能排除他们的主观需要，即李清照不曾再婚，更符合他们的时代和自身利益。

《水浒传》中的英雄美名是怎样传扬的？

古代文学名著《水浒传》中，英雄好汉们萍水相逢，在得知对方姓名时，往往立即表示出久闻大名如雷贯耳的兴奋和激动，雀跃于形，莫逆于心。

例如，第二十二回"阎婆大闹郓城县，朱仝义释宋公明"和第二十三回"横海郡柴进留宾，景阳冈武松打虎"，武松与宋江在小旋风柴进府上初次见面，害疟疾的武松在烤火，喝了不少酒的宋江路过时不小心踢翻了他的火锹柄，把火锹里的炭火都掀到了武松的脸上。因为庄客挑拨，遭到柴进冷落的武松正心情不佳，因此当时就劈胸揪住宋江，要打他。柴进久等宋江不回，找了过来。然后，三人之间有如下一番对话：

柴进笑道："大汉，你不认的这位奢遮的押司？"（著者按：奢遮，出色，了不起）那汉道："奢遮，奢遮！他敢比不得郓城宋押司少些儿！"柴进大笑道："大汉，你认的宋押司不？"那汉道："我虽不曾认的，江湖上久闻他是个及时雨宋公明。

且又仗义疏财，扶危济困，是个天下闻名的好汉。"柴进问道："如何见的他是天下闻名的好汉？"那汉道："却才说不了，他便是真大丈夫，有头有尾，有始有终。我如今只等病好时，便去投奔他。"柴进道："你要见他么？"那汉道："我可知要见他哩。"柴进便道："大汉，远便十万八千，近便在面前。"柴进指着宋江道："此位便是及时雨宋公明。"那汉道："真个也不是？"宋江道："小可便是宋江。"那汉定睛看了看，纳头便拜，说道："我不是梦里么？与兄长相见！"宋江道："何故如此错爱？"那汉道："却才甚是无礼，万乞恕罪！有眼不识泰山！"跪在地下，那里肯起来。宋江慌忙扶住道："足下高姓大名？"

……

柴进指着道："这人是清河县人氏，姓武名松，排行第二。今在此间一年也。"宋江道："江湖上多闻说武二郎名字，不期今日却在这里相会。多幸，多幸！"

随后，柴进邀他们同到后堂席上，再整杯盘，痛饮起来。

对于这种情形，我相信，不会只有我一个人感到好奇，许多人在阅读《水浒传》时，都会有同样的好奇：一千年前的宋代人是怎么了解素未谋面之人仗义疏财、英雄事迹的？毕竟那个年代，没有报纸，没有广播，没有电视，没有网络，没有微信，没有智能手机，通讯技术那么不发达。

事实上，通讯不发达的古代，也是有一些传播新闻、消息的渠道的。例如驿使往来，官员调动，商旅穿梭，亲友转告，等等，只不过传播的速度没有现代这么及时、快捷而已。除了这些传播渠道之外，《水浒传》英雄的互知姓名，互相景仰，还有一个特别的渠道：江湖人士的口耳相传。关于这一点，第二十八回"武松威镇安平寨，施恩义夺快活林"，在十字坡孙二娘酒店里的一节文字，是很好的注解：

> ……张青劝武松饮酒至晚，取出那两口戒刀来，叫武松看了，果是镔铁打的，非一日之功。两个又说些江湖上好汉的勾当，却是杀人放火的事。武松又说："山东及时雨宋公明，仗义疏财，如此豪杰，如今也为事逃在柴大官人庄上。"两个公人听得，惊得呆了，只是下拜。武松道："难得你两个送我到这里了，终不成有害你之心？我等江湖上好汉们说话，你休要吃惊，我们并不肯害为善的人……"

这一节文字里透露出如下的信息：江湖人士见面，是要谈杀人放火之类新闻的，是要传播江湖人士光辉事迹的。换言之，当时有个江湖人士的圈子。车船店脚牙，他们都是江湖圈的天然观察家，新闻中转站。

也许仍然会有人感到不理解，会问：为什么那个时代有江湖人士的圈子，而现在没有？这很容易回答：不同的时代，有不同的明星。衰朝乱世的明星是英雄好汉，太平盛世的明星是演艺界男女，财经时代的明星是亿万富豪和"富二代"。宋代蔡京、高俅当道的乱世，有个江湖人士圈，圈中人们奔走相告圈中人士的光荣事迹，正如太平时代的今天，人们津津乐道富豪榜、演艺界男女以及他们的八卦传闻、出格言行一样，久而久之，他们的事迹便广为人知了。

应该怎样看待梁山好汉的暴力血腥?

曾参加一档电视谈话节目,话题是关于古代文学名著的影视翻拍。另外一位嘉宾是新版电视连续剧《水浒传》的总编剧。节目中,总编剧有这样一个观点:《水浒传》一百零八将,放在今天的社会中,只有鲁智深勉强可以称为英雄豪杰,做了几件好事,其他人物都不能算是英雄豪杰。他举宋江为例,他认为宋江对阎婆惜的安置方法,实际上就是包二奶,而且是趁人之危。

对编剧的这个观点,我当时就进行了反驳。我的意见大致如下:《水浒》英雄,不能把他们简单地放到现实生活中进行评论。因为他们都是文学形象,是经过夸张的,是源于生活却高于生活的典型人物。宋江对阎婆惜的安置,在那个时代是合乎情理的,也是较为人性化的,实际上也是她们母女自愿的,无可厚非。

编剧的观点,不是他一个人的发明,而是有成千上万的同调者的。曾多年潜心研究《水浒传》并有专著《水浒乱弹》出版的我的好朋友赵宗彪兄,对李逵就没有多少好感,他说:"对李逵,说实话,我有几分厌恶——他实际上是一个货真价实的流氓。"

这种观点，我是坚决不能同意的。在我看来，《水浒》一百零八将，虽然大多鲁莽粗暴，但是个个妩媚可爱。忠义也好，情义也罢，总之都是侠肝义胆的英雄好汉。以李逵为例，表面上看，他很鲁莽，很血腥（连只有四岁的小孩子都不放过），但作为文学形象，李逵的身上体现了一些人间稀缺的优秀品质：天真，直率，勇敢。那些鲁莽、血腥的情节，都是为了衬托、突显他的这些优秀品质而设的，不必当真。斤斤于李逵的血腥，而看不到他身上的这些优秀品质，无异于捡了芝麻丢了西瓜。《水浒传》是一部英雄传奇故事集。因为是传奇，它的许多情节、细节，就都不能坐实了看。

关于李逵这个人物的魅力，前人已有很好的阐述。略举数则，以供参考："李逵者，梁山泊第一尊活佛也，为善为恶，彼俱无意。宋江用之便知有宋江而已，无成心也，无执念也。藉使道君皇帝能用之，我知其不为蔡京、高俅、童贯、杨戬矣。"（怀林）"李逵是上上人物，写得真是一片天真烂漫到底……《孟子》'富贵不能淫，贫贱不能移，威武不能屈'，正是他好批语。"（金圣叹）"书里叙李逵的事，统是直出直入，勇往直前，绝无退缩气象。"（燕南尚生）

我认为，《水浒传》是一部理想主义的悲歌。以宋江为代表的众多英雄好汉，在他们的人生陷入困境、误入歧途之后，仍然梦想着通过自己的努力，建立一个国家太平（外无大辽之类敌国，内无方腊之类造反）、君主贤明、官员廉洁（没有蔡京、高俅、童贯之类奸臣）、市井祥和（没有郑屠、牛二、高衙内之类黑恶人物）、男女专情（没有潘金莲、阎婆惜、潘巧云、贾氏之类红杏出墙的女人）的理想社会。这样的社会，即使是以今天的标准衡量，也是美好的。当然，这样的美好理想，在专制的框架下，是绝不可能实现的。晁盖、宋江创建起来的水陆英雄大军（包括山寨、水寨），只能是烟消云散的结局，将领中执着的理想主义者，宋江、卢俊义、吴用、花荣、李逵等，最终都无路可走，只有死路一条。

如何解读《水浒传》的招安情节?

　　《水浒传》中,宋江领导的梁山泊众好汉终于走上了招安的道路。这是令广大读者感到不满的情节,革命家斥其为"投降"。相应地,《水浒传》也被称为"反面教材"。

　　其实,尽管《水浒传》中,宋江 N 多次以招安劝诱那些原本在朝廷任职的好汉加入梁山集团,"替天行道"的逻辑也讲得头头是道。而实际上,作者的真正态度是并不赞成招安的。换言之,《水浒传》的思想,并非"只反贪官不反皇帝",根本上它是贪官、皇帝一并反了的。

　　如是立论,主要理由如下:

　　首先,梁山众好汉的悲惨结局是对招安的彻底否定。招安之后,北征辽国,虽大获全胜,但凯旋之后,由于蔡京、童贯等奸臣的阻挠,梁山众将并未得到朝廷应有的封赏和信任。南征方腊结束,阵亡正偏将佐过半(五十九员),路上病死、出家、辞去、被朝廷征召的共二十余人,跟着宋江回到朝廷的只有二十七人。这二十七人中,阮小七被追夺官职,柴进纳还官职,均返乡做回平民百姓。卢俊义、宋江等被御膳、御酒毒死。英雄盖世的梁山众好汉，凡是招安后没能及时抽身的，都应了一句古语："飞鸟尽，良弓藏；狡兔死，走狗烹。"《水浒传》分明是在告诉每一个读者：招安是没有好下场的。

其次，作者卖了一个明显的破绽。梁山一百单八将凑齐的时候，排好坐次，皆大欢喜，举行盛大宴会。宋江乘着酒兴，作了一首《满江红》词，让铁叫子乐和在宴会上演唱。唱到"望天王降诏早招安"一句，"只见武松叫道：'今日也要招安，明日也要招安，冷了弟兄们的心！'黑旋风李逵便圆睁怪眼，大叫道：'招安，招安！招甚鸟安！'只一脚，把桌子踢起，撷做粉碎。"在宋江批评武松的时候，鲁智深表示不满："只今满朝文武，俱是奸邪，蒙蔽圣聪，就比俺的直裰染做皂了，洗杀怎得干净？招安不济事！便拜辞了，明日一个个各去寻趁罢。"猛一看，武松、李逵、鲁智深的话，都挺符合他们各自的性格，但实际上，作者于行文间卖了破绽。

武松反对招安是自相矛盾。当初在孔家庄，武松遇到宋江，宋江邀请武松同去清风寨，而武松决意投奔二龙山。他是这样婉拒宋江的好意的："……只是武松做下的罪犯至重，遇赦不宥，因此发心只是投二龙山落草避难。亦且我又做了头陀，难以和哥哥同往，路上被人设疑。便是跟着哥哥去，倘或有些决撒了（著者按：决撒，暴露），须连累了哥哥。便是哥哥与兄弟同死同生，也须累及了花荣山寨不好。只是由兄弟投奔二龙山去了罢。天可怜见，异日不死，受了招安，那时却来寻访哥哥未迟。"可见，武松早就有期盼招安的心思。

李逵反对招安，符合他的性格和一贯行事的风格。但是，第二天，他就把自己反对招安的言论当作醉话给否了："我梦里也不敢骂他（著

— 314 —

者按：指宋江）。他要杀我时，便由他杀了罢。"他在众兄弟引领下，"去堂上见宋江请罪"，很容易就接受了招安之事。宋江喝斥道："我手下许多人马，都似你这般无礼，不乱了法度！且看众兄弟之面，寄下你项上一刀。再犯，必不轻恕！"一骂，一恕，高高举起，轻轻放下。怎么看，都像预先安排的双簧戏，目的是让其他将领不好站出来反对招安。须知，江湖上素享"及时雨"美名的宋江，武松和李逵是他笼络功课做得最足的两位。

鲁智深不像武松、李逵那样跟宋江有特别的交往，对于鲁智深那一番反对招安的话，宋江的"……今皇上至圣至明，只被奸臣闭塞，暂时昏昧。有日云开见日，知我等替天行道，不扰良民，赦罪招安，同心报国，竭力施功，有何不美"云云，实在是没有新意，显得苍白无力。许多好汉心中其实并不服气。"当日饮酒，终不畅怀，席散各回本寨。"

另外，"替天行道"的"替"字大有含意。"替"者，代也。封建时代，对于君主，忠臣可以是"辅佐"，可以是"致君尧舜"，但不可能是"代"或"替"。类似当年项羽看到秦始皇威风凛凛的仪仗队伍时，发出一句"彼可取而代之"的感慨。代替，那可是僭越，造反。

《水浒传》作者之所以写宋江终于接受朝廷招安，可能有两个原因。其一，历史上的宋江是招安了的。《宋史》记载，宋江领导的起义军主要活跃于太行山、山东及江苏北部地区，最后是由张叔夜招降的。历史如此，以宋江故事为原型创作的《水浒传》，结局不作大改动，比较容易为一般读者所接受。其二，不以招安收场，而写他们革命成功，宋江终于做了皇帝，这在封建时代，是大逆不道之罪，很危险。

为什么是宋江做梁山老大？

梁山泊全盛时期，人才济济，号称一百零八将。一百零八将中，论武功、韬略、相貌，宋江都排不上号。因此，历来有不少人对如下问题怀有浓厚兴趣并展开过热烈的讨论：为什么是宋江最终坐了梁山泊的第一把交椅？或者说，宋江凭什么坐上梁山泊的第一把交椅？

历史上确有宋江其人。但是，关于他的事迹，文献记载十分简略。散见于《宋史》中的，不过是如下一些简短的语句或段落："淮南盗宋江等犯淮阳军，遣将讨捕。又犯京东、江北，入楚、海州界，命知州张叔夜招降之。"（《宋史·徽宗本纪》）"宋江寇京东，（侯）蒙上书言：'江以三十六人横行齐魏，官军数万，无敢抗者，其才必过人。今清溪盗起，不若赦江，使讨方腊以自赎。'"（《宋史·侯蒙列传》）"宋江起河朔，转略十郡，官军莫敢撄其锋。声言将至，叔夜使间者觇所向。贼径趋海濒，劫巨舟十余，载卤获。于是募死士得千人，设伏近城，而出轻兵距海诱之战。先匿壮卒海旁，伺兵合，举火焚其舟。贼闻之，皆无斗志。伏兵乘之，擒其副贼，江乃降。"（《宋史·张叔夜列传》）

宋江的家庭出身、生平经历等情况，史书中基本上都没有记载。《水浒传》中坐了梁山泊第一把交椅的宋江，实际上是施耐庵、罗贯中等虚构出来的一个文学形象。

根据小说家塑造的文学形象探讨其人生的成功之道，不免有隔靴搔痒之嫌。还不如思索一下这样一个问题：《水浒传》的作者为什么要把梁山泊老大宋江写成这样的一个人物？

《水浒传》作者之所以把梁山泊老大宋江写成那样的一个人物，有其主客观两个方面的原因。客观原因是，宋朝是重用文臣、抑制武将的王朝，社会观念比较容易认可由文职人员担任主要领导。这个现实，作家不能不加以尊重。主观原因是，作家通过塑造宋江这个人物，表达自己的思想观念，表现自己的理想情趣，展现自己的军政才能。换言之，宋江这个人物形象中，很可能有作家本人的影子。

《水浒传》的作者施耐庵、罗贯中是何许人，历史文献中没有像样的记载，学术界也众说纷纭，未能达成一致的结论。但有一点大约是公认的：他们生前都不是飞黄腾达的成功人士，而是际遇坎坷、未能尽展抱负的落魄文人。可见，两人都有点像他们笔下的宋江。

宋江身上的仗义疏财、扶危济困、忠义孝悌、慧眼识才等等优点，有可能是施耐庵、罗贯中等自身所具有的优点的文学夸张，也可能是他们理想中的为人处世之道。这些今天已经无从考证。但是，有两处文字，仔细品味之后不难发现，它们跟《水浒传》的行文风格有明显的差异。

如果说《红楼梦》有点像室内剧的话，《水浒传》则更像动作片，其中的英雄好汉，因为被发配或畏罪逃亡，经常要做远距离的野外行旅。尽管如此，《水浒传》却不同于西方小说，也不同于中国现当代小说，基本上不对自然景物进行详细的描写。山林景色，往往只是"却早望见一座高山""好一座猛恶的林子"一类简短的交代。小说叙事的重点，是人物和故事情节，景物只是故事发生的场景，跟人物的内心情绪、审美趣味几乎没有什么关系。小说中的人物，都是无意欣赏山水景色的匆匆过客。

那两处文字，出人意料地把宋江写成了自然景物的观赏者。请看：

其一，宋江跟武松分别之后，去清风寨找小李广花荣，路过清风山，"宋江看了前面那座高山生得古怪，树木稠密，心中欢喜，观之不足，贪走了几程，不曾问的宿头。"（"武行者醉打孔亮，锦毛虎义释宋江"）

其二，宋江在江州跟戴宗、李逵、张顺会面后，因为吃了太多的鱼，"破腹泻倒在床"。经过五七日休养，病愈之后，想去寻找戴宗、李逵、张顺。不巧，一个也没寻到。"独自一个闷闷不已，信步再出城外来，看见那一派江景非常，观之不足。正行到一座酒楼前过……上有苏东坡大书'浔阳楼'三字。宋江看了，便道：'我在郓城县时，只听得说江州好座浔阳楼，原来却在这里。我虽独自一个在此，不可错过，何不且上楼自己看玩一遭。'……宋江便上楼来，去靠江占一座阁子里坐了，凭栏举目看时，端的好座酒楼。"（"浔阳楼宋江吟反诗，梁山泊戴宗传假信"）

这两处在《水浒传》中显得有些游离另类的情景交融的文字，可以用来佐证前人关于《水浒传》也是作者发愤之作的论断，可以用来证明我关于宋江乃作家本人人生理想之化身的猜测，它们是作者自身性情爱好不经意间的自然流露。从艺术规律上讲，这两处文字中的人物，更像陶渊明孟浩然一类的山水派诗人。一直忙着仗义疏财、扶危济困的"山东及时雨宋公明"这样的人物，不应该是如此闲适、诗意的。

《水浒传》中的宋江是英雄吗？

少年时代读《水浒传》，每当读到那些鲁莽桀骜的好汉们见到宋江立即驯服得像虔诚的教徒、斯文得像害羞的小姑娘，并且口称"大哥"、作揖下跪、忙个不停的情节，我就情不自禁地跟着崇拜起这位古代英雄（《水浒传》里叫"及时雨"）来，认他是个了不起的好汉。

青年时代读《水浒传》，不假思索地接受了鲁迅先生评水浒人物的"终于是奴才"（《三闲集·流氓的变迁》）和毛泽东的"《水浒传》这部书，好就好在投降。做反面教材，使人民都知道投降派"之类的高论。稍后，读到清人金圣叹的文章，又深为叹服，也认为宋江是奸诈之人，没有什么真本领，只会在军师吴用的配合下，用一些阴谋诡计笼络人心；同意金氏对宋江的品评：在《水浒》英雄榜上，宋江跟鼓上蚤时迁是同一水平，属下下人物。

最近读《水浒传》，开始对青少年时代服膺过的种种理论产生了怀疑：协助抢劫皇家贡品的盗贼，躲避朝廷追捕法律惩处，率领众多朝廷逃犯攻府掠州杀人放火劫法场，把官兵杀得人仰马翻……这样的宋江尚且是奴才，普天之下，还有几人不是奴才呢？倘若宋江不做投降派，再加几年十几年的征战，更多的生灵遭涂炭之后，最理想的结果，也不过是把皇帝的姓氏从赵氏改为宋氏，社稷苍生，不见得能有丝毫改善。说宋江不配做梁山大头领，那么，金圣叹所赞赏的李逵、林冲、吴用、花荣、阮小七、杨志、关胜，有哪一个是配做梁山大头领的呢？再者，说宋江是小人，岂不等于彻底否定了始终景仰、追随宋江的众英雄，说他们都是些一没眼力二没脑子的家伙，外加自相矛盾？此外，倘若宋江的许多言行都是阴谋诡计，试问：他从中谋到了什么私利？干下了什么伤天害理的事情？

实际上，宋江既不是英雄，也不是狗熊，他只是一个有能力、有毅力、有人性、有血性的人。倘若他真是一个奸诈的小人，在体制内就不会那么平庸无为，只是一个小小的郓城县押司（县委办秘书），而是早就飞黄腾达，跟蔡京高俅称兄道弟去了。别人上梁山，不是被官吏所逼，就是被梁山设计所骗，唯独宋江，是因为每次在江湖义气与传统忠孝的冲突中，总是做了更合乎人性的选择，因而一步步成为逃犯，成为贼寇，成为贼酋。最后接受招安，起作用的，固然有儒家的忠孝思想，但也不能排除有厌恶征战、珍惜手下众兄弟身家性命的人性情感。

前人的诸多说法中，怀林和尚的如下意见是最有见地的："若夫宋江者，逢人便拜，见人便哭，自称曰'小吏，小吏'，或招曰'罪人，罪人'的是假道学，真强盗也。然能以此收拾人心，亦非无用之人也。当时若使之为相，虽不敢曰休休一个臣，亦必能以人事君者，有可观者矣。"（《批评〈水浒传〉述语》）他虽然不能理解宋江"逢人便拜、见人便哭"之类的言行是由宋江的家庭出身（中小地主）、文化教育（儒家忠孝）、身份地位（底层官吏）决定的，但是他看到了宋江其人的能力。他似乎隐约感觉到，宋江是一个被压抑、扭曲的人才。这是谁的悲哀？是宋江的悲哀，是朝廷的悲哀，也是社稷苍生的悲哀。古往今来，多的是蔡京、高俅之类的公卿宰相；宋江一类的人物，要想出将入相，恐怕只有朝廷改个章程：一切由民众投票决定。以宋江在社会上广为传颂的"及时雨""宋公明"的名声，选票一定少不了！

武大郎为什么是卖炊饼的?

《水浒传》里有一个著名人物，打虎英雄武松的哥哥武大郎。这武大郎"身不满五尺，面目生得狰狞，头脑可笑，清河县人见他生得短矮，起他一个诨名，叫做'三寸丁谷树皮'。"（《水浒传》第二十四回"王婆贪贿说风情，郓哥不忿闹茶肆"）

有人考证说，武大郎这个人物是有原型的，这原型跟《水浒传》中的武大郎有两个共同之处：都是河北省清河县人，所娶妻子都叫潘金莲。但是，除此之外，就大相径庭了。原型潘金莲是一个大家闺秀，嫁给武大（本名植，因为兄弟姐妹中排行老大被称为武大）之后也是恪守妇道的贤妻良母。武植本人，则是一位身材高大、能文能武的堂堂男子，进士及第之后，做过县令一类地方官，为官清廉，颇有民望。

《水浒传》里的武大郎之所以是那样一副寒碜模样，据说是原型武植遭宵小丑化的结果。说是武植做了县令之后，一位少年时代的结拜兄弟家道败落，跑去向武植求助。武植为官廉洁，没有什么积蓄，除了好吃好喝招待之外，一时间无法答应这位结拜兄弟让武植出资替他修缮房屋的要求。这位结拜兄弟为此怀恨在心，离开武植任所之后，

●● 武大郎卖炊饼 ●●

一路上极尽恶意中伤污辱诋毁之能事，编小曲，编故事，又是说唱，又是张贴。那些曾经受过武植责罚的恶少无赖也趁机添油加醋，到处传播。渐渐地，武植的清官形象就被玷污了。后来，这些歪曲事实的谣传又被《水浒传》的作者施耐庵、罗贯中采用，写进了小说。

据说，武植后裔曾经想方设法要恢复祖先名誉。

这当然是大可不必之事，因为人人都知道《水浒传》是小说，不是历史记载。两者之间尽管有姓名、籍贯之类的联系，但谁也不会简单地把他们当作同一个人，毕竟他们之间有着许多明显的不同之处。比如，原型身材高大，中过进士，做过县令，小说中卖炊饼的武大郎与其相比，无法同日而语。其实，在我们看来，假如确实有过造谣污蔑之事，那么，那造谣污蔑者也并不很高明。《水浒传》中的武大郎虽然形貌猥琐，命运可怜，但是，毕竟为人本分善良。《水浒传》的读者对于武大郎这个人物都是抱着同情态度的。

在《水浒传》的武植与宋代清河县的武植之间画等号的做法，当然是不足为训的。

正传提过，言归闲话：为什么《水浒传》中的武大郎是以卖炊饼为业的？

《水浒传》作者之所以将武大郎写成是卖炊饼的，很可能跟唐代的一个故事有关系。

唐人孟启《本事诗》记载，唐玄宗李隆基的兄长宁王李宪得意的时候，有宠妓数十人，全都是色艺双绝之辈。其府第左邻有一个以卖饼为业的人，他的妻子"纤白明媚"，很有几分姿色。宁王一见，眼睛也直了，腿也迈不动步了。于是，拿出一大笔钱给她丈夫。把女人据为己有之后，宁王对她百般奉承，非常宠爱。一周年的时候，宁王问她："你还惦念那卖饼师傅吗？"女人默然不答。宁王就派人找来那卖饼师傅，让他们相见。只见那女人不错眼珠地注视着她的前夫，两串眼泪如同断线的珍珠，"吧嗒吧嗒"往下掉，一副悲痛不已的神情。当时在王府做客的十几个人，皆是有名的文士，全都感到十分惊诧，也深受感动。宁王让大家就眼前的情景赋诗一首，结果，著名诗人王维最先完成。王维借古代（春秋时期）典故写眼前时事，题目叫《息夫人》，诗是这样写的："莫以今时宠，能忘旧日恩。看花满眼泪，不共楚王言。"王维的诗写得太好了，一拿出来，就得到大家的一致赞赏，再也没有人敢继续写了。宁王受到感动，于是将这个女人归还给了卖饼师傅，让他们继续做夫妻。

这个故事，记载在唐代以后很容易见到的《本事诗》里，《息夫人》这首诗也收录在王维的诗集中，所以《水浒传》的作者应该是知道的。两个故事中的男主人公都是卖饼的，唐代故事中的男主人公卖什么饼不清楚，《水浒传》中武大郎卖的是炊饼，有人说是煎饼、烙饼、烧饼一类的东西，不过都说错了，炊饼其实就相当于今天北方地区的馒头。两个故事的女主人公都跟别的富贵人家男子有关系，人物、情节有着不少相似之处，借鉴的痕迹也相当明显。

至于结局截然不同，那是小说家的惯用伎俩，不足为奇。唐代故事中虽然也有豪夺情节，但毕竟一年后夫妻重会，有一定的人情味。故事中的卖饼师傅虽然不免怯懦、势利，但是，他的妻子却是忠贞重情的。这个故事中的夫妻，跟《水浒传》中的武大郎、潘金莲构成鲜明对照。知道唐代故事的读者，在读《水浒传》的时候，一定会有更多的感慨。

潘金莲的语言修养是从哪里来的?

每次读《水浒传》第二十四回"王婆贪贿说风情,郓哥不忿闹茶肆",都忍不住要为潘金莲的语言修养拍案叫绝。一部《水浒传》(外带抄作业的《金瓶梅》,它不但照搬《水浒传》有关潘金莲的段落,还沿袭了《水浒传》中的潘金莲形象及其语言风格),论人物语言的鲜活生动,当推潘金莲为第一人!

潘金莲的语言中,不但有许多贴切传神的俗话谚语,还随机应变,流转自如。请看:

潘金莲心里,形容武大郎,用的是"三分像人,七分似鬼"这句俗话。她这样向武松说明从清河搬家到阳谷的原因:"一言难尽!自从嫁得你哥哥,吃他忒善了,被人欺负,清河县里住不得,搬来这里。若得叔叔这般雄壮,谁敢道个不字。"描述武大郎为人处世,她是这样说的:"……常言道:人无刚骨,安身不牢。奴家平生快性,看不得这般三答不回头、四答和身转的人。"

为了勾引武松,潘金莲先后两次用言语刺探武松的心意。邀请武松到家里住时,说的是:"莫不别处有婶婶?可取来厮会也好。"引出了她期盼中的"武二并不曾婚娶"的回答。武松在家里住了一个多月后，一天她准备了酒菜，要认真撩拨武松，"酥胸微露，云鬟半軃"出场，诈武松："我听得一个闲人说道，叔叔在县前东街上养着一个唱的，敢端的有这话吗？"武松否认后，她又说："我不信，只怕叔叔口头不似心头。"武松翻脸，抢白了她一番，潘金莲红了脸，一边收拾杯盘盏碟，一边说："我自作乐耍子，不值得便当真起来，好不识人敬重！"

武大在外边卖完炊饼回家时，潘金莲嘴脸顿变，诬陷武松调戏她。武松决定从家里搬出去住，潘金莲在屋里骂骂咧咧："却也好！只道说是亲难转债。人只道一个亲兄弟做都头，怎地养活了哥嫂，却不知反来嚼咬人。正是花木瓜，空好看。你搬了去，倒谢天谢地，且得冤家离眼前。"

武松受知县差遣，要替他押送金银去东京。出发之前，武松回家跟哥哥道别，潘金莲以为武松回心转意，又去讨好勾引他，结果又碰了壁，还被武松言语敲打了一番："嫂嫂是个精细的人，不必用武松多说。我哥哥为人质朴，全靠嫂嫂做主看觑他。常言道：表壮不如里壮。嫂嫂把得家定，我哥哥烦恼做甚么？岂不闻古人言：篱牢犬不入。"

这一下捅了马蜂窝。只见潘金莲"一点红从耳朵边起，紫胀了面皮"，指着武大骂道："你这个腌臢混沌（东西），有甚么言语在外人处说来欺负老娘！我是一个不带头巾男子汉，叮叮当当响的婆娘，拳头上立得人，胳膊上走得马，人面上行得人！不是那等搠不出的鳖老婆！自从嫁了武大，真个蝼蚁也不敢入屋里来，有甚么篱笆不牢，犬儿钻得入来？你胡言乱语，一句句都要下落，丢下砖头瓦儿，一个也要着地。"

潘金莲推开武松递过的酒盏，跑下楼去，在楼梯半途又对武松发话道："你既是聪明伶俐，恰不道长嫂为母！我当初嫁武大时，曾不听得说有甚么阿叔。那里走得来，是亲不是亲，便要做乔家公。自是老娘晦气了，鸟撞着许多事！"

按照《水浒传》前文的交代，潘金莲原本是清河县一个大户人家的使女，也就是俗话说的丫头。二十余岁时，因为不肯依从大户，被报复性地嫁给了以挑担卖炊饼为业、"身材短矮，人物猥琐，不会风流"、绰号"三寸丁谷树皮"的武大郎。一个大户人家的使女，年龄也不大，不难想象，她的生活面应该是比较窄的，社会交际面也不会太广。但是，从语言上看，潘金莲无异于老江湖——《水浒传》人物中江湖经验丰富、见多识广、头脑灵活、能说各地方言的燕青，比起潘金莲，不但民间语汇显得贫乏，随机应变的能力也稍逊一筹。

那么，潘金莲的语言修养是从哪里来的呢？

有两种可能：一种是从生活中来，一种是从艺术虚构来。从生活中来，可以暗示潘金莲的出身来历并非一般本分人家，而是多少沾有江湖习气的人家，也可以暗示清河县的大户人家并非什么书香门第，而是土豪劣绅之类的暴发户。从艺术虚构而来，可能源于封建时代的一种思维定势：风流女人大多善于言词。这也可能是小说家的一种叙事策略，赋予潘金莲非凡的语言修养，方便更充分地揭示她的内心活动，使这个人物更加鲜明生动，从而增加故事情节的跌宕起伏，提高读者的阅读兴趣。

纳兰公子为何这般忧伤？

纳兰成德出生于满族贵族家庭，隶属正黄旗，其曾祖父金台什的妹妹是努尔哈赤的皇妃，皇太极的生母。也就是说，纳兰的祖父跟康熙的祖父为表兄弟关系。由此可见，纳兰家族的来历不同寻常。

纳兰的父亲明珠，也不是寻常之辈。他善于投机钻营，在险恶的官场争斗中，总是能够立于不败之地。职位一路飙升，内务府总管、弘文院学士、刑部尚书、都察院左都御史、兵部尚书、吏部尚书、武英殿大学士累加太子太傅太子太师，一直做到一人之下万人之上的宰相。当时有这样一句民谣："要做官，问索三（索额图）；要讲情，问老明（明珠）。"明珠扳倒索额图后，他的权势更是炙手可热，跑官的、说情的都汇聚到了明珠家。据《清史稿》记载，明珠家的财产"日进斗金""货贿山积"。

纳兰本人也不是庸碌之辈。他是个文武兼修之人，十七岁就读于太学，十八岁中举人，二十二岁高中进士。因为跟皇家的特殊关系，很快就被康熙任命为三等侍卫。做了侍卫之后，纳兰苦练各种武功，其中射箭技术最为出色，达到了百发百中的水平。康熙皇帝无论是待在京城，还是巡游各地，纳兰都佩刀带弓，跟随左右，贴身护卫。康熙对纳兰格外赏识，"眷注异于他侍卫"，经常赏赐他各种奇珍异宝，有一次还赏赐他亲笔御书的唐代诗人贾至的《早朝》诗，荣宠非常，人人羡慕。职位上，几年之内就从三等侍卫擢升至一等侍卫。史书记载，康熙有意重用他。

这样的家世背景，这样的相门公子，这样的文武修养，这样的前途无量，纳兰却没有成为一个飞扬跋扈、不可一世的纨绔子弟，而是成为一个性格文静忧郁、处世谨小慎微、情感缠绵悱恻的词人。纳兰从小喜欢读书、钻研学问，经常在家闭门读书，有时候找几个好朋友在一起探讨学问，谈古论今。他曾托朋友帮助他寻求购买各种经学研究著作，"晓夜穷研"。纳兰做官之后闲暇极少，而且他在三十一岁时就因寒病去世了。但是，他仍然留下了多种著作，其中有读书随笔集《渌水亭杂识》四卷，还编著了《词韵正略》。与此同时，他还写了不少词作，保留至今的有三百多首。做了侍卫之后，纳兰言行十分谨慎。他的乡试主考官、日后成为他恩师的徐乾学写的纳兰墓志铭中说："后容若入侍中，禁廷严密，其言论梗概有非外臣所得而知者。"韩菼在纳兰神道碑铭中也有"性周防，不与外庭一事"的话。纳兰缠绵的情感，翻开词集，触目皆是，怀念初恋美好的，倾诉两地相思的，沉吟失恋怅惘的，痛悼爱人亡故的，一唱三叹，千回百转。有人统计过，纳兰词中有"愁"字九十个，"泪"字六十五个，"恨"字三十九个，"断肠""伤心""惆怅""憔悴""凄凉"等词语随处可见。

纳兰实在是一个豪门异数。他的弟弟仲揆跟纳兰截然不同，热衷于权势游戏——最终因为站错了队，死后坟墓遭掘，墓碑也被改刻成"不忠不孝阴险柔佞仲揆之墓"，祸及妻孥。

屈原被文学史家称为"缠绵之宗"。屈原之后，诗人辈出，但是，纳兰词所表现出来的多愁善感、"哀感顽艳"，无人能及。纳兰生前好友顾梁汾说："容若词，一种凄婉处，令人不能卒读。"一点儿也没有夸张。

那么，纳兰为什么会变成这样一个多愁善感的人呢？我们认为，主要有如下一些原因：

其一，他的内心怀有恐惧感。纳兰对荣华富贵一直没有表现出任何兴趣。徐乾学说他中进士之后，日常还是喜欢闭门在家，不跟人交往，"萧然若寒素"。有客人到他家，能避则避。他的家里收藏了几千卷图书，平常弹琴吟诗，自我娱乐而已。纳兰之所以能这样，主要原因是，他的内心怀有恐惧感，知道权势的危险与不可靠。父亲明珠怎样借助索额图一步步爬上去，羽翼丰满后又怎样跟索额图互相倾轧，纳兰肯定是很清楚的。做了侍卫之后，整天陪伴在皇帝身边，外人看到的是宠幸、荣耀，是前程似锦，而纳兰感受到的，却可能是皇权的不可侵犯，是伴君如伴虎，是朝廷权力争夺的你死我活。

其二，纳兰崇拜汉文化。纳兰是满族皇亲，但是，他对汉文化的兴趣显然大大超过了一般汉族读书人。他研读汉文化经典，写汉文词，广泛结交汉族读书人。他一生唯一一次跟随康熙巡游江南，因为可以观赏江南风景，会见一帮江南的汉族朋友，所以在词中流露出了难得一见的欢快心情。其中特别值得一说的是，纳兰喜欢结交的朋友，有这样三个特点：一是汉族，二是年龄比他大，三是落魄失意者。严绳孙比他大三十岁，陈维崧比他大二十八岁，顾贞观比他大二十六岁，梁佩兰比他大二十五岁，姜宸英、朱彝尊比他大二十四岁，吴兆骞比他大二十二岁，韩菼比他大十三岁，差别最小的，马云翎也比他大四岁。他的这些朋友，基本上都是命运不济的穷朋友。马云翎只中过举人，郁郁不得志，三十岁就死了；梁佩兰到六十岁才中进士，为官不到一年，即因病南归。秦松龄任乡试主考，"以磨勘落职"；姜宸英为人高傲，"屡踬有司"；严绳孙性情旷达，无心科举。有人说，纳兰有意结交汉族文人，为的是笼络汉人，巩固满清政权。我们认为这种说法不太可信。笼络汉人，何必专挑这些倒霉落魄的文人呢？纳兰之所以结交这些汉族穷困文人，可能有两个原因：一是由于学识天分相近，这些人可以成为他的知音；二是这些人远离政治权力中心，比较安全。

其三，纳兰多情、深情。顾贞观给纳兰的作品写序，其中有一句话："非文人不能多情"。这句话的意思是，纳兰本质上是文人，因此他多情。他不但喜欢结交众多的汉族同性读书人，也喜欢结交异性。纳兰一生有过两个妻子，还可能有过两个情人。纳兰的原配妻子卢氏，是两广总督兵部尚书都察院右副都御史卢兴祖的女儿。他的第二个妻子姓官。纳兰有过婚约的一个绝色女子，后来被选入宫，咫尺千里；纳兰还可能爱过一个叫沈婉的江南女子，不知何故，至于分飞。所有这些女人，纳兰都曾经付出过真情、深情。与她们的生离死别，都给纳兰留下了深深的伤痛。这其中，卢氏夫人与他的感情无疑是最为深厚的，以至于卢氏死后，他一再写出催人泪下的悼亡之作。直到卢氏死后的第七年，他还在写悼亡词，在慨叹"十一年前梦一场"。

其四，纳兰有才。顾贞观在"非文人不能多情"那句话之后，还有一句"非才子不能善怨"。多情、深情之人，他们的感情，倘若不能表现出来，任是怎样的丰富、深刻，他人也无从了解、无法感动，所以必须说出来，写下来。纳兰做到了，他以杰出的文学才华，写出了内心那一段段真挚的感情，打动了千千万万的读者。于是，大家都知道，纳兰是一个如此多情深情的公子，为之感动，为之敬佩，为之神往。

最后附带说一下纳兰的名字问题。有学者（例如启功先生）认为，我们应该称呼他为纳兰成德，而不是纳兰性德，理由是，纳兰原名成德（字容若），"性德"是为了避当时太子（胤礽，这太子小名"成哥"）讳改的名。称呼他纳兰成德固然有否定封建皇权、尊重词人原名的意思，但是，两种称呼差别不大。因为，纳兰本人是一直在替朝廷当差的，是皇权的臣属，避太子名讳，是理所当然的事情。纳兰之名，情况不同于宋人林逋。林逋字君复，终身未仕未娶，隐居杭州西湖边的孤山。因为他自谓"以梅为妻，以鹤为子"，人称"梅妻鹤子"。林逋死时，宋仁宗赐谥"和靖"。有些后世文人作文时口口声声称呼林逋为林和靖（例如余秋雨《文化苦旅》中的《西湖梦》），认真说起来是不对的，是对林逋的不敬，因为他们违背了林逋的隐遁之志。

秦淮名妓董小宛是怎样追求爱情的？

　　人人生而平等，人人皆有追求爱与得到爱的权利。自然，妓女也不例外。而妓女中的佼佼者——名妓，由于具有一定的文化修养、接触优秀异性的机会比较多、思想行为相对开放自由等原因，往往能够主动、大胆地追求爱情，谱写出优美动人的爱情交响曲，并最终获得幸福。明末号称"秦淮八艳"之一的名妓董小宛（1624—1651），追求"四公子"之一冒襄（1611—1693，字辟疆）的过程，就是一个动人的"凤求凰"式的爱情故事。冒襄于董小宛去世之后，饱含深情地写了长文《影梅庵忆语》，生动地记述了他们相识、相恋的全过程。

　　明崇祯十二年，即公元1639年初夏，冒襄到南京参加乡试。跟同在"四公子"之列的方以智（1611—1671，字密之）见面的时候，方告诉他，秦淮河一带有一位名叫董小宛的妓女，年纪轻轻，容貌才华"为一时之冠"。冒襄于是前去拜访。可惜的是，董小宛因为不堪忍受南京的纷扰浮华，已经携家去了苏州，住在苏州著名风景胜地虎丘附近。冒襄落第后，一是为了遣闷，二是有心寻芳，几次去董家造访。不巧的是，董小宛一直住在苏州西边太湖当中的洞庭山上，因而没能见到她的面。风流多情的冒公子也没闲着，这一段时间就去找苏州城里跟董小宛名气相当的另外两个妓女沙九畹和杨漪照去消遣。直到临离开苏州前的最后一次造访，他才见到了董小宛。董小宛在母亲的搀扶下，于花园小径中跟冒襄见面。冒襄眼里，董小宛"面晕浅春，缬眼流视，香姿玉色，神韵天然"。不尽人意的是，由于董小宛醉酒未醒，神情懒散，冒襄因为"惊爱之，惜其倦"，两人没有说上一句话。这一年，董小宛十六岁。

次年夏天，冒襄有意去苏州拜访董小宛。有人告诉他，董小宛到杭州西湖、黄山白岳一带游玩去了。1641年早春，冒襄去衡山省亲，经过苏州，去董家探访，得知她仍逗留黄山未归。这时，一位去广东惠州赴任的同乡告诉冒襄，当时苏州有一位名妓叫陈圆圆，"擅梨园之胜，不可不见"。"如孤鸾之在烟雾"，唱戏又"如云出岫，如珠在盘，令人欲仙欲死"的陈圆圆，令冒襄一见钟情。才子佳人，一来二去，便有了如胶似漆的意思，订了婚姻之约。遗憾的是，1642年4月，陈圆圆被锦衣卫汪起先威逼利诱劫持，献给其岳父锦衣卫指挥、明思宗田妃之父田弘遇，田弘遇准备最终把陈圆圆献给崇祯皇帝，最后没有成功。

失去陈圆圆之后，冒襄乘船经过一座小桥，偶然得知水边小楼就是董小宛的家，于是登陆拜访。此前，董小宛也曾遭权势人物惊扰，大病十八天，母亲死了，她闭门谢客。冒襄不听他人劝告，坚持上前叩门。敲了好大工夫的门，这才见到董小宛。这一次见面，董小宛爱上了冒襄，并且展开了首轮爱情攻势。

躺在病床上的董小宛，得知来人是三年前自己醉酒后在花园里见过面的，想起往事，眼泪就流了下来。她说："从前您几次到我家，虽然只见过一面，但是我母亲经常称赞您，为我不能跟您相处感到可惜。现在已经三年了，我母亲刚刚死去，看到您就想起母亲，言犹在耳。您这一次是从哪里来的？"说罢便强打精神，坐了起来。二人对谈了好一会儿，冒襄怜惜董小宛病中体弱，准备告辞离去。董小宛却不让，拉着他的手挽留道："我十八天来一没睡觉二没吃饭，整天昏昏沉沉，好像在做梦，惊魂不安。今天一看到您，就觉得神清气爽了。"她立即让家里人准备酒饭，在床前陪冒襄饮酒。董小宛不停地向冒襄敬酒。冒襄几次想要离去，董小宛就几次挽留，不让走。最后，冒襄告诉她，第二天要派人给父亲报告平安消息，耽误不得，董小宛这才放他离去。

董小宛的首轮爱情攻势，取得了显著的效果。第二天，当冒襄准备直接离开苏州回家时，他的朋友和仆从众口一词："她昨天跟你才一见面，神情就那么恳切，不应该随便辜负。"冒襄于是前去向她告别。出乎意料的是，董小宛不是坐在家里等待冒襄前去跟自己道别，而是展开了第二轮爱情攻势：她已经化好妆，穿戴整齐，凭窗凝望。看到冒襄的船靠岸，她立即冲出来，登上他的船。冒襄告诉她，自己马上要出发，董小宛知道他是想打发自己走，于是对他说："我都收拾好了，送你回去。"董小宛这一招，让冒襄实在无法招架，只得载着她离开苏州。

航船走无锡、宜兴、江阴，一路北行，二十七天后到达镇江。二十七天中，冒襄二十七次让董小宛不要再送，董小宛二十七次拒绝，坚持送他。这还不够，登金山时，她还对着川流不息的长江水发誓道："妾此身如江水东下，断不复返吴门（苏州）！"

董小宛这一轮攻势，可以命名为死缠烂打。冒襄虽是风流才子，却也铁石心肠，还有一点自私自利，竟然变了脸拒绝她：科举考试的日期迫近了，一年来父亲一直身处险境，家里事情需要打理，很久没有看望老母亲了，现在回家，需要处理很多事情。加上董小宛在苏州欠了不少债，南京办理脱离乐籍手续，亦需要想办法……总之，理由一大堆。他要董小宛先回苏州，等他夏天考完试一同赴南京。乡试结束后，不论中举与否，才有时间处理他们的事情，还说这个时候缠绵悱恻，只有坏处没有好处。话说到这个地步，董小宛的死缠烂打也没有用了，加上有人提议用类似骰子的东西决定董小宛去留，董小宛一番祝祷之后，掷得的结果也是暂时分别，不得已，她只能"掩面痛哭，失声而别"——冒襄这边却是"如释重负"。

董小宛很清楚，自己这一次别去，跟冒襄的缘分是有些悬乎的：冒襄另结新欢，自己为他人所迫，都是可能发生的事情。因此，她也不含糊。当冒襄在海陵（江苏泰州）参加科举考试的时候，她让自己父亲去他老家如皋传话：董小宛返回苏州之后，吃素，不出门，一心等待同赴南京的约定。就是说，董小宛已经让他父亲去做通了冒襄妻子苏元芳的工作，苏元芳被董小宛的诚意所感动，已经满口答应。等冒襄回到家里，苏元芳告诉他，乡试一结束，他就可以迎娶董小宛为妾。

董小宛没有接到冒襄的书信，不知道情况，便主动出击。不等冒襄考完试，她就带着一个仆妇，从苏州出发，乘船赴南京。路上，她们遇到强盗，躲进芦苇丛中。又因为船舵坏了，无法行进，有三天没有吃上饭。到了江宁县，她怕影响冒襄考试，又逗留两天，这才到桃叶渡附近冒襄寓居的旅馆找他。

董小宛追求冒襄的行为、经历的辛苦，感动了冒襄的各地复社朋友，他们无不称赞她的见识，怜悯她的诚意。纷纷赋诗，为她说话。冒襄考完试，觉得这一次肯定能中举人，兴冲冲准备筹办迎娶董小宛之事。

不料，这时冒襄父亲辞去官职，坐船到了南京。冒襄已经有两年没有在父亲身边尽孝，兵荒马乱时期，亲人会面，喜出望外。他无心办理迎娶董小宛之事，撇下董小宛，径直找到父亲，父子一同去了銮江（江苏句容）。

董小宛也不含糊，从桃叶渡坐船出发，追赶冒襄，在燕子矶遇到大风，差点遭受不测。几天之后乡试放榜，冒襄仅仅中了副榜贡生，没有考中举人。冒襄于是日夜兼程赶回老家。董小宛痛哭着一路相随，不肯独自离开。

这也没有用。冒襄了解到，董小宛在苏州那边的债务不是他一个人的力量所能解决的，他只好让董小宛自己先回苏州，以满足债主的愿望。加上父亲刚刚回家，自己落第之后心情郁闷，不可能去解决董小宛苏州债务和南京乐籍的事务。因此，他横下一条心，跟董小宛告别，让她先回苏州。

董小宛回到苏州之后，使用了苦肉计。跟冒襄分别之后，她一直只穿他们在一起时的衣服，天气转凉，她都不添衣服，说如果冒襄不赶快迎娶她，她宁愿冻死。十月份，冒襄在润州（江苏扬州）拜访一位老师，和几位官场人士聚会时，仆人把这个消息告诉了冒襄。在场的一位官员指责冒襄不应该这样辜负一个女子的深情。有个将军和那位官员立即赞助大笔金钱，交由一位刺史前去解决问题。不料，这位刺史不善调停，问题并未解决。

董小宛可谓进退维谷，陷入了绝境。

就在这时，大名士钱谦益（1582—1664）听到消息（有可能是董小宛想办法让钱谦益知道的），亲自来到苏州虎丘，把董小宛接到船上，让所有债主都去找他清算。三天之内，债务悉数尝清，债券叠起来，厚达尺余。事情办成之后，钱谦益在楼船上大宴宾客，然后用船将董小宛送到了如皋冒襄家里。与此同时，又派人送信给在南京做官的一位弟子，让他想办法将董小宛脱离乐籍，恢复平民自由身份。

钱谦益把董小宛送到冒襄家里时，冒襄正陪他父亲在自家花园里饮酒。妻子不等他回家，已经把董小宛的住处、各种用具都安排妥帖了。从此，在爱情之路上历尽千辛万苦的董小宛，终于走进了冒家大门，成为冒襄的妾，并且以其谦和忍让，勤勉持家，孝敬友爱，博得了冒府上下的赞赏与尊重。自从进门那天起，到她病死，九年之间，董小宛跟冒襄的大老婆之间没有拌过一句嘴。董小宛死后，冒襄除了写过一篇深情的回忆录《影梅庵忆语》之外，还写过一首长达两千四百字、二百韵的《亡妾董小宛哀辞》诗。由此可见，董小宛是深受丈夫冒襄宠爱的，她跟冒襄生活的九年，心里一定是充满幸福的。

董小宛追求爱情的故事，一波三折，不由人不感慨唏嘘。一代秦淮名妓，如此不折不挠地追随自己心中所爱，她的品格，可谓刚毅坚卓，超凡入圣；她的智谋，花样翻新，层出不穷，令人眼花缭乱；她的精神，坚忍不拔，可以感天地泣鬼神。董小宛，我见犹怜！

秦淮河有哪些魅惑？

清人余怀的《板桥杂记》，是仿效宋人孟元老《东京梦华录》写成的回忆之作。作者回忆的时代，有两大特点：一是前朝，即大明王朝；二是其年轻时期，那时他是风流倜傥的公子哥。兴衰感慨，旧梦重温，关乎王朝和自己生命的双重怀念，"那过去了的"一切，自然就格外地可爱。毋庸讳言，余怀笔下的秦淮河一带，真是魅力四射，不由人不心驰神往。

归纳一下，余怀描述的秦淮河，对今天的许多读者而言，至少具有下列六种魅惑：一是景物的魅惑，二是款待的魅惑，三是饮食的魅惑，四是技艺的魅惑，五是风情的魅惑，六是人物的魅惑。下边的文字基本上可以说明上述归纳：

> 旧院人称曲中，前门对武定桥，后门在钞库街。妓家鳞次，比屋而居。屋宇精洁，花木萧疏，迥非尘境。到门则铜环半启，珠箔低垂；升阶则猧儿吠客，鹦哥唤茶；登堂则假母肃迎，分宾抗礼；进轩则丫环毕妆，捧艳而出；坐久则水陆备至，

丝肉竞陈；定情则目眺心挑，绸缪宛转。

到了这样的地方，不难想象，"魂迷色阵，气尽雌风"的，绝不限于作者所说的"纨绔少年，绣肠才子"。

悉数列举太费笔墨（有心人不妨去读原著），这里只略举几项说一说。

先说景物的魅惑。秦淮河板桥一带，不同于珠市（今南京市白下路的内桥西至建邺路一段），是高级妓院所在地，室外风景就不俗。"长板桥在院墙外数十步，旷远芊绵，水烟凝碧。迥光、鹫峰两寺夹之，中山东花园亘其前，秦淮朱雀桁绕其后。洵可娱目赏心，漱涤尘俗。"到了夜晚，更是别有风致，"每当夜凉人定，风清月朗，名士倾城，簪花约鬓，携手闲行，凭栏徙倚……"读过朱自清、俞平伯同题散文《桨声灯影里的秦淮河》的人都知道，秦淮河最适合于桨声灯影中游览。夜游需要灯船，"秦淮灯船之盛，天下所无。"只这一句话，就足够我们遐想无穷的了。坐在华丽的灯船上，看着"雕栏画槛，绮窗丝幛"的两岸河房画片似的呈现眼前，真有目不暇接之慨。讲究一些的名妓，其院内景致，更是苦心经营，足可令人流连忘返。例如，名妓李十娘的居室，"中构长轩。轩左种老梅一树，花时香雪霏拂几榻；轩右种梧桐二株，巨竹十数竿。晨夕洗桐拭竹，翠色可餐。"以至于花花公子余怀都不禁感慨道："入其室者，疑非人境。"

次说款待的魅惑。秦淮妓院的服务绝对是一流的，早晨起来饮酒，风味之佳，有如唐朝大诗人白居易诗句所言："卯饮一杯眠一觉，世间何事不悠悠？"（《卯饮》）饮酒之后，早就准备好了芝兰香味的

●● 秦淮的魅惑 ●●

洗澡水以及熏过香的浴衣。中午时分，只见到处是茉莉、兰花之类的鲜花，清香四溢。入夜之后，开始演出戏曲，佳丽们纷纷登台表演，身段优美，唱腔婉转。整个秦淮河地区，就如同花卉博览会——古汉语中"花"有指妓女的义项——又如同戏曲、音乐大舞台。妓女们个个都是身怀绝技的艺人，琴棋书画，笙簧歌吹，样样精通，今天的演艺明星们都未必有她们那么多样、精湛的艺术修养。彼美人兮，巧笑倩兮，美目盼兮。彼君子兮，中心藏之，何日忘之。名妓之所以为名妓，除了姿容、才艺出色之外，她们往往还是优秀的外交家，交际花。举个例子，名妓王小大，"为人圆滑便捷，善周旋。广筵长席，人劝一觞，皆膝席欢受。又工于酒，纠觥录事，无毫发谬误，能为酒客解纷释怨，时人谓之'和气汤。'"如同今天的社会精英喜欢在大酒店搞酒会一样，古代的名士们也喜欢在妓院里聚会，作者余怀跟他的一帮诗文朋友就总是在名妓李十娘那里聚会，每位客人安排一个出色、干练的婢女，给他们磨墨、燃香、上茶；到了晚上，举行酒宴，宾主齐聚，尽欢而散。

最后再来说一说人物的魅惑。秦淮一带名妓的衣装服饰，是当时时尚潮流的领导者，是各地爱新潮的人们竞相模仿的对象。不要误会，名妓的装束并不一味地追求鲜华绮丽，她们的着装以淡雅朴素为主。即使是名妓，也并非个个性情柔顺，来者不拒。"遇有嘉客，任其流连，不计钱钞；其伧父大贾，拒绝弗与通"，就是说，妓女并非都是见钱眼开之人，她们也有自己的性情、爱憎。妓院里，爱钱的是老鸨，所谓"娘儿爱俏，鸨儿爱钞"。爱俏的女子们，一旦遇到自己心仪的男子，也会大胆追求。董小宛追求冒辟疆，就曾费了不少周折。秦淮名妓，也有女中豪杰。"李大娘，性豪侈，女子也，而有须眉丈夫之气"，在莫愁湖、桃叶渡一带，是有名的"侠妓"。她曾经说过这样的话："世有游闲公子、聪俊儿郎，至吾家者，未有不荡志迷魂、沉溺不返者也。然吾亦自逞豪奢，岂效觍觍倚门市娼，与人较钱帛哉！"李十娘虽然沦落风尘，但是她绝非人皆可夫之辈可以同日而语。因为是名妓，名士们争相拜谒，而她却经常借口有病，不事妆饰，闭门谢客，只有二三知己到访时，她才"欢情自接，嬉怡忘倦"。后来，她改名"贞美"，刻了一方"李十贞美之印"的私章。余怀开玩笑说："美则有之，贞则未也。"不料，李十娘哭泣着说，自己虽然沦落风尘，但是并非生性淫荡不知检点的人，如果遇到自己心里喜欢的人，乐意与之周旋，如果不是自己心里喜欢的人，即使同床共枕，也不会付出真心。"儿之不贞，命也！"一番话，掷地有声，使得余怀赶紧收起笑脸，向她赔礼道歉。另一位名妓葛嫩，成为孙克咸的妾之后，兵败被俘，清军主将企图污辱她，"嫩大骂，嚼舌碎，含血喷其面"，惨遭杀害。葛嫩的行为，完全可以收入皇家正史《列女传》。余怀《板桥杂记》中虽然没有详细介绍"身躯短小""慧俊宛转"的名妓李香君的故事，但是，清代戏剧家孔尚任以她为原型创作的《桃花扇》是有名的剧作。许多人因此知道，她的正直节烈是一般文人士子望尘莫及的。明代末年的秦淮河边，并非只有唱着《后庭花》的不知亡国恨的商女！

文字的魅惑，其实是当不得真的。之所以写这样一篇文字，固然免不了有"心向往之"的嫌疑。但是，倘若有正人君子指责我低俗，却是要坚决予以否认的。孔子说：君子坦荡荡，小人长戚戚。对古代秦淮河那样的地方"心向往之"的，可以是小人，也可以是君子。

曹雪芹著《红楼梦》为何遭怀疑?

我的一篇说到曹雪芹的短文在博客中贴出来后，有网友在文章下的评论栏发表了如下一番感慨："我一直纳闷，曹雪芹这个文学大才子，在世时应该很有名气，也会跟文人墨客交往，应该留下很多文翰墨迹，何况时代并不久远。奇怪的是，后人知道得很少，除了《红楼梦》，也没有诗文留世，甚至名字也成了问题。"

这种感慨有一定的代表性，我也曾有过类似的迷茫：为什么《红楼梦》这样的伟大作品，作者是谁都会成为问题?

这类问题的形成，主要有如下几种可能的原因：

一是后世读者的难以置信心理。蟪蛄不知春秋，庸人想象不到天才的禀赋和学识。面对特别伟大的著作，后世读者很容易产生如下的疑问：这真的是他（她）写的吗？他（她）怎么可能写得出如此伟大的作品呢？这类疑问，并非我国特产，外国也有。例如，对于莎士比亚名下数量众多闻名世界的戏剧作品，英国就不乏怀疑者。他们说，一个江湖草台班子的班主怎么可能那么熟悉宫廷、贵族的生活情形呢？因此有人提出，其实莎剧真正的作者是著名哲学家、科学家、思想家弗朗西斯·培根。培根出生于贵族家庭，他本人日后也成了大法官。同时，他又是好学不倦、知识渊博的学者。无论是生活阅历还是学识修养，都表明他有可能写出那些百科全书式的戏剧作品。

二是古人不当回事的态度。曹丕说"盖文章，经国之大业，不朽之盛事"（《典论·论文》）。其中的"文章"，指的是散文和诗歌，不包括小说。在中国古代，小说家的地位一直很低贱。"小说家者流，盖出于稗官，街谈巷语，道听途说者之所道也。"这种观念在中国历代文人的脑子里是根深蒂固的。直到近现代受西方影响，小说的地位才得到提升，文人可以通过写小说获得名利，署名、著作权才成了一件重要的事情。在这之前，写小说不但没有稿酬版税之类的利益可图，甚至还会因为语涉不经而落下坏名声。因此，稍微有些正统思想的文人，都不屑以小说家名世。中国文学史上第一部由一位作家独立创作完成的长篇小说《金瓶梅》，作者并没有署上自己的真实姓名，只署了个"兰陵笑笑生"。结果，"兰陵笑笑生"是何许人，便成了中国文学史的"哥德巴赫猜想"。迄今为止，研究者提出了六十多个人选，影响较大的说法有王世贞、屠隆、徐渭、李开先、贾三近、王稚登、蔡荣名、赵南星、李渔、卢楠、冯梦龙、丁纯父子、薛应旗、贾梦龙、汪道昆、李先芳、沈德符、冯维敏、谢榛、臧晋叔、金圣叹、田艺蘅、王采、唐寅、李攀龙、萧鸣凤、胡忠、刘修亭、李卓吾、汤显祖、陶望龄、丁耀亢、丘志充、袁宏道兄弟等等，众说纷纭，难以定夺。清康熙年间，长篇小说作者虽然开始署上自己的真实姓名，但还是不很当回事的，不像今天的小说家那样，想方设法通过各种渠道进行声明、标注，唯恐被他人夺去署名。倘若曹雪芹能像白居易那样，珍爱自己的作品，同时有能力刊印自己的诗文，担心自己百年之后作品散失，姓名湮灭，于是刻印若干本，分赠天下名刹收藏。那么，他的诗文保存情况就会好得多，也不会有著作权归属的争议。

三是作者身前身后境遇不同。《红楼梦》一书问世之前，虽然有脂砚斋等作者生前好友为之批注评点，热情揄扬，但日后名震中外，产生世界性的巨大影响，成为中国长篇小说四大名著之一，被认为是中国历史上首屈一指的长篇小说，显然是作者始料未及的。作者曹雪芹，十几岁的时候家道骤落，到他在北京西郊"黄叶村"悼红轩写作《红楼梦》时，生活已经陷入了"瓮牖绳枢""举家食粥酒常赊""一病无医"的穷困境地。曹雪芹生前虽然对作品"披阅十载，增删五次"，但日后流播于世的仍是残本。据此推测，曹氏生前并没有完成全书的写作。身后的千古名著，在作者生前却不过是"满纸荒唐言"与"一把辛酸泪"。因此，曹雪芹不可能像我们今天这般珍惜自己的劳动成果。

四是传播过程缺少必要的作者说明。如今的著作有个常见做法，在序跋或封扉中对作者进行介绍。古时候，尤其是小说，还没有兴起这样的做法。小说爱好者、书贾渔利者，关心情节，着意利润，也都没有着手做过这一项工作。

五是结交的友人知名度不够。曹雪芹生前好友敦诚、敦敏兄弟等人，虽然有诗文传世，但并非多么著名的文人。他们对确定曹雪芹写作《红楼梦》，对曹雪芹生平事迹的描述，语焉不详，缺少详尽可信的记载。

六是没有得到统治者的青睐。古代有些文人的著作，是在他们死后因为统治者的重视，才得以收集、整理、刊刻问世并流传于世的，例如汉朝司马相如的赋，就是汉武帝派人到司马相如家收集起来的。

曹雪芹的《红楼梦》，不但没有受到统治者的重视，反而在很长一段时间里被定性为"诲淫"之书，遭到严厉的禁毁。

虽然一口气列了六条原因，但问题不一定说清楚了。管窥蠡测，抛砖引玉而已。

诗词中令人神往的江南指哪里？

　　江南，在绝大多数人的心目中都是美丽的代名词。小桥流水，草长莺飞，有活泼俏丽的女子在采莲，在戏水，有结着愁怨丁香一样的姑娘，走在悠长悠长的雨巷……人们心目中的这种种印象，当然跟长江流域的地理位置、风土人情有一定关系。但是，毋庸置疑，许多生长于北方地区的人们的这种印象，并非来自实地游览观察，而是来自文学作品，尤其是来自唐诗宋词。

　　江南在哪里？这大约是很多人都感兴趣的问题。还是让我们先来读几首古代诗词吧。

　　江南之美，中国诗人很早就注意到了。早在汉朝，有一首乐府古词，题目就叫《江南》，它描写了江南美景和采莲场面，诗是这样写的：

　　　　江南可采莲，莲叶何田田。鱼戏莲叶间。

　　　　鱼戏莲叶东，鱼戏莲叶西，鱼戏莲叶南，鱼戏莲叶北。

　　短短的一首诗，只有简简单单的几个句子和重复的句式。这首诗究竟美在哪里？我们同意前人所说的，美在"芳辰丽景，游戏得时"。那么，诗中的江南在哪里呢？不清楚。

南朝民歌中有实际上描写江南景物情致而且写得无比美好的，例如《西洲曲》："采莲南塘秋，莲花过人头。低头弄莲子，莲子清如水。置莲怀袖中，莲心彻底红。"但是，在诗题上特意标明江南的，没有特别著名的。

特别有名的是南朝齐梁文学家丘迟写给投奔北魏的原齐将领陈伯之的招降书信中的几句话："暮春三月，江南草长，杂花生树，群莺乱飞。"书信招降成功，这几句用来诱惑对方的江南春景也谁读谁爱，成为千古名句。

到了唐朝，情况完全不同。诗人们跟发现了新大陆似的，一个个不远千里，纷纷跑到江南去游览，流连忘返，留下了许许多多脍炙人口的赞美江南的诗篇。

杜甫的《江南逢李龟年》虽然是感时伤逝之作，但是，其中的"正是江南好风景，落花时节又逢君"，也足以令读者对江南产生些许向往之情。根据文献记载和杜甫行踪，我们知道，《江南逢李龟年》中的江南是潭州，即今天湖南长沙。

白居易在苏州、杭州都做过刺史（地方最高长官），为官一任，钟情一方，他在不少诗词中都热情洋溢地赞美了那里的景物风情。其中《忆江南·江南好》一词尤其脍炙人口：

江南好，风景旧曾谙。日出江花红胜火，春来江水绿如蓝。

能不忆江南？

只摘取江花、江水的红蓝两种颜色，便描绘出一幅令人激动的难忘的江南美景。显然，白居易的江南主要是杭州。

白居易尽管对江南念念不忘，但是，他只是忆，忆风景，忆韵事，如此而已。而温庭筠和皇甫松不同，他们是梦。温庭筠的《望江南》是：

> 梳洗罢，独倚望江楼。过尽千帆皆不是，斜晖脉脉水悠悠。
> 肠断白蘋洲。

原来，温庭筠的江南，是有着一位倚栏凝望的痴情女子的。可惜的是，温庭筠的江南在哪里，我们不得而知。

皇甫松的《梦江南》是：

> 兰烬落，屏上暗红蕉。闲梦江南梅熟日，夜船吹笛雨潇潇，
> 人语驿边桥。

这首词的与众不同之处是，描绘了一幅江南夜雨图（清代画家费小楼还真的根据皇甫松的这首词画了一幅《江南夜雨图》）。图中，烛光、屏影、夜船、驿桥、笛声、雨声、人语，混为一体，有声，有色，有情；声悠远，色斑斓，情缱绻。皇甫松是睦州新安（今浙江省建德市）人，或许，他所梦的江南，就是他的家乡。

江南的景物与风情，忆也罢，梦也罢，都因为体验过于私人化，没能充分表现出江南的魅力。在这一点上，还数韦庄的词《菩萨蛮·人人尽说江南好》说得最直白爽快：

人人尽说江南好，游人只合江南老。春水碧于天，画船听雨眠。垆边人似月，皓腕凝霜雪。未老莫还乡，还乡须断肠。

好一句"未老莫还乡，还乡须断肠"！道出了江南美丽温柔的无尽魅力。韦庄的江南，有可能是今天的四川成都，因为京兆杜陵（今天陕西西安）人韦庄晚年一直在蜀国做官。

从上边随手撷取的几首诗词可以看到，令诗人们魂牵梦萦的江南，有在四川成都的，有在湖南长沙的，有在浙江杭州的，也有不知道在哪里的。几年前，有网站发起"你心目中的江南是哪里"的调查（评选）。不知道发起者的用意是什么，如果是想要跟评选市花国花似的，非弄出一个地方作代表，那是不会有结果的。因为，诗词中令人无比向往的江南，从来就不是指某一个固定的地方。早先，只要是长江南岸及以南地区，都可以称江南；后来，长江以北地区，但凡风景、物产有可取之处，都可以称"某地江南"或"赛江南"了。

历史上最著名的美髯公都有谁？

"美髯公"三字，大约可以让很多人想起两部文学名著中的两个人物：《三国演义》中的关羽和《水浒传》中的朱仝。

《三国演义》第一回"宴桃园豪杰三结义，斩黄巾英雄首立功"写关羽出场：

> 玄德看其人：身长九尺，髯长二尺。面如重枣，唇若涂脂。丹凤眼，卧蚕眉。相貌堂堂，威风凛凛。

身材高大，面色暗红，凤眼蚕眉，配上一副飘飘长髯，真是英雄相貌。不过，这一回只是点出髯长二尺，并未详细交代。到了第二十五回"屯土山关公约三章，救白马曹操解重围"，作者对关羽的长髯有了更细致传神的描写。曹操请关羽赴宴，刘备两位夫人因为思念丈夫痛哭流涕，关羽心里跟着不痛快。曹操为了宽慰关羽，频频劝酒——

公醉，自绰其髯而言曰："生不能报国家，而背其兄，徒为人也！"操问曰："云长髯有数乎？"公曰："约数百根。每秋月约退三五根。冬月多以皂纱囊裹之，恐其断也。"操以纱锦作囊，与关公护髯。次日，早朝见帝。帝见关公一纱囊垂于胸次，帝问之。关公奏曰："臣髯颇长，丞相赐囊贮之。"帝令当殿披拂，过于其腹。帝曰："真美髯公也！"因此人皆呼为"美髯公"。

《水浒传》中的美髯公朱仝，出场的时候（第十八回"美髯公智稳插翅虎，宋公明私放晁天王"）并未描写他的胡须，在第五十一回"插翅虎枷打白秀英，美髯公误失小衙内"才有描写。朱仝放走雷横之后，自愿顶罪。被押解到济州，审问之后，刺配沧州牢城。在沧州知府衙门：

知府看了，见朱仝一表非俗，貌如重枣，美髯过腹，知府先有八分欢喜……

接着，知府如金似玉的四岁儿子看见朱仝：

……径走过来便要他抱。朱仝只得抱起小衙内在怀里。那小衙内双手扯住朱仝长髯，说道："我只要这胡子抱，和我去耍。"

显然，《水浒传》描写朱仝的胡子，跟《三国志》描写关羽，措辞颇有相似之处。

不过，《水浒传》中的朱仝纯粹是虚构的文学人物，而《三国演义》中的关羽却是历史上的真人，而且的确是有一副飘然长须的美髯公。《三国志·蜀书·关张马黄赵传》中说，关羽听说马超来降，就写信给诸葛亮，询问马超才能可以跟谁相比。诸葛亮清楚，关羽是骄傲之人，因此这样答复他："孟起兼资文武，雄烈过人，一世之杰，鲸、彭之徒，当与益德并驱争先，犹未及髯之绝伦逸群也。"诸葛亮之所以称呼关羽为"髯"，是因为他"美须髯"。关羽收到诸葛亮这封书信，非常高兴，把信展示给宾客看。

其实，历史上还有一个美髯公。不同于关羽，他不是武将，而是文人，他就是南北朝时期的著名诗人谢灵运。谢灵运的胡须有多美呢？《隋唐嘉话》有这样的记载：谢灵运临刑的时候，把自己的胡须捐赠给一座寺庙，供塑佛像之用。到了唐中宗时期，安乐公主为了端午那天玩斗百草游戏，命人通过驿站飞马去取，又因为担心别人也得到谢灵运的胡须，就让人把佛像上其余的胡须也一并剪除了，谢灵运的胡须从此绝迹，无存于世。

中国历史上，还有一个美髯公不能不提到，他就是汉高祖刘邦。《史记·高祖本纪》中有这样的记载："高祖为人，隆准而龙颜，美须髯……"《史记》没有说刘邦身材多高，《河图》说刘邦"长七尺六寸"。按照西汉古尺计算，在一米七七左右。高鼻梁，龙颜，近一米八的个头，配上一副漂亮胡须，刘邦的形象不难想见。当年吕雉父亲吕公一眼看中他，萧何、陈平、张良、韩信等人拥戴他，直至坐了龙庭，可能都跟他美髯飘飘、相貌堂堂有一定的关系。

诺贝尔文学奖
跟我国有过哪四次亲密接触?

在莫言得到瑞典文学院诺贝尔委员会的几位院士青睐、获得2012年诺贝尔文学奖以前,国人对这项历史悠久、奖金丰厚的文学奖,感情是相当复杂的。其中,遗憾之情占有相当比例。人们为鲁迅谢绝瑞典人推荐其参加评奖感到遗憾,为老舍因为自杀无缘参评感到遗憾,为沈从文进入决选成为五位候选人之一后遭淘汰感到遗憾,为北岛三次入围候选提名而未能获奖感到遗憾……遗憾之情,弥漫神州。莫言获奖之后,稍稍感到慰藉。当然,作为世界第一人口大国,且拥有五千年文明历史,三千年以上诗文传承,这样一点成绩,是远远不能令人感到满意的。

事实上,莫言的获奖,不无尴尬之处。莫言的小说创作,深受外国作家的影响,魔幻现实主义手法的痕迹昭然若揭。瑞典文学院给莫言的颁奖词中说:"莫言的小说杂糅幻想与现实,历史与社会视角,莫言创造的世界之复杂性令人想起福克纳和马尔克斯的作品,同时他又在中国古老文学与口头传统中找到新的出发点。"颁奖词直白地指出了其深受美国作家福克纳和哥伦比亚作家加西亚·马尔克斯的影响，"中国古老文学与口头传统"云云，更像是安慰之词。虽然作家是用中文写作，作家的国籍也是中国，但是，艺术手法却是美洲的，西方的。也就是说，对中国人、中国文学而言，这块文学的金质"奖牌"，纯度不高。莫言不能算是非常地道的中国作家。中国自有悠久、深厚的文学传统，自有独具魅力的审美艺术。只有某位认真继承了这个文学传统、拥有这种独特审美魅力、讲述中国故事的作家获奖了，我们才可以自豪地说：中国作家荣获诺贝尔文学奖了！

对于莫言获奖，我们只能说：有个中国籍作家获得了诺贝尔文学奖。

莫言获奖，可以说是诺贝尔文学奖跟中国文学的一次亲密接触，还说不上中西文学观念、语言艺术的隔阂从此消除。

撇开作家的血缘、国籍不说，开始于1901年、迄今已有一百多年历史的诺贝尔文学奖，在莫言之前，跟中国至少已经有过三次亲密的接触。

第一次是美国作家赛珍珠（Pearl S. Buck, 1892—1973）于1938年获得该奖。赛珍珠虽然是美国人，出生于弗吉尼亚州，但是，出生仅四个月，她的传教士父母就将她带到了中国。赛珍珠先后在淮安、镇江、苏州、南京、庐山等地生活和工作了近四十年。其中，镇江是她生活时间最长的一处，前后达十八年之久，她因而称其为"中国故乡"。汉语是赛珍珠最早学会的语言，也是她的母语之一。赛珍珠一生出版著作八十余种，有小说、传记、儿童文学、政论等，

诺贝尔文学奖四人

大部分以中国为题材。她还曾将我国古代文学名著《水浒传》翻译成英文。赛珍珠凭借出版于1931年的长篇小说《大地》（The Good Earth），于1938年获得诺贝尔文学奖。诺贝尔委员会给她颁奖的原因是："对中国农民生活史诗般的描述，这描述是真切而取材丰富的，而且在传记方面有杰出作品。"

可见，赛珍珠的血缘、国籍不是中国的，写作使用的语言也不是中文。但是，其获奖作品中，中国的元素是很多的——包括故事人物，也包括思想感情，还有审美观念和价值观念。

第三次是旅法作家高行健（1940—）于2000年获得该奖。高行健祖籍江苏泰州，出生于江西赣州，先后在南京、北京等地上学，毕业于北京外国语学院（今北京外国语大学）法语系。毕业后，先后在中国书店、《中国建设》杂志社、中国作家协会、北京人民艺术剧院等单位从事翻译、编剧等工作，发表过文艺评论、剧作、小说，在当时文坛有一定的影响。1987年应邀赴德国从事绘画创作，次年转往巴黎居住，1997年加入法国籍。高行健凭借长篇小说《灵山》等作品获得诺贝尔文学奖。诺奖委员会的颁奖词是："其作品的普遍价值，刻骨铭心的洞察力和语言的丰富机智，为中文小说和艺术戏剧开辟了新的道路。"

高行健是一个有才气的当代作家。但是，不得不承认，公众对他的认可程度并不高。他的获奖有明显的政治原因。当年有一种说法，单以艺术成就而论，中国当代作家中，排在高行健前边的人，至少有十多人。

赛珍珠和高行健的情况，了解的人比较多，因此介绍从简。本文想要重点介绍的是诺贝尔文学奖跟中国的第二次亲密接触：法国诗人圣 - 琼·佩斯在 1960 年获得的诺贝尔文学奖。

圣 - 琼·佩斯（Saint-John Perse，1887—1975）是一位诗人，原名阿历克西·圣 - 莱热·莱热，又名阿历克西·莱热。1924 年发表长诗《阿纳巴斯》（中文译名《远征》）时，开始使用圣 - 琼·佩斯的笔名。圣 - 琼·佩斯出生于西印度群岛的法属瓜德罗普岛，父亲是种植园主。大学毕业后，圣 - 琼·佩斯开始从政，于 1914 年考入法国外交部，1916 年起在驻中国使领馆工作，先后担任北京使馆秘书和上海领事馆领事，直到 1921 年奉调到美国担任参加裁军会议的法国外交部长的亚洲事务顾问。在华五年间，圣 - 琼·佩斯曾到过东北、西北，穿越过沙漠。圣 - 琼·佩斯早在从政之前就开始了诗歌创作，1911 年出版第一本诗集《赞歌集》。在华期间，他创作了由十章外加序曲和终曲组成的长诗《阿纳巴斯》，于 1924 年出版。该诗表达了不断开拓的进取精神，歌颂了人类无穷无尽的创造力。圣 - 琼·佩斯正是凭借这一首长诗，于 1960 年获得了诺贝尔文学奖。

那么，圣 - 琼·佩斯和他的《阿纳巴斯》跟中国有什么关系呢？

据考证，这首长诗跟北京西北郊区的一个名叫管家岭的小山村有着密切的关系。

1917 年 8 月 2 日，圣 - 琼·佩斯写信给他母亲，信中说："我从一个小庙宇里给您写信，它位于北京西北部的一个山岗上……在我的脚下，距离一条因流沙淤塞的河道不远处，一个村落正在消亡。"同年 9 月 22 日，他给贝熙业医生（曾热忱帮助我国的抗日救亡运动，被称为法国的白求恩）的信中又写道："在我的脚下，代替整个人类的是一个低矮的山谷，一条被流沙淤塞的河道。穿过层峦叠嶂，是那些指向西方的蒙古和新疆的辽阔的土地。某些地方可以觅见丝绸之路的遗迹。"他的自传中也写道："离北京城骑马要走一整天的地方，有一片高台，下面是通向西北的驼队小径，上面有座破旧的小小道观，就在那里写出了《阿纳巴斯》。"根据如上文字记载，结合地理形貌、遗址石刻以及其他信中提到的岩石、松树，近年有人考证出，该道观遗址位于北京海淀区苏家坨镇管家岭村内，原名"桃源观"，可能转译时讹为"桃峪观"。圣 - 琼·佩斯曾经居住、写作的道观所在的小山包，村民一直称其为"外国地儿"。如今，颓圮的小道观已经被政府文物部门照原样修复了。

根据圣 - 琼·佩斯给他母亲和贝熙业等法国朋友的书信的描述，他于法国驻华使馆担任秘书期间，前后有四五年的时间，曾在京西北这个山村小道观里居住、写作。

值得指出的是，这个山村小道观，不只是圣 - 琼·佩斯居住、构思、写作的地方，其作品的内容和艺术，也扎根于这片北中国的土壤，吸取了许多当地的元素，汲取了中国文化的养分。二十世纪初年，京郊的山川景物，村庄变迁，佛寺进香，乡村的风土人情，都成了《阿纳巴斯》等诗歌作品的有机艺术成分。圣 - 琼·佩斯的诗歌，语言虽然大多晦涩难懂，但是，这些中国元素，仍然可以清晰地感觉到。

以我这个寓居京城近三十年，在管家岭村租赁农家院六年之久的中国人的了解与感受，阅读圣 - 琼·佩斯的《阿纳巴斯》，不少诗句会有特别的年代感与亲切感。请看该诗第十章的一部分：

啊！各行其事的各色人等：食昆虫的人，也有食水产的人；果腹者，腰缠万贯者！耕作者和贵官少年，针刺医生和咸盐贩子；征收过桥买路钱的，铁匠，贩食糖、贩肉桂者，贩白金属杯盏和羊角灯者；皮衣裁缝，木屐匠和椭圆衣扣制造者；荒芜田地者；无行无业者；耍隼者，吹笛者，养蜂者；以吊嗓子为乐者，鉴别玉石的行家，以教唆纵火为得计的人；香叶铺地成床，躺下休闲的人；仿活水塘设计青陶瓷器图纹的人；那倦游了又想再度云游者；于成年大雨国度度过岁月者；摇骰子的，玩骨牌的；或是在地上铺开相命册者；对葫芦用途别具慧眼者；拖了一只死鹰像脚跟捆了树枝的人（羽毛扯尽，并非卖了而是当羽箭使的），在朽船上采花粉的人（而他说，乐趣就在那份嫩黄色）；爱吃馅饼、棕榈虫、覆盆子的人；喜闻龙蒿气味者；做过甜椒梦者，或者仍是咀嚼化石胶糖者；海螺凑到耳根谛听的人，盼石头新裂缝散发精灵香气者；念念不忘女人体形者，贪色汉；对剑刃反光照自家灵魂者；精通百技，名录学者；出谋献计的受宠者，指泉水地点者，捐歇座于树下；献彩毯于贤士者；于三岔口渴饮古铜色大碗、水底印有捐家姓氏的善人；更妙的是，无所事事者，自行其是者，还有不胜枚举的其他人！土旮旯里掏鹌鹑的人，荆棘丛中捡到青斑卵的人，下马拾遗的人，拾到玛瑙，一块青玉石，小镇外的雕匠可加工（成匣子，烟盒和搭扣，或是患过中风者的手里扎扎的磨着的圆球）；露天里边吹口哨边油彩漆盒的人，拄着象牙圆头手杖的男人，坐着藤椅的休闲人，附丽

于一双女人纤指的雅士和长矛栽在门口拴只猴子的解甲归田

的武人……

这简直就是一百年前中国北方、京城乡村活灵活现的风俗图，跟

《清明上河图》一样生动，细腻，丰富。

阅读高行健的《灵山》和莫言的《蛙》，时时会有隔膜之感，而

阅读一百年前一位法国诗人的诗句，反而感到无比的亲切。这是因为，

在中国作家忙于学习模仿西方艺术手法的时候，这位法国诗人却写出

了真切的中国社会和中国人的生活。

93

孙犁汪曾祺的文章好在哪里?

本国当代作家中，我比较爱读孙犁和汪曾祺的作品。平生不知藏人善，处处逢人说孙汪。平时说话、写文章，我从不隐瞒自己的这种偏爱之情，因此便有朋友对我产生了一种期待：写篇文字，说一说孙犁、汪曾祺文章的好处。爱读归爱读，写文章列举出好处，却不是一件容易的事情。就像吃水果，好不好吃，人人都能有自己的判断，但要煞有介事地说出某种水果究竟有哪些好处，却不是人人皆能的。尽管我也很愿意满足朋友们的上述期待，但心有余力不足，不知从何说起，因此束手至今。

今日早起，忽然想起多年前在某古书里看到的一则故事：诸葛亮死后，司马懿问一个蜀国老兵：自己跟诸葛亮相比，谁更高明？蜀国老兵回答说，诸葛先生生前，倒也没觉得他有多么了不起。自从诸葛先生去世之后，看一些人的言行处事，这才发现，诸葛先生真了不起，是常人望尘莫及的。

没错，当思维、视野围于孙犁、汪曾祺及其文章本身时，是难以说出他们的好处的。而一旦"跳出圈外"，置身于他们的生平与文章之外，将其跟当今活跃着的一些作家进行比较，就不难看出他们的过人之处了。

孙、汪及其文章，包括散文和小说（汪曾祺参与编剧执笔的戏剧如《沙家浜》《杜鹃山》也有不少精彩处），至少有如下几点好处：

一是文质彬彬。写文章，表情达意，讲究修辞，当然可以有风格上的不同追求，但是，我认同孔子的论文主张，"质胜文则野，文胜质则史，文质彬彬，然后君子"（《论语·雍也》）。文艺作品，是应该讲究思想情感内容与语言形式的平衡与和谐的，是应该引人向善向美的。当代作家，或因文化修养先天不足，或为夺人眼目标新立异，不少人笔走偏锋：有的在内容上极尽耸人听闻之能事，怎么粗俗怎么来，怎么恶心怎么写；有的在语言上进行堆垛铺排，将无病呻吟、忸怩作态当作仪态万方。因此，往往一出手便是长篇巨制。誉之者谓其才华横溢，如长江大河，滔滔不绝，我却只觉其如懒婆娘裹脚布，又长又臭。孙犁、汪曾祺的小说，除了孙犁的《风云初记》算是长篇（其实也不太长）外，其他都是中短篇。有人发表高论，称汪曾祺没有写过长篇小说是缺点，是憾事。海畔逐臭，不可思议。

二是轻松亲切。世上有"职业病"的说法，作家的职业病大致有凭立言不朽、视宣传教育他人为己任等等。古语所言"人之患"，如今在好为人师以外，又添好为领导一项。读当今许多作家的作品，感觉他们都是引领思潮、传播文明、教化顽民的思想家、救世主，高人一等，俯瞰众生，读之顿觉自己的渺小卑下。而读孙犁、汪曾祺的文章，你会觉得如听邻居老大爷坐在竹制椅子上说自己陈年往事，说他人趣闻轶事，娓娓道来，轻松诙谐，平易亲切。多年前在韩国做交换教授时，我曾经建议一位开设中国当代小说课程的韩国同事，介绍一些我国当代优秀作品到韩国，结果遭到他的拒绝，理由是："你们的当代小说，基本上都是宣传某种思想的，都是居高临下教育人民的，不是文学。"但是，读过我复印给他的汪曾祺的小说《受戒》之后，他改变了主意，说是"太美了"，表示愿意翻译，让我帮他联系作者家属，以获得许可（当时汪曾祺先生已经去世）。遗憾的是，不久他就知难而退了，说是汪曾祺语言的美，用韩国语表现不出来。

三是耐人寻味。可能是较多阅读本国古代诗文的原因，我偏爱凝练含蓄的作品。孙犁、汪曾祺正好可以满足我的这一偏好。读许多当代作家的文章，如同饮酒，不用说，大部分是啤酒，很热闹，能醉人，但热闹过后，酒醒之时，除了酒渍，没有多少值得回味的东西。而读孙犁、汪曾祺的文章，却有如饮茶，自然是绿茶，而且是上佳的明前新茶，静心细品，齿颊生香，韵味无穷。我妻子念书时学的是财会专业，是文艺的外行。但是，她心浮气躁的时候，一读汪曾祺的文章，顿时心平气和（孙犁的文章因为年代比较久远，且多革命时期故事，她觉得陌生，不太感兴趣）。汪曾祺笔下的一草一木、一城一地，无不妙趣横生，所以她经常嚷嚷着要到汪氏文章中出现过的地方去旅游。

四是文脉悠远。对我国当代的许多作家，我一直有一点不满：我国博大精深的文学传统，比如"风骚"，比如唐诗宋词，他们继承得太少。这当然无法全部归咎于作家们。他们生长于"五四""反右""文革"等诸多运动之后，对于文化传统难有理性的态度，思想、审美的自由多元，是难以企及的奢侈品，接受文化教育的过程往往充满曲折，所学课程大多残缺，有涯之生，能安静地坐在书桌前的时间并不多。因此种种，许多人只能凭着一腔激情一股蛮劲，利用有限的人生阅历

（例如"上山下乡""文革"）和一知半解的外国手法，进行文学写作。文学的受众，情况也跟他们相似，真正具有鉴赏力的人并不多。故而，我国当代作家的作品，猎奇，苍白，浮躁，粗糙，生硬，肤浅，艳俗，比比皆是。孙犁、汪曾祺的人生阅历，也有不尽人意处。孙犁先生，青年时代身处炮火纷飞的战区，席不暇暖。汪曾祺先生身罹"反右""文革"泥淖，朝不保夕；他们从事创作的黄金时代，都有十几年不得不辍笔的时间。但是，他们或因生性旷达，或因淡泊自处，或因善于求知，或因脱略时辈，都阅读了大量的古代诗文并能受其浸染熏陶，得《诗经》以降诗人"婉而多讽""怨而不怒"的精神气质，"庾信文章老更成，凌云健笔意纵横"，"庾信平生最萧瑟，暮年诗赋动江关"，越写越好，终臻炉火纯青之境。

上述四点，只是我一时之管见，难免挂一漏万。举例而已。

94

为何当今出不了
李白杜甫那样的伟大诗人？

有位网友向我提了这样一个问题："现在为什么出不了像李白与杜甫那样的伟大诗人？"

这是一个有趣的问题，我很乐意回答。

回答这个问题之前，有必要先确认一个事实：现在的确没有李白杜甫那样的伟大诗人。其实，李白杜甫生前虽然诗名不小，但是，都很坎坷落魄，灰头土脸的，完全不像文学史教科书中的光景：头戴桂冠，浑身发光，令人匍匐景仰。就是说，李白杜甫活着的时候，也许有唐朝人会问："现在为什么出不了陶渊明谢灵运那样的伟大诗人？"事实上，李白杜甫本人也未必想得到自己死后会得到"中国文学史上最伟大的诗人"的光荣称号，尽享尊荣。毋庸讳言，厚古薄今是人类的通病。

因此，当今没有出现李白杜甫那样的伟大诗人，还只是一个假设性的命题。以下文字，都是这个命题下的姑妄言之。倘若你不认同这个假设的命题，请不必浪费时间往下看。

这个问题，可以从技术积累、时代环境和个人努力等方面入手进行解答。

技术方面，文学史教科书或多或少都会有所解答。比如说，春秋时期的民歌总集《诗经》（尤其是《国风》）和战国时期楚国诗歌（尤其是屈原的《离骚》），开创了中国现实主义和浪漫主义两种风格诗歌传统的先河。后来由于曹操父子的大力提倡，声韵调分析方法的引进，南北朝诗人在声韵格律上的讲究和艺术经验的积累等等，都为李白杜甫的出现打下了坚实的基础，准备了必要的条件。李白和杜甫，都是站在前人搭好的台子上的诗歌巨人。

时代环境方面，包括唐代的政治环境、文化环境、社会环境、物质环境等。唐太宗奠定的李唐文艺政策，是无比宽松的。诗人们写什么、怎么写，朝廷不加任何限制，没有任何要求。讥讽皇家奢靡，批评朝政，批判制度，揭露社会黑恶，鞭挞官吏贪婪，都不会惹祸上身。唐代以诗赋取士的科举制度、众多皇帝后妃王公将相加入作诗者行列、诗歌是唐朝最重要的文艺娱乐样式等等文化环境因素，使得诗人能够成为当时社会耀眼的明星，给予他们必要的成就感和荣誉感。成就感和荣誉感，又可以源源不断地转化为诗歌创作的动力。唐朝对外开放，外国商人、文化人云集长安，使得诗人们眼界开阔，心胸广大，价值观念多元化，审美理念国际化，这些又使得诗人们的作品更加大气隽永，传之久远。太平日久，经济的持续发展，人民的物质生活空前富足，"九州道路无豺虎，远行不劳吉日出""宫中圣人奏云门，天下朋友皆胶漆"（杜甫《忆昔二首》之二），使得包括李白杜甫在内的唐代诗人在少年时代有机会接受良好的文化教育，青年时代能够到处游历，接受自然山水之美的熏陶，广交朋友，增长见识，切磋诗歌艺术，丰富内心精神世界。

个人努力方面，杜甫学习诗歌的刻苦精神广为人知。有诗为证："为人性僻耽佳句，语不惊人死不休。"（《江上值水如海势聊短述》）"别裁伪体亲风雅，转益多师是汝师。"（《戏为六绝句》之六）就是给许多人留下潇洒飘逸印象的李白，在诗歌艺术上也是有远大志向，下过苦功夫的。如《古风》其一："大雅久不作，吾衰竟谁陈。""自从建安来，绮丽不足珍。""我志在删述，垂辉映千春。希圣如有立，绝笔于获麟。"

理由可以举出十条八条，但是，李白杜甫只有两个。理论充其量只能解答诞生李白杜甫的可能性，不能证明诞生李白杜甫的必然性。

当今神州有十几亿人口，数量是唐朝全盛时期的二十余倍，许多方面的条件（例如交通、旅游）远比唐朝要好，但仍然未能产生李白杜甫那样在中国文学史上有超一流成就与地位、具有国际影响的文学家，原因恐怕主要得从社会环境、文化环境等方面去寻找吧。

95

为什么说文学名著都是教人越狱的?

　　关于文学名著的话题，例如，某部（篇）名著（文）是否名副其实的优秀作品，某些名文是否适合用于初中级语文教育，某篇名文该如何解读，诸如此类，都很容易引发众人的关注和热议。七嘴八舌，公说公有理婆说婆有理，议着议着，就会有人感到迷茫，提出一个乍一看初级、细一想至关重要的问题：究竟什么是文学名著，或者说，文学名著应该是什么样的？

　　关于这个问题，一般的文学理论教科书，都是开列出了答案的。它们的答案通常都是从思想性和艺术性入手，概括出结论：全面深刻地揭露了社会矛盾，有力批判了某种不合理的制度，辛辣地讽刺了某种社会现象或某类人物，对底层百姓弱势群体表现了难能可贵的同情，饱含真挚深厚的感情，塑造了鲜明生动的人物形象，结构合理，层次清晰，语言鲜活流畅，通俗易懂，艺术手法既有继承又有所创新，能够给人以美的享受，可以陶冶人的精神情操……诸如此类，面面俱到，唯恐挂一漏万。当然，这也是教科书编写的惯例和套路，无可厚非。但是，这样的答案有一个不可避免的缺点：太啰嗦了，很难记住，只能起到催眠作用。

本人根据三十余年阅读文学作品和思考文学史问题的体会，提出一个简单明了的判断方法：文学名著都是教人"越狱"的。

《诗经》教人越出上古先民都是敦厚烝民的圣贤教诲，让我们看到两千五百多年前的男女也有喜怒哀乐，会谈情说爱，对国家、社会、制度有不满情绪；《离骚》教人越出忍气吞声沉默是金的为人处世规则，要不平则鸣，有牢骚不要一直憋在自己心里，那样会把自己憋死；陶渊明的诗文教人越出都市、朝廷的藩篱，去享受自由坦诚的农村平民生活；李白诗文教人越出世俗的眼界，流露天真的心灵，欣赏山水的灵秀；杜甫诗文教人越出皇恩浩荡、天下太平的谎言，看到"路有冻死骨"，知道"盗贼本王臣"，看到百姓生活的酸甜苦辣；《西厢记》教人越出礼教门第的围墙，去享受自由恋爱的快乐；《水浒传》教人越出逆来顺受、任人宰割、事不关己高高挂起的顺民条例，路见不平拔拳相助，哪里有压迫哪里就有反抗，过大碗喝酒、大块吃肉、大寸分金的快活日子；《金瓶梅》教人越出淫欲的迷魂阵，过家庭和睦、得享天年的正常人生活；《三国演义》教人越出天子天定的圣训，知道"天下者，天下人之天下也"的道理，为达目的，各出奇谋，不择手段，加入争夺天下的战争游戏；《儒林外史》教人越出科举名利的约束，过悠游山水、寄情诗酒、放浪形骸的诗意人生；《红楼梦》教人越出利禄礼教的束缚，去追求自由的爱情和轻松平等的生活；《西游记》教人越出种种困境魔障的拘束，自由自在地行走在天地山水之间——能否抵达西天取得真经倒是无所谓的事情；《聊斋志异》教人越出凡夫俗子的人间烦恼，向花妖狐仙世界寻求肉体的愉悦和精神的慰藉。

正如前两年风靡全球的美国电视剧《越狱》（Prison Break）所讲述的故事，越狱是个人或群体的一部分寻求人身自由的斗争。斗争成功之后，他们还是要回到牢狱之外的社会、国度生活的，他们无意也不可能毁坏整座监狱、推翻政府或整个社会制度。九十多年前，钱玄同为了动员躲在会馆里抄写古碑打发日子的鲁迅给《新青年》杂志写文章，用了"万难破毁的铁屋子"的比喻。这个比喻反映的思想，是近代才有的。漫长的古代，写文章的人是没有毁坏铁屋子的想法的。最具反抗精神的《水浒传》，也不过是"只反贪官不反皇帝"。事实上，我认为，文学就是教人怎么逃离铁屋子的，而毁坏铁屋子，则是政治家、革命家的事情。

如果上述判断文学名著的方法是正确有效的，那么，我们是否也可以说，所有陈陈相因、毫无新意，或者教人如何在冤狱里安心接受改造。如何在铁屋子里睡得又香又甜永不醒来的心灵鸡汤类型和麻醉剂迷幻剂类型的作品，都不可能是（成为）文学名著呢？

图书在版编目（CIP）数据

文史缤纷三千年 / 丁启阵著. -- 北京：五洲传播出版社，2024.6
ISBN 978-7-5085-5199-9

Ⅰ.①文… Ⅱ.①丁… Ⅲ.①文化史－中国－文集Ⅳ.①K203-53

中国国家版本馆CIP数据核字(2024)第074434号

文史缤纷三千年

著　　者：丁启阵

出 版 人：关　宏

责任编辑：樊程旭

设计制作：青心见画

出版发行：五洲传播出版社

地　　址：北京市海淀区北三环中路31号凯奇大厦B座6层

邮　　编：100088

发行电话：010-82005927　010-82007837

网　　址：http://www.cicc.org.cn　http://www.thatsbooks.com

印　　刷：北京市房山腾龙印刷厂

版　　次：2025年1月第1版第1次印刷

开　　本：787毫米×1092毫米　1/16

印　　张：24.25

字　　数：250千字

定　　价：78.00元